Εκλεκτός & Ευλογημένος
Η προφητεία

Jason Arkley

Εκλεκτός & Ευλογημένος

Η προφητεία

NOVELBOOKS

Κάθε γνήσιο αντίτυπο φέρει την υπογραφή του συγγραφέα

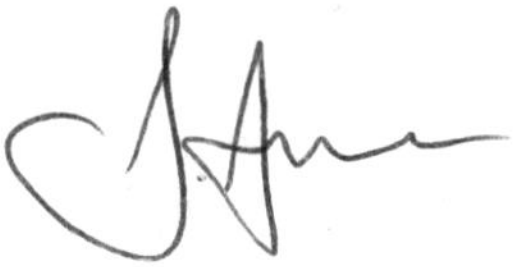

Εκλεκτός & Ευλογημένος
Η προφητεία

ISBN: 978-960-99896-5-7

Πρώτη έκδοση: Μάρτιος 2012

Κεντρική διάθεση: Σόλωνος 116, 106 81 Αθήνα
T: 210 3833434, F: 210 3832294
E: contact@novelbooks.gr, S: www.novelbooks.gr

Φιλολογική επιμέλεια: Ελένη-Παναγιώτα Λούκα
Ηλεκτρονική σελιδοποίηση: Φωτεινή Σκουρή
Μακέτα εξωφύλλου: Ελευθέριος Ματθαίος, http://leloslovesyou.blogspot.com

Τυπώθηκε σε χαρτί ελεύθερο χημικών ουσιών χλωρίου και φιλικό προς το περιβάλλον.

Σε εκείνες τις στιγμές
τις τόσο σύντομες
αλλά και τόσο σημαντικές
οι οποίες άθελά τους
διαμόρφωσαν μία ολόκληρη ιστορία
J.A.

Περιεχόμενα

Περιεχόμενα 9
Αγία Καλλιόπη 11
Ντέμιαν 20
Κρυφό Παρελθόν 35
Αρχαίος Κύκλος 55
Η έκπληξη 74
Νέσσυ 94
Η Ρόμα 115
Οικογένεια Νίκολαϊ 134
Ντε Λα Εσκουέλα Ντε Σαντόρ 150
Ματόχαντρα 171
Φλέγων 197
Τσοβεξάνι 223
Οι τρεις Μοίρες 247
Κάψτε την 276
Αποκάλυψη 297

Αγία Καλλιόπη

«Συγχαρητήρια, Τρίσταν, πολύ καλά», τον συνεχάρη η κυρία Μπάπτιστα.

Τον τελευταίο καιρό ο Τρίσταν εργαζόταν μανιωδώς να ολοκληρώσει την εργασία που τους είχε αναθέσει η κυρία Μπάπτιστα και είχε ως θέμα «Μία τέλεια μέρα». Τα ορφανά έπρεπε να ανακαλέσουν μία χαρούμενη ανάμνηση, μία μέρα, η οποία θα μπορούσε να χαρακτηριστεί ως ένα φορτίο από στοιβαγμένες υπέροχες αναμνήσεις. Μία απόλυτη ημερολογιακή μέρα που θα επιθυμούσαν να ξανανιώσουν χωρίς αναστολές. Ο Τρίσταν ύψωσε το βλέμμα του, ώστε να παρατηρήσει την κυρία Μπάπτιστα, η οποία στεκόταν δίπλα του. Ενώ του παρέδιδε την εργασία του, εκείνος διέκρινε το ζεστό και εύθυμο χαμόγελο της. Η Εύα Μπάπτιστα ήταν ένας άνθρωπος γεμάτος αισιοδοξία, συμπόνια και αγάπη. Όλα τα παιδιά του ορφανοτροφείου την λάτρευαν και δη ο Τρίσταν, αφού ήταν η μητέρα του. Τα αγγελόμορφα χαρακτηριστικά της, τα μακριά μεταξένια μελί-ξανθά μαλλιά της, το ζωντανό μπλε των ματιών της και η λευκή της επιδερμίδα προκαλούσαν την ψευδαίσθηση ότι καταγόταν από τον επουράνιο κόσμο και χάρη σε μία ευχάριστη παραδρομή βρέθηκε ανάμεσά τους. Αν και οι περισσότεροι ήταν ικανοποιημένοι από την επιλογή του θέματος, για τον λόγο ότι είχαν τη δυνατότητα να εκφράσουν και να απαθανατίσουν μέσω του γραπτού λόγου την καλύτερη μέρα της ζωής τους, ο Τρίσταν είχε απογοητευτεί. Σε λίγες μέρες θα έκλεινε δεκαπέντε χρόνια σε αυτόν τον κόσμο και καθώς έκανε μία αναδρομή στην οδό των αναμνήσεων, αντιλήφθηκε ότι λόγω της μητέρας του είχε περάσει όλα του τα χρόνια σε διάφορα ορφανοτροφεία. Ο τελευταίος σταθμός ήταν το ορφανοτροφείο της Αγίας Καλλιόπης. Τα πρώτα έτη αυτό δεν είχε καμία σημασία, αντιθέτως ίσως να ήταν και από τα καλύτερα παιδικά χρόνια που θα μπορούσε να είχε ζήσει κανείς. Πλέον, όμως, ο Τρίσταν είχε μεγαλώσει. Οι περισσότεροι φίλοι του είχαν αποχωρήσει από το ορφανοτροφείο, εφόσον υιοθετήθηκαν και η διαφορά ηλικίας μεταξύ εκείνου και των υπολοίπων ήταν αισθητή. Έτσι, μία μέρα, τον κυρίευσε το συναίσθημα της μοναξιάς που τον συντρόφευε μέχρι και τότε. Εκείνος δεν βρισκόταν εκεί για να υιοθετηθεί. Ζούσε με τη μητέρα του και θα εξακολουθούσε να μένει στο ορφανοτροφείο μέχρι ωσότου ενηλικιωθεί. Μόνο τότε θα αποκτούσε τη δυνατότητα να απομακρυνθεί από αυτό το μέρος και να ξεκινήσει τη δική του ζωή. Έτσι, λοιπόν, ο Τρίσταν πίστευε πως η πιο ευτυχισμένη μέρα της ζωής του δεν είχε φτάσει ακόμα. Αδυνατούσε να θεωρήσει μία παιδική ανάμνηση ως τέλεια μέρα. Συνεπώς, αποφάσισε να γράψει για μία εικονική πραγματικότητα, να αναφερθεί σε κάτι ψεύτικο και απόλυτα φανταστικό.

Αποφάσισε, λοιπόν, να αποτυπώσει μία ζωή παραμυθένια. Έθεσε τον εαυτό του σε έναν άλλο κόσμο, σε μία ιστορική εποχή, όπου ο ίδιος ήταν βασιλιάς. Ως άρχοντας του ιδεατού του βασιλείου, ο Τρίσταν έπρεπε να φροντίζει για το καλό του λαού του. Η θέση του απαιτούσε να προστατεύει τους αδύνατους και να στοχεύει στην ευημερία και στην καλοζωία του δικού του κόσμου. Όλα αυτά ευχαριστούσαν τον Τρίσταν πραγματικά, ίσως ένας λόγος να ήταν ότι είχε μάθει να ζει έτσι καθότι ως μεγαλύτερος πλέον, αλλά και γιος της κυρίας Μπάπτιστα, ήταν υποχρεωμένος να προσέχει και να καθοδηγεί τα μικρότερα παιδιά. Ίσως αυτή η συμπεριφορά να χαρακτήριζε απόλυτα τον Τρίσταν κι έτσι μπορούσε πλέον να θεωρηθεί τέτοιος άνθρωπος, τέτοια ψυχή. Αυτό όμως που τον παραξένεψε ήταν πως ενώ η εργασία του ήταν λανθασμένη, η Εύα Μπάπτιστα, δηλαδή η μητέρα του, τον συνεχάρη. Ήταν κάτι, το οποίο δεν το συνήθιζε για τον λόγο ότι ήταν ο γιος της δασκάλας και δεν επιτρεπόταν να κάνει λάθη. Όποτε είχε λάθος, η τιμωρία του ήταν διπλά δύσκολη και ανηλεής. Επομένως, ποια ήταν η αιτία; Ποιος ο λόγος για τούτο το ευχάριστο, απρόσμενο αποτέλεσμα;

Τον τελευταίο χρόνο η καθημερινότητα ωθούσε τον Τρίσταν ολοένα και περισσότερο στον αναλογισμό της ζωής του. Σκεπτόμενος την πρώτη του ανάμνηση, συμπέρανε ότι αυτή, δυστυχώς, παραλληλιζόταν με τον βίο του. Ήταν ο αποχωρισμός από τον πρώτο του φίλο, μία σκηνή που τελικά επαναλαμβανόταν καθόλη τη διάρκεια της διαμονής του σε διάφορα ορφανοτροφεία. Ταξιδεύοντας πίσω στον χρόνο, στην πρώτη του νοητική εικόνα, ο Τρίσταν θυμάται να κάθεται, μία ηλιόλουστη ανοιξιάτικη μέρα, στο πράσινο γρασίδι της αυλής και να παίζει με μία μπάλα χαρούμενος και μαγεμένος από τη νέα του ανακάλυψη. Μετά από μερικά δευτερόλεπτα, άκουσε το κλάμα ενός παιδιού σε μικρή απόσταση. Ήταν ένα νήπιο που είχε βυθιστεί στα χώματα και χαλούσε τον κόσμο με τα ουρλιαχτά του. Ο Τρίσταν, μικρός τότε, αδυνατούσε να καταλάβει τον λόγο που συνέβαινε αυτό. Ενστικτωδώς και δίχως δεύτερη σκέψη το πλησίασε και ευγενικά του πρόσφερε το καινούριο του παιχνίδι. Πίστεψε ότι και το άλλο παιδί θα εκτιμούσε τη μαγεία του παιχνιδιού του και θα σταματούσε το κλάμα, μία σκέψη που αποδείχθηκε σοφή, σύμφωνα με τα λόγια της μητέρας του. Αμέσως, το στενοχωρημένο ορφανό χαμογέλασε και εκδήλωσε το ίδιο ενδιαφέρον γι' αυτό το απλό παιχνίδι. Μέχρι εκείνη την ημέρα, ο Τρίσταν γνώριζε λίγα για την αδιάκοπη εναλλαγή συναισθημάτων ενός μωρού. Με μία τόσο απλή κίνηση κατάφερε να σταματήσει τη στενοχώρια που κυρίευε το νήπιο. Και μία τόσο απλή κίνηση θα έληγε στη συνέχεια και εκείνη τη φιλία. Μία καλόγρια τους πλησίασε διακριτικά και με στοργή πήρε τον πρώτο φίλο του Τρίσταν στην αγκαλιά της. Κατευθύνθηκε χαμογελώντας προς ένα ζευγάρι, το οποίο στεκόταν στο φόντο της παρελθοντικής φωτογραφίας του μυαλού του. Κατά τη διάρκεια της διαδρομής η μπάλα γλίστρησε από τα χέρια του μικρού χωρίς να το αντιληφθεί. Οι δύο ξένοι για τον Τρίσταν έμοιαζαν κατενθουσιασμένοι, αληθινά ευτυχισμένοι. Τη στιγμή που η γυναίκα τρεμάμενη τύλιξε το μικρό στην αγκαλιά της, ο Τρίσταν κατάλαβε τι γινόταν. Κατάλαβε ότι δεν θα ξανάβλεπε τον καινούριο του φίλο. Αντιλήφθηκε πως η φιλία αυτή ήταν το πρώτο δείγμα για το χρονικό περιθώριο, το οποίο θα είχε για να κάνει επιφανειακούς εντέλει φίλους. Όταν το ζευγάρι άρχισε να απομακρύνεται, ο Τρίσταν ένιωσε ένα κενό βαθιά μέσα του, ένα πρωτόγνωρο συναίσθημα. Ήταν πρώτη φορά που είχε συνειδητά στενοχωρηθεί. Καθώς τα μάτια του πλημμύριζαν από συσσωρευμένα δάκρυα, η μπάλα κύλισε στο έδαφος και τερμάτισε την πορεία της στα πόδια του. Στενοχωρημένος ο ίδιος, έσκυψε να περιθάλψει εκείνο που του είχε απομείνει και όπως ανασηκώθηκε κρατώντας την μπάλα ένιωσε ένα χέρι να του χαϊδεύει το μελί κεφάλι του.

«Μην ανησυχείς, γλυκέ μου, να είσαι σίγουρος πως θα κάνεις πολλούς φίλους στη ζωή σου» είπε η μητέρα του καθώς κοιτούσε το ζευγάρι που απομακρυνόταν με το νέο μέλος της οικογένειας. «Και να ξέρεις» πρόσθεσε ενώ τον σήκωσε στην αγκαλιά της «πως εγώ δεν πρόκειται να σε αφήσω ποτέ» χαρίζοντας του ένα ζεστό φιλί στο μάγουλο. Έπειτα, η εικόνα έσβησε με την Εύα Μπάπτιστα να κατευθύνεται προς το κτίριο του ορφανοτροφείου κρατώντας τον Τρίσταν στην αγκαλιά της.

Το φιλμ της ζωής του ήταν γεμάτο από τέτοιες δραματικές σκηνές. Εκείνος και η μητέρα του ήταν τσιγγάνοι και ο τρόπος ζωής τους πρόσταζε, όπως του είχε πει, συνεχείς μετακινήσεις. Ήταν περιπλανώμενοι. Έτσι, ο Τρίσταν είχε οικειοποιηθεί πλέον με τον αποχωρισμό από φίλους, από συνήθειες και καταστάσεις, επειδή η διαδικασία της ζωής του τα απομάκρυνε. Μεγάλωνε και μάθαινε να επενδύει σε πράγματα, που δεν θα μπορούσε να στερηθεί. Η μητέρα του, του έλεγε από τα νεαρά του χρόνια πως αυτό δεν θα ήταν μόνιμο και πως κάποια μέρα θα γνώριζε και αυτός, όπως και όλα τα άλλα παιδάκια που με τη σειρά τους έφευγαν από τα ορφανοτροφεία, ένα σπίτι για να αγαπήσει και φίλους παντοτινούς. Καθώς και την ευκαιρία να δει την πραγματική μαγεία αυτού του κόσμου. Όλα αυτά τα περίμενε με ανυπομονησία ο μικρός Τρίσταν, αλλά τώρα πια η πεποίθηση ότι ο ισχυρισμός της μητέρας του θα πραγματοποιούταν, είχε αρχίσει να σβήνει. Ο ίδιος είχε αρχίσει να κάνει σχέδια για την πορεία που θα ακολουθούσε, αφού κλείσει τα δεκαοχτώ του χρόνια και αποκτήσει το δικαίωμα να φύγει από το ορφανοτροφείο που θα βρισκόταν τότε, κάνοντας το δικό του ξεκίνημα. Μία αρχή, μακριά από εκείνη τη μουντή πραγματικότητα.

Το πέρασμα του χρόνου ήταν ανεπαίσθητο. Το μάθημα πλησίαζε στο τέλος του και ο Τρίσταν συνερχόταν από τον λαβύρινθο των σκέψεών του. Όλοι οι μαθητές μάζευαν τα πράγματά τους, για να αποχωρήσουν από την αίθουσα. Ενώ τα τελευταία λόγια της κυρίας Μπάπτιστα χάνονταν στη σκέψη του, εκείνος παρατηρούσε την αίθουσα, την οποία επισκεπτόταν σχεδόν κάθε μέρα. Μωσαϊκό πάτωμα, γκρι τοίχοι και τεράστια ορθογώνια παράθυρα χωρισμένα σε μικρά τετράγωνα που θύμιζαν σκακιέρα. Αιτία αυτού ήταν η θαμπάδα που είχε δημιουργηθεί σε κάποια σημεία από τα πολλά χρόνια ύπαρξης του ορφανοτροφείου. Με την εκκένωση της αίθουσας, ο Τρίσταν σηκώθηκε και πλησίασε τη μητέρα του, που ξεχώριζε μέσα στην σκιερή αίθουσα. Εκείνη δεν είχε αισθανθεί την παρουσία του γιου της, αν και στεκόταν δίπλα της, και συνέχιζε να διορθώνει γραπτά.

«Μαμά, να σου πω λίγο;» ρώτησε ο Τρίσταν.

«Τι είναι, γλυκέ μου;» είπε χαμογελώντας και έστρεψε το βλέμμα της σ' εκείνον.

«Θέλω να σε ρωτήσω γιατί με συγχάρηκες για την εργασία;» είπε και έγλειψε το άνω χείλος του μονομιάς, όπως συνήθιζε να κάνει σε στιγμές αμηχανίας. «Θέλω να πω, δηλαδή, ότι δεν έγραψα αυτό που ζήτησες. Σκαρφίστηκα ένα παραμύθι απ' το μυαλό μου, άρα ήταν λάθος και δεν άξιζα συγχαρητήρια» τόνισε ο Τρίσταν, αναμένοντας την απάντησή της.

Η κυρία Μπάπτιστα κάρφωσε με το έντονο βλέμμα της τα ζωηρά μπλε μάτια του Τρίσταν, τα οποία ήταν πανομοιότυπα με τα δικά της.

«Αγάπη μου» είπε η μητέρα του Τρίσταν και έγειρε πάνω από το γραφείο της, επιθυμώντας να διορθώσει την άτακτη φράντζα του γιου της, «φυσικά και γνωρίζω πως δεν έγραψες αυτό που ζήτησα, αλλά μόνο το δείγμα της φαντασίας σου και της συγγραφικής σου ικανότητας είναι λόγος επιβράβευσης. Να φανταστείς, σήμερα το πρωί, το διάβαζα σε κάτι καλόγριες και είχαν ενθουσιαστεί. Τρίσταν, εάν εξασκηθείς σε αυτό το ταλέντο που σου δόθηκε και ασχοληθείς σοβαρά, ίσως μία μέρα να γίνεις ένας υπέροχος συγγραφέας» είπε με πικάντικο τόνο στη φωνή.

Ο Τρίσταν κοκκίνισε αλλά ταυτόχρονα ένιωσε περήφανος. Για μία ακόμη φορά είχε ακούσει όμορφα και εμψυχωτικά λόγια από τη μητέρα του, τα οποία τον παρακινούσαν να κυνηγήσει κάθε απρόσμενο ταλέντο. Η ψυχική ικανοποίηση που δεχόταν από τα λόγια της μητέρας του ήταν απερίγραπτη, ήταν λες και χιλιάδες πεταλούδες ταξίδευαν χαμένες μέσα του. Ο Τρίσταν, της ήταν παντοτινά ευγνώμων για τον λόγο ότι, σε αντίθεση με τα ορφανά, είχε κοντά τη μητέρα του ενώ αυτά βρίσκονταν στο ορφανοτροφείο ψυχικά μόνα, χωρίς οικογένεια. Όση στοργή και αγάπη κι αν δίνανε οι καλόγριες, το αληθινό συναίσθημα της οικογένειας απείχε, και φυσικά δεν μπορούσαν να ζήσουν στιγμές σαν εκείνη, μοναδικές και ονειρώδεις.

«Ευχαριστώ, μαμά» είπε ο Τρίσταν, χαμογελώντας καθώς τα μάτια του σπινθήριζαν από ευτυχία.

«Το αξίζεις, γλυκέ μου, το αξίζεις» είπε, χαϊδεύοντας τον στην πλάτη. «Αχ! Δες πως πέρασε η ώρα, Τρίσταν! Φύγε γρήγορα να προλάβεις το επόμενο μάθημα. Θα σε αφήσει έξω ο κύριος Καπορέλι.»

Με την αναφορά του χρόνου, ο Τρίσταν πήρε τα πράγματά του και έφυγε τρέχοντας από την αίθουσα. Ενώ διέσχιζε τον διάδρομο, την προσοχή του απέσπασε μία δυνατή βροντή που τον σταμάτησε αμέσως. Προσεγγίζοντας το κοντινότερο παράθυρο του διαδρόμου, κοντοστάθηκε. Έξω έβρεχε καταρρακτωδώς, εκείνη τη στιγμή ο άνεμος φυσούσε οργισμένος και οι κούνιες πηγαινοέρχονταν ανεξέλεγκτα. Ο παιδικός μύλος στριφογυρνούσε αμείλικτα και τα πάντα έμοιαζαν δαιμονισμένα. Τα παιδιά δεν τολμούσαν να βγουν έξω, από φόβο. Τα πεσμένα φύλλα σταδιακά χάνονταν μέσα στην κινούμενη λάσπη και το έδαφος του προαυλίου ήταν θολό. Κοίταξε βαθύτερα στο χειμωνιάτικο υγρό τοπίο του ορφανοτροφείου, εκεί που ήταν τα περιστερόδεντρα. Αν και τότε ήταν τρομακτικά, η εικόνα τους την άνοιξη ήταν θεσπέσια. Τον καιρό που το δέντρο ανθίζει, τα λουλούδια του παίρνουν τη μορφή λευκών περιστεριών. Τον κρύο χειμώνα όμως, η απόλαυση αυτού του ανοιξιάτικου θεάματος ήταν αδύνατη. Εκείνη την ημέρα, τα δέντρα έμοιαζαν τρομαγμένα από τη σκληρότητα του καιρού. Ο ουρανός ήταν μαύρος και ταίριαζε απόλυτα με το γκρι κτίριο του ορφανοτροφείου της Αγίας Καλλιόπης. Η όψη τέτοιων άψυχων και τρομακτικών εικόνων ανατρίχιαζαν τον Τρίσταν έως τα κόκκαλα, ακόμη και κατά τη διάρκεια της ημέρας. Γι' αυτό ο Τρίσταν τίναξε την απόκοσμη ιδέα που τον είχε καταβάλλει και συνήλθε από την παράξενη νιρβάνα. Σύμφωνα με το προσωπικό του γούστο, μόνο οι θερμές εποχές ήταν της αρεσκείας του.

Ο χρόνος κυλούσε και η απόσταση τον πίεζε να το βάλει στα πόδια. Έπρεπε να είναι στην ώρα του για το επόμενο μάθημα, αλλιώς ο κύριος Καπορέλι θα ήταν τρομερά δυσαρεστημένος. Ο τελευταίος ήταν μία ιδιαίτερα δύστροπη και κακοθελητή προσωπικότητα, σύμφωνα με τον Τρίσταν. Ήταν ο φόβος και ο τρόμος όλων των μαθητών και το μάθημα των μαθηματικών που δίδασκε, ήταν το χειρότερό του. Λογική συνέχεια ήταν η ύπαρξη των μαθητών σε εκείνο το τμήμα να μοιάζει με παρουσίαση για μάθημα στην κόλαση. Και η αργοπορία ήταν καταδίκη.

Ντέμιαν

«Όχι...» αναφώνησε ο Τρίσταν φτάνοντας έξω από την αίθουσα, βλέποντας πως η πόρτα ήταν κλειστή. *Τι ήθελα και χάζευα έξω ο ηλίθιος; Πού έχω το μυαλό μου;* αναρωτήθηκε. Πλησιάζοντας, άκουσε τη φωνή του κυρίου Καπορέλι από την άλλη πλευρά της μεταλλικής πόρτας, ο οποίος έλεγχε τις παρουσίες, από το μαθητολόγιο του τμήματος. Ο Τρίσταν πήρε μία βαθιά ανάσα, ελπίζοντας πως η καρδιά του θα σταματούσε να πάλλεται μανιωδώς. Απεχθανόταν τις παρατηρήσεις και ακόμη περισσότερο όταν γίνονταν από εκείνον. Μιας και ο χτύπος της καρδιάς του δεν είχε σταματημό, έγλειψε το άνω χείλος του, καθώς είχε αγχωθεί, χτύπησε την πόρτα και την άνοιξε αστραπιαία σαν να αφαιρεί λευκοπλάστη από πληγή.

«Με συγχωρείτε...» είπε δήθεν λαχανιασμένος και όδευσε προς ένα κενό θρανίο. Ο ίδιος ήλπιζε ότι ο κύριος Καπορέλι δεν θα ενοχλούταν από την καθυστέρηση του, μιας και είχαν περάσει μονάχα μερικά λεπτά. Ο κύριος Καπορέλι δεν είπε λέξη και συνέχισε τον έλεγχο, έτσι που ο Τρίσταν ένιωσε τυχερός για μία φορά. Το στομάχι του έσφιγγε και χαλάρωνε διαρκώς φανερώνοντας τη χαρά του. Είχε μόλις περάσει την πρώτη δοκιμασία του μαθήματος και ανέμενε τη δεύτερη, ελπίζοντας βέβαια να σταθεί εξίσου τυχερός. Ο κύριος Καπορέλι τερμάτισε τον έλεγχο των παρουσιών και στη συνέχεια κοίταξε τους μαθητές. Αυτή ήταν η στιγμή που όλοι απεχθάνονταν κάθε μέρα. Ο Τρίσταν έριξε μία ματιά τριγύρω. Όλα τα κεφάλια ήταν σκυμμένα, τα χέρια των μαθητών ήταν κολλημένα ανάμεσα στα μπούτια, λες και προσεύχονταν να βυθιστούν εκτός πραγματικότητας. Άλλοι τρέμανε κιόλας. Φυσικά και ο Τρίσταν κατακλυζόταν από τα ίδια συναισθήματα τρόμου όσο καιρό θυμόταν τον εαυτό του σ' εκείνη την αίθουσα, χανόταν στην ιδέα ότι μπορεί να επιλεχτεί για εξέταση στον κατάμαυρο πίνακα.

«Λοιπόν, ποιος θέλει να έρθει πάνω για εξέταση;» ρώτησε ο κύριος Καπορέλι, ενώ έσβηνε τον πίνακα.

Ο Τρίσταν θα ορκιζόταν ότι άκουσε μία μικρή κραυγή από το πίσω μέρος της αίθουσας. Πιθανώς από κάποιο κορίτσι.

«Κανείς; Ούτε ένας;» πρόσθεσε ψυχρά ο μαθηματικός. Η ώρα της κρίσης πλησίαζε, η στιγμή για την έναρξη ή τη λήξη του δράματος συντόμευε απειλητικά.

«Εντάξει, λοιπόν» είπε, ενώ οι μαθητές συγκρατούσαν την αναπνοή τους «θα επιλέξω εγώ» ανακοίνωσε με ένα φαινομενικά διαβολικό ύφος.

Αγωνία διαπέρασε όλα τα παιδιά της τάξης σαν αόρατο κύμα.

«Εσύ...» ο Τρίσταν συνέχισε να κοιτά κάτω, ελπίζοντας ο κλήρος να μην τον έχει επιλέξει. Δεν ακολούθησε ούτε ήχος ούτε κίνηση.

«Εσύ με τα μελί-ξανθά μαλλιά». Η ετυμηγορία είχε ανακοινωθεί. Εκείνος είχε επιλεχτεί, δεδομένου του ότι ήταν ο μόνος στην τάξη με αυτό το χρώμα μαλλιών. Τότε σήκωσε το βλέμμα του και κοίταξε προς τον κενό πίνακα, οπού ήταν μία εξαιρετικά κοντή φιγούρα ανθρώπου ντυμένη στα μαύρα, εν αντιθέσει με τα κατάλευκα κοντά μαλλιά του. Τον κοιτούσε επίμονα με τα ολοστρόγγυλα μαύρα μάτια του και τη μυτερή μύτη του. Είχε επεκτείνει το χέρι του προσφέροντας στον Τρίσταν ένα κομμάτι κιμωλίας και το διαβολικό του κοίταγμα παρέμενε.

«Δεν θα περιμένω όλη μέρα, νεαρέ. Τι φοβάσαι;» Ο Τρίσταν ήταν πεπεισμένος ότι ο κύριος Καπορέλι απολάμβανε κάθε λεπτό αυτής της μαρτυρικής εξέτασης.

Δίχως άλλη επιλογή, ο Τρίσταν σηκώθηκε και κατευθύνθηκε προς τον μαύρο πίνακα. Πήρε την κιμωλία και περίμενε την εκφώνηση του μαθηματικού προβλήματος που επρόκειτο να λύσει. Από το άγχος, άθελά του χάραζε την κιμωλία στον πίνακα επιδιώκοντας να γράψει. Ο ήχος βασάνιζε την ακοή των μαθητών, καθώς εκείνοι με τη σειρά τους έτριζαν τα δόντια τους και κάλυπταν τα αυτιά τους. Μέσα σε λίγα λεπτά, η εκφώνηση του προβλήματος είχε ολοκληρωθεί και ο Τρίσταν στεκόταν μπροστά από την ερώτηση, η οποία πλέον του θύμιζε κινέζικα. Ο μαθηματικός ξεκίνησε με αργό βηματισμό την περίμετρο της αίθουσας. Η κακεντρέχεια σφραγισμένη στο πρόσωπό του. Ο Τρίσταν "βερνίκωνε" διαρκώς το άνω χείλος του, ενώ τα χέρια του ήταν ιδρωμένα και κολλούσαν.

«Τρίσταν...» ψιθύρισε κάποιος κοντά του και εκείνος άμεσα έγειρε το κεφάλι του στο πλάι. «Τρίσταν, χι μείον χι τετράγωνο συν...». Ήταν ο φίλος του, ο Ντέμιαν, ο οποίος καθόταν στο πρώτο θρανίο. Ήταν αστέρι στα μαθηματικά αλλά τρομοκρατούταν από τον κύριο Καπορέλι. Δίχως χρόνο για χάσιμο, ο Τρίσταν επιτάχυνε τη γραφή του, έγραφε όσο πιο γρήγορα μπορούσε να μετατοπίσει το χέρι του, αλλά ο χρόνος τελείωνε. «Κλείσε παρένθεση...». Ο μαθηματικός τελείωνε την περίμετρο και πλησίαζε επικίνδυνα. Ο Τρίσταν δεν είχε ολοκληρώσει τη λύση του προβλήματος. «Ισούται με...». Όσο πλησίαζε ο κύριος Καπορέλι, τόσο χαμήλωνε η ένταση της φωνής του Ντέμιαν, μέχρι που το τέλος της άσκησης με το τέρμα της περιμέτρου σχεδόν συμπέσανε, αφήνοντας τον Τρίσταν αβέβαιο για το τελευταίο τμήμα της λύσης. Ο τελευταίος, δεν ήταν σίγουρος για την αριθμητική εξίσωση, αλλά ούτε και για την κατάσταση, με την οποία θα αποχωρούσε ο ίδιος από την αίθουσα. Ήλπιζε απλά να είχε ακούσει σωστά τα τελευταία λόγια του Ντέμιαν.

«Τελείωσες, νεαρέ;» ρώτησε ο κύριος Καπορέλι με στριμμένο τόνο.

Ο Τρίσταν κοίταξε στον πίνακα εποπτεύοντας όσα είχε γράψει, αποσκοπώντας να μιμηθεί έναν καλοδιαβασμένο μαθητή.

«Ναι, νομίζω...» μουρμούρισε αβέβαιος, σαλιώνοντας το πάνω χείλος του.

«Εσύ, Ντέμιαν, τι πιστεύεις; Είναι σωστή η λύση του Τρίσταν;».

Εκείνο το κλάσμα δευτερολέπτου, ο Τρίσταν πίστεψε πως ο κύριος Καπορέλι είχε καταλάβει τα πάντα. Γνώριζε πως ήταν αδιάβαστος, ότι του έδωσε τη λύση ο Ντέμιαν κι ότι προσπάθησε να τον κοροϊδέψει. Όλα όσα ήταν απαραίτητα για να τον μηδενίσει στο τέλος του τριμήνου.

«Ναι» ξεροκατάπιε «είναι σωστό» είπε ο Ντέμιαν τρομαγμένος και επήλθε ολοκληρωτική βουβαμάρα και αδράνεια. Τέλεια, ο Ντέμιαν είχε πει πως ήταν σωστό, επομένως ο Τρίσταν τα είχε ακούσει όλα σωστά. Το μόνο που έμενε ήταν να συμφωνήσει και ο κύριος Καπορέλι.

Τα φρύδια του κυρίου Καπορέλι σχημάτισαν δύο μυτερά αυτιά. Ενάλλασσε το βλέμμα του μεταξύ του Τρίσταν και του πίνακα. Ο Τρίσταν ήξερε μέσα του πως ο κύριος Καπορέλι διασκέδαζε με την αγωνία των μαθητών και πως αν μπορούσε να κάνει τη διαδικασία της εξέτασης ακόμα πιο βασανιστική, θα το έκανε χωρίς αναστολές.

«Έχεις δίκιο, Ντέμιαν, είναι σωστό» είπε ο δάσκαλος των μαθηματικών, ο οποίος έμοιαζε τρομερά δυστυχής με το αποτέλεσμα.

Δέος κατέλαβε όλους τους μαθητές. Ο Τρίσταν είχε ξεγελάσει τον δάσκαλο. Ένας εξαιρετικός θρίαμβος που όλοι αδυνατούσαν να δεχτούν στην πραγματικότητα. Ήθελε να ξεκαρδιστεί στα γέλια μέχρις ότου το στομάχι του εκραγεί. Αλλά το απέφυγε. Μία τέτοια κίνηση σίγουρα θα τον πρόδιδε και θα άλλαζε αυτό το χαρούμενο φινάλε. Πνίγοντας τη χαρά του, αποχώρησε από τον πίνακα σαν αστραπή και με τον ίδιο τρόπο εξαφανίστηκαν και τα χαμόγελα από τα πρόσωπα των συμμαθητών του. Για μία ακόμη φορά ολόκληρη η τάξη έπεσε σε “νάρκη”, για να βρεθεί ο επόμενος επιλαχών της μαρτυρικής δοκιμασίας. Όλοι εκτός από τον Τρίσταν. Ήταν ο άφθαρτος διασωθείς της ημέρας. Η εξαπάτηση ήταν ένα ταλέντο, το οποίο ο Τρίσταν κατείχε πάντοτε. Ήταν θέμα γονιδίων, κληρονομιά των τσιγγάνων. Χάρη στο αθώο βλέμμα του και την αέρινη αύρα του, είχε τον τρόπο να ξεγλιστρά από δύσκολες καταστάσεις και να πείθει τον κόσμο για την ενάρετη προσωπικότητά του. Ήταν ένα χάρισμα, το οποίο εκμεταλλευόταν ασύστολα, μία κίνηση η οποία τον έφερνε σε σύγκρουση με τον εαυτό του και τον έκανε πολλές φορές να αμφιβάλλει για την ποιότητα της ψυχής του. Αλλά ήταν σίγουρα εθιστικό. Ποιος άλλωστε θα άφηνε στην άκρη ένα τέτοιο χάρισμα; Σίγουρα όμως ήταν η πρώτη φόρα που ξεγελούσε τον κύριο Καπορέλι, έναν άνθρωπο πονηρό και υποψιασμένο όσον αφορά στους αδιάβαστους μαθητές. Αν και όλα τα παραπάνω παρήγαγαν ατελείωτες σκέψεις στο μυαλό του Τρίσταν, το χάρισμα αυτό αποδεικνυόταν λυσιτελές. Γι' αυτό και ο ίδιος το χρησιμοποιούσε για δικό του όφελος σε κάθε δύσκολη στιγμή, για να επιτύχει τον στόχο του.

Αν και η μέρα ξεκίνησε σαν πολλές της ζωής του, εξελισσόταν σε ακόμα καλύτερη.

Με το τέλος του μαθήματος και την καταδίκη ενός ακόμη μαθητή του ορφανοτροφείου, ο Τρίσταν έτρεξε προς την τραπεζαρία για το μεσημεριανό του φαγητό.

«Υπέροχα...» αναφώνησε ο Τρίσταν, βλέποντας το μενού της ημέρας μέσα στη φούρια του εστιατορίου της Αγίας Καλλιόπης. Το κυρίως γεύμα ήταν το αγαπημένο του. Μακαρόνια με σάλτσα ντομάτας, που θα περιέλουζε με τριμμένο τυρί και θα γινόταν ένα χορταστικό όνειρο. Σερβιρίστηκε το δυνατόν γρηγορότερα και κάθισε σε ένα από τα μεταλλικά τραπέζια του εστιατορίου, όπου λαίμαργα άρχισε να καταπίνει αμάσητες μπουκιές. Μέσα στα επόμενα λεπτά...

«Από ό,τι φαίνεται η τύχη είναι πάντα με το μέρος σου» ακούστηκε μία φωνή πίσω του. Ο Τρίσταν κόντεψε να πνιγεί, καθώς η τεράστια μπουκιά του έκανε στάση στα μισά της διαδρομής προς το στομάχι του. Γούρλωσε τα μάτια του και χτύπησε το στήθος του για να απεγκλωβίσει την τροφή. Σύντομα, ανακουφίστηκε και η υπερβολική ποσότητα μακαρονιών συνέχισε τη διαδρομή της. Στη συνέχεια, είδε πως η άγνωστη μέχρι πρότινος φωνή ήταν του Ντέμιαν.

«Ντέμιαν, με τρόμαξες» είπε ο Τρίσταν «δεν αναγνώρισα τη φωνή σου».

«Τη δική μου φωνή;» τον ρώτησε ο Ντέμιαν γελώντας. «Εσύ μου μιλάς μπουκωμένος, η δική μου φωνή είναι μια χαρά» του είπε χαμογελώντας και κάθισε ακριβώς απέναντί του.

Ανέγγιχτος από το αστείο του Ντέμιαν, ο Τρίσταν συνέχισε να μπουκώνεται.

«Μη φοβάσαι, δεν θα σου το πάρει κανείς» του είπε κοροϊδεύοντας τον για τον τρόπο που έτρωγε.

Ο Ντέμιαν έβγαλε τα γυαλιά του από τη σουβλερή του μύτη και τα ακούμπησε στο τραπέζι παράλληλα με το σιδερένιο δίσκο του. Έπειτα, άρχισε να τρώει το φαγητό του υποβοηθώντας με ένα κομμάτι ψωμί.

«Η μητέρα μου το έλεγε αυτό» τον ενημέρωσε.

Ο Ντέμιαν ήταν ένα από τα καλύτερα ορφανά αλλά η μοίρα του ήταν μελανή. Ο φουκαράς, εν αντιθέσει με τα υπόλοιπα παιδιά του ορφανοτροφείου της Αγίας Καλλιόπης, ζούσε με τη μνήμη της προϋπάρχουσας ζωής του. Μία ζωή φυσιολογική με τους γονείς του, τους φίλους του, το σχολείο του και το δωμάτιό του. Ζούσε απογεύματα στο πάρκο, οικογενειακές στιγμές γεμάτες χαρά και αγάπη. Όμως η ζωή, του επιφύλασσε άλλα σχέδια. Του τα άρπαξε βίαια και χωρίς δεύτερη σκέψη. Ένα οικτρό απόγευμα συνέβη ένα θανατηφόρο τροχαίο ατύχημα, θανατηφόρο για όλους, εκτός από τον Ντέμιαν. Ο τελευταίος δεν είχε αδέρφια και οι συγγενείς του δεν είχαν τη δυνατότητα να τον συντηρήσουν. Έτσι, έγινε ένα από τα ορφανά της Αγίας Καλλιόπης. Δύο χρόνια είχαν περάσει και ο Ντέμιαν ήταν ο μόνος που επιθυμούσε να μην υιοθετηθεί. Βέβαια και να το ήθελε, θα ήταν αδύνατο. Ήταν λίγο μικρότερος από τον Τρίσταν και τα ορφανά αυτής της ηλικίας δεν τα διάλεγε κανένα ζευγάρι. Προτιμούσαν κάποιο παιδί που θα μεγάλωνε μαζί τους. Ένα παιδί που δεν θα ήξερε πως αυτοί δεν ήταν οι πραγματικοί του γονείς. Ο Ντέμιαν θυμόταν τα πάντα από εκείνο το φρικτό απόγευμα, όπως και τη σύντομη, εντός οικογένειας, ζωή του. Αυτός ήταν και ο λόγος που δεν επιζητούσε αντικατάσταση, δεν ήθελε τίποτα να του αλλοιώσει την εικόνα, ή ακόμα στο τέλος, να του προκαλέσει ξανά τέτοιο πόνο. Η ατυχία των αναμνήσεων τον κυρίευε.

«Ντέμιαν...» είπε ο Τρίσταν, λουστράροντας το πάνω χείλος του «πώς ήταν να μεγαλώνεις» είπε ενώ ο Ντέμιαν τον κοιτούσε με την απορία ζωγραφισμένη στο πρόσωπό του «σε μία φυσιολογική οικογένεια εννοώ» πρόσθεσε χαμογελώντας, εμφανίζοντας έτσι μισοφαγωμένα μακαρόνια. Ο Τρίσταν εκσφενδόνισε την ερώτηση χωρίς να συλλογιστεί ιδιαίτερα το θέμα, το οποίο έθετε. Όταν το αντιλήφθηκε όμως ήταν ήδη αργά. Όσο κι αν επιθυμούσε να μην είχε ανοίξει το στόμα του, δεν μπορούσε να σταματήσει την κουβέντα εκεί. Ο Ντέμιαν δεν ήταν μικρό παιδί, θα καταλάβαινε πως ο Τρίσταν διέκοψε την απορία του. Γενικότερα, ο ίδιος δεν ένιωθε άνετα όποτε ανέφερε θέματα, τα οποία προκαλούσαν ηλεκτρισμό στην ατμόσφαιρα, αλλά αυτό ήταν κάτι που ο Τρίσταν ήθελε να μάθει. Ήταν κάτι που δεν είχε ζήσει. Αβέβαιος πλέον για την αντίδραση του φίλου του και εξαιτίας της ευαισθησίας του αντικειμένου συζήτησης, ο Τρίσταν κατεύθυνε το βλέμμα του στα υπόλοιπα ορφανά, επιθυμώντας να προσδώσει έναν ελαφρύ τόνο στη συζήτηση. Κάτι που ήταν φυσικά ακατόρθωτο.

Ο Ντέμιαν έδειχνε ψυχρός, όπως και το σιδερένιο πιάτο, πάνω στο οποίο ακούμπησε τα μαχαιροπίρουνά του.

«Βασικά...» ξεκίνησε ο Ντέμιαν και ο Τρίσταν κατάλαβε πως το πλατάγισμα γύρω του δεν μπορούσε να του στερήσει αυτή την πληροφορία, που ήθελε τόσο να αισθανθεί. Η φωνή του Ντέμιαν ηχούσε πεντακάθαρα στο κεφάλι του. «Έχεις παρατηρήσει, καμιά φορά, όταν κοιμάσαι και βλέπεις ένα όνειρο, ο,τιδήποτε, όχι κάποιο συγκεκριμένο. Κάτι όμως, τόσο τέλειο και συγχρόνως ήρεμο, που σε κάνει να νιώθεις ασφαλής; Χωρίς να ξέρεις γιατί. Ένα όνειρο που σε κάνει να πιστεύεις ότι τίποτα στον κόσμο δεν μπορεί να σε πειράξει» είπε ο Ντέμιαν με το πιο ζωντανό βλέμμα που είχε δει στο πρόσωπό του μέχρι τότε ο Τρίσταν. «Ξέρεις ότι δυσκολεύεσαι να πιστέψεις ότι είναι αλήθεια, αλλά περνάς τόσο όμορφα που όταν ξυπνάς στενοχωριέσαι, γιατί βλέπεις ότι τελικά ήταν όντως ένα όνειρο, το οποίο δεν μπορείς να ζήσεις. Αυτό το όνειρο που όταν φτάσει η στιγμή να ξανακοιμηθείς, εύχεσαι να το ξαναδείς» και κάνοντας μία παύση κοίταξε προς τα έξω.

«Αυτό ήταν για μένα» είπε εν τάχει. «Αυτό είναι που δεν θα ξαναζήσω. Αυτό είναι που με κάνει να σκέφτομαι, τι έφταιξα, τι έκανα για να το αξίζω» λέγοντας αυτή την πρόταση, σηκώθηκε και σκούπισε το στόμα του με ένα χαρτομάντηλο.

«Θα σε δω στο προαύλιο, φίλε» είπε και έφυγε από εκεί. Του Τρίσταν, του φάνηκε ότι είδε ένα δάκρυ να κυλά ανάμεσα στις φακίδες του. Γι' αυτό παράτησε το μεσημεριανό του φαγητό. Ίσως επειδή δεν ήθελε να τον δει κανείς να κλαίει. Αλλά στην πραγματικότητα ο Τρίσταν κατάλαβε ότι ο Ντέμιαν δεν άντεχε τη ζωή του στο ορφανοτροφείο. Όχι, καθώς είχε γνωρίσει την οικογενειακή ζωή.

Είπε ότι ένιωθε ήρεμος και ασφαλής με τους γονείς του. Συναισθήματα, τα οποία ο Τρίσταν ένιωθε όποτε ήταν κοντά στη μητέρα του, αλλά κάτι μέσα του φανέρωνε μία διαφορετική έννοια για τον Ντέμιαν. Έβλεπε ότι κατά κάποιο τρόπο ο Ντέμιαν μιλούσε για κάτι αλλιώτικο, το οποίο ο ίδιος δεν γνώριζε και ήταν αμφίβολο αν θα γνώριζε ποτέ. Ίσως κάτι παραπάνω. Πιθανώς κάτι που θα πρόσθετε ο ρόλος του πατέρα σε μία οικογένεια. Κάτι που ο Τρίσταν δεν θα γνώριζε ποτέ. Η μητέρα του, του είχε πει πως ο μπαμπάς του εξαφανίστηκε την ημέρα της γέννησής του και από τότε δεν τον ξαναείδε κανείς. Κανείς δεν γνώριζε αν ζει ή αν πέθανε. Η ίδια του η μητέρα δεν τον έψαξε ποτέ.

Εκείνο το απόγευμα, ενώ η πρωινή παραφροσύνη του καιρού είχε μετατραπεί σε ένα γαλήνιο υγρό τοπίο, ο Τρίσταν κατευθύνθηκε προς το προαύλιο. Το έδαφος λασπωμένο γεμάτο φύλλα και κομμένα κλαριά. Η μυρωδιά του νοτισμένου γρασιδιού και η υγρασία του κλίματος έδινε στον Τρίσταν μία αίσθηση καθαριότητας στην ύπαιθρο, μία φρεσκάδα. Οι ηλιαχτίδες ίσα που έσχιζαν τα υποχωρούντα πλέον σύννεφα του χειμώνα και παρότι ο καιρός έμοιαζε καλοκαιρινός δεν μπορούσε να πολιορκήσει το κρύο που επικρατούσε τους τελευταίους μήνες στο νότιο τμήμα της Σκωτίας. Ο καιρός όμως δεν εξασκούσε καμία επιρροή στα παιδιά, τα οποία είχαν χιμήξει στην ανοιχτή αυλή. Κάποιοι παίζανε ποδόσφαιρο πασαλειμμένοι με λάσπη, μερικά κορίτσια χαιρόντουσαν κάνοντας κούνια στο βάθος του προαύλιου, ενώ ένα τσούρμο έπαιζε κρυφτό σε ολόκληρη την έκταση. Ο Τρίσταν βημάτισε γρήγορα πάνω στο τσιμεντένιο μονοπάτι, που οδηγούσε στο πίσω μέρος του ορφανοτροφείου, ελπίζοντας να προλάβει το απόσταγμα της δήθεν καλοκαιρινής ημέρας. Εκεί, θα απολάμβανε την ηρεμία και τη μοναξιά, που επιθυμούσε, μακριά από φωνές και περισπασμούς. Παρέα με τον εαυτό του.

Καθώς έφτανε στον προορισμό του, άκουσε κίνηση και ταραχή άγριας μορφής. Υποψιασμένος ότι συνέβαινε κάτι κακό που έπρεπε να αποτρέψει, επιτάχυνε. Το πίσω μέρος του ορφανοτροφείου ήταν ο χώρος που γίνονταν όλα τα άσχημα πράγματα. Ήταν ένας χώρος που ελεγχόταν σπάνια από μεγάλους. Όσο πλησίαζε διέκρινε φωνές παιδιών που λογομαχούσαν. Στη συνέχεια, αναγνώρισε μία από τις φωνές. Ήταν του φίλου του, του Ντέμιαν. Σίγουρα κάποιοι τον είχαν δει να κλαίει και αποφάσισαν να τον κοροϊδέψουν, σκέφτηκε ο Τρίσταν. Έτσι, έτρεξε προς την άλλη πλευρά του τοίχου, όπου εξελισσόταν η σκηνή.

Τρία παιδιά μικρότερα από τον Ντέμιαν σε ηλικία, αλλά αρκετά μεγαλύτερα σε ανάστημα, τον είχαν περικυκλώσει μεταξύ δύο περιστερόδεντρων. Αυτά καταλάμβαναν σχεδόν εξ ολοκλήρου τον χώρο του προαυλίου. Επομένως, ήταν εύκολο να τον στριμώξουν ανάμεσα. Οι δύο είχαν την περίμετρο βαρελιού, ενώ ο ένας ήταν περίπου στο ύψος του Ντέμιαν και έμοιαζε με τυφλοπόντικα, σχιστά μάτια και ψηλομύτης. Τίναζαν τον Ντέμιαν δεξιά και αριστερά σαν μπαλάκι, πράγμα που τους προκαλούσε ατελείωτο γέλιο.

«Αφήστε με, σας παρακαλώ, αφήστε με ήσυχο!» παρακαλούσε ο Ντέμιαν και ένα από τα χοντρά ορφανά του έβαλε τρικλοποδιά κι η μούρη του Ντέμιαν βυθίστηκε στη λάσπη.

«Έεεε...» φώναξε ο Τρίσταν ενώ ένιωθε το αίμα να επιταχύνει στις φλέβες του και να θερμαίνει το σώμα του. «Αφήστε τον ήσυχο!» βρόντηξε εκνευρισμένος με αυτό που μόλις είχε δει να γίνεται στον φίλο του.

Με το άκουσμα της φωνής του, οι τρεις νταήδες γύρισαν προς το μέρος του και μονομιάς κόψανε τα χάχανα. Ο Τρίσταν επιτάχυνε αποφασισμένος να τους δείρει. Το τρίο όμως, φοβούμενοι από την έκφραση και την ηλικία του, σκορπίστηκε θαρρείς πως ήταν ο ίδιος μπάλα του μπόουλινγκ και εκείνοι οι κορύνες. Τους κυνήγησε μέχρι που εξαφανίστηκαν και οι τρεις.

«Κότες» αναστέναξε ο Τρίσταν επιστρέφοντας στον Ντέμιαν, ο οποίος βρισκόταν γονατισμένος μέσα στη λάσπη και προσπαθούσε να βρει ένα σημείο καθαρό στην μπλούζα του, ούτως ώστε να καθαρίσει τα γυαλιά του, που προς το παρόν θύμιζαν βρώμικα πατομπούκαλα.

Ο Τρίσταν πλησίασε τον γονυπετή φίλο του και τον βοήθησε να ορθοποδήσει.

«Δώστα σ' έμενα» είπε ο Τρίσταν και άπλωσε το χέρι του.

«Σ' ευχαριστώ, Τρίσταν. Αυτοί οι τύποι είναι τόσο δειλοί που με αντιμετωπίζουν μονάχα μαζί, βλέπεις δεν έχουν τα κότσια να τα βάλουν μαζί μου ένας-ένας» είπε ο Ντέμιαν, αφού έδωσε στον Τρίσταν τα γυαλιά του, για να τα καθαρίσει. Έπειτα, άρχισε να τινάζει την μπλούζα που φορούσε επιχειρώντας να την καθαρίσει από τη λάσπη. Ανεπιτυχώς, φυσικά.

Ο Τρίσταν γνώριζε ήδη ότι ο Ντέμιαν δεν είχε καμία ελπίδα να κερδίσει καυγά ενάντια σε αυτούς, ακόμη και με τον καθένα ξεχωριστά, για τον λόγο ότι ήταν τόσο μικροκαμωμένος και αδύνατος που απλά τα χτυπήματά του θα ήταν αναποτελεσματικά. Αλλά δεν του ανέφερε τίποτα, γιατί δεν ήθελε να τον πληγώσει συναισθηματικά.

«Είμαι σίγουρος γι' αυτό, Ντέμιαν, μην τους δίνεις σημασία, όμως. Να είσαι σίγουρος πως μία μέρα θα πάθουν αυτό που τους αξίζει, μην ανησυχείς καθόλου» είπε ο Τρίσταν και έδωσε στον Ντέμιαν τα καθαρά πια γυαλιά του. Λέγοντας τα παραπάνω, ο Τρίσταν θυμόταν τη μητέρα του, που πάντα του έλεγε: «Μπορεί να μην ξέρει κανείς γύρω σου ότι έκανες κάτι κακόβουλο, αλλά η μοίρα το ξέρει και θα σε τιμωρήσει.» Αν και δεν το είχε ζήσει ποτέ, το πίστευε.

«Έχω μία ιδέα, λέω να πάμε πάνω και μόλις πλυθείς, να παίξουμε μερικά παιχνίδια σκάκι και όποιος νικήσει θα φάει το επιδόρπιο του άλλου σήμερα το βράδυ. Σύμφωνοι;». Ο Τρίσταν προσφέρθηκε να παίξουνε σκάκι, γιατί ήξερε ότι ήταν το αγαπημένο παιχνίδι του Ντέμιαν. Του το είχε χαρίσει ο πατέρας του το ίδιο καλοκαίρι που έμαθε να παίζει. Δυστυχώς, αυτό ήταν και το τελευταίο του δώρο.

«Σύμφωνοι!»

Αυτές οι χειρονομίες και οι άδικες πράξεις επηρέαζαν τον Τρίσταν αρνητικά. Κατά την γνώμη του, ήταν ανούσιες πράξεις δήθεν ανωτερότητας ή δύναμης. Τέτοιοι άνθρωποι, όπως αυτά τα παιδιά που ασκούσαν βία για να επιτύχουν τον στόχο τους, έφταναν τον Τρίσταν στα άκρα. Ήταν μία κίνηση που τον ωθούσε στα όριά του. Ήθελε να απαλλάξει με κάποιο τρόπο όλα τα αδύναμα παιδιά, όπως θα έκανε και με τον λαό του στο φανταστικό του βασίλειο. Σκέφτηκε να το αναφέρει στον κύριο Καπορέλι, αλλά μετά σκέφτηκε ότι ο μαθηματικός θα αδιαφορούσε. Σκέφτηκε να το πει στη μητέρα του, αλλά εκείνη θα τους έκανε μία απλή παρατήρηση και εκείνοι θα συνέχιζαν ανεπηρέαστοι. Κάποιος τρόπος πίστευε ο Τρίσταν πως θα υπήρχε για να τους κάνει να σταματήσουν, αλλά ακόμα δεν τον είχε εντοπίσει.

Ο Ντέμιαν έσκυψε κάτω από το κρεβάτι του και έσυρε έξω το δώρο του πατέρα του, το σκάκι.

«Ντέμιαν, συγγνώμη αν είπα κάτι, το οποίο σε πείραξε νωρίτερα. Δεν το ήθελα, φίλε, πραγματικά» απολογήθηκε ο Τρίσταν σκεπτόμενος τη μεσημεριανή τους συζήτηση που δεν εξελίχθηκε και πολύ καλά.

«Μην σε νοιάζει καθόλου, υπερέβαλα λιγάκι. Απλά μερικές φορές μου λείπουνε όλα τόσο πολύ, που είναι δύσκολο να μην τσαντίζομαι» είπε, ενώ έθετε τα πιόνια σε σημεία και στη συνέχεια πρόσθεσε «ξέρεις καμιά φορά τους βλέπω στον ύπνο μου, περισσότερο τον πατέρα μου, βέβαια, και δεν μπορώ να τους ξεχάσω».

Ο Τρίσταν δεν ήξερε τι να πει. Δεν ήθελε να χειροτερέψει την κατάσταση.

«Πάντως, πιστεύω ότι η μοίρα σού κρύβει τα καλά προς το παρόν και θα έρθουν πολύ καλύτερες μέρες για σένα. Θα το δεις...». Άφησε ο Τρίσταν να εννοηθεί ότι δεν πρέπει να απογοητεύεται ποτέ και να μην χάνει ελπίδα. Μία συμβουλή που του είχε δώσει η δική του μητέρα.

Παίξανε περίπου μιάμιση ώρα.

Κρυφό Παρελθόν

«Χα χα! Σε νίκησα! Κέρδισα!!! Το επιδόρπιό σου είναι δικό μου!» πανηγύρισε ο Ντέμιαν, τρέχοντας σε κυκλική τροχιά εντός του δωματίου πηδώντας από κρεβάτι σε κρεβάτι. Ποτέ του, ο Τρίσταν δεν νικούσε στο σκάκι, από την μία επειδή ήταν άσχετος από στρατηγική και από την άλλη επειδή δεν ήθελε να τον στενοχωρεί, νικώντας τον στο αγαπημένο του παιχνίδι.

«Εντάξει, παίχτη, εντάξει, με νίκησες. Αλλά αν δεν σταματήσεις να τρέχεις γύρω γύρω στο δωμάτιο, θα χάσουμε το βραδινό και κανείς μας δεν θα φάει γλυκό» είπε ο Τρίσταν και καθώς ηχούσαν τα τελευταία του λόγια, το πόδι του Ντέμιαν μπλέχτηκε στο πάπλωμα του κρεβατιού, από το οποίο πηδούσε και έπεσε χτυπώντας το κεφάλι του δυνατά στο επόμενο στρώμα αφήνοντας μία μικρή οξεία κραυγή.

«Είσαι καλά;» ρώτησε ο Τρίσταν ενώ σφιγγόταν να μη γελάσει. Για να καταφέρει να διατηρήσει τη σιγή του, έστριβε και έσφιγγε την κοιλιά του και πίεζε τα χείλη του με δύναμη μήπως και κοπούν τα γέλια από τον πόνο.

Αφότου πέρασαν κάμποσα δευτερόλεπτα, ο Ντέμιαν γύρισε ανάσκελα και ξέσπασε σε δυνατά γέλια. Έτσι, έδωσε το πράσινο φως και στον Τρίσταν να τον μιμηθεί.

Διατηρώντας γέλια χαράς, τα δύο αγόρια φύγανε από το δωμάτιο και κατευθύνθηκαν προς την τραπεζαρία που ήταν στον κάτω όροφο για φαγητό. Εκεί, σκάσανε στο φαγητό και, όπως είχαν συμφωνήσει, ο Τρίσταν παραχώρησε στον Ντέμιαν το κέικ σοκολάτας του και απέκτησε γλυκιά ικανοποίηση επί δύο. Στη συνέχεια, συζητήσανε για αστεία περιστατικά του παρελθόντος, με τα οποία γελάσανε με την καρδιά τους. Η ώρα όμως περνούσε και σύντομα μία καλόγρια μπήκε στον χώρο και ανακοίνωσε πως ήταν ώρα για ύπνο. Όλα τα ορφανά με τη σειρά τους απομακρύνθηκαν από τα μεταλλικά τραπέζια και χωρίστηκαν στους διαδρόμους για τα δωμάτιά τους. Στα μισά της διαδρομής ο Τρίσταν αντιλήφθηκε πως ξέχασε τη ζακέτα του στην τραπεζαρία.

«Θα σε συναντήσω επάνω, Ντέμιαν, ξέχασα τη ζακέτα μου» τον ενημέρωσε ο Τρίσταν και έτρεξε πίσω να την αναζητήσει.

Ο χώρος ήταν άδειος και ελάχιστα φωτισμένος. Το φως όμως ήταν αρκετό, ώστε να διακρίνει τα σιδερένια αντικείμενα, τα οποία γυάλιζαν στο σκοτάδι και μία καλόγρια, η οποία σκούπιζε στο τέρμα του δωματίου σιγοτραγουδώντας. Η ζακέτα του ήταν ακόμη εκεί, κρεμασμένη στη ράχη της καρέκλας, στην οποία καθόταν πριν λίγα λεπτά. Αναμενόμενο ήταν, άλλωστε, αφού τίποτα δεν χάνεται ή κλέβεται από το ορφανοτροφείο της Αγίας Καλλιόπης. Φορώντας την, ακολούθησε την ίδια διαδρομή προς το δωμάτιό του μέσα στους σκοτεινούς πια διαδρόμους. Καθώς προχωρούσε μέσα στη σιωπή, χαμένος εντός των σκέψεών του, ο Τρίσταν πέρασε έξω από το γραφείο του κυρίου Μπράουνεν, του διευθυντή της Αγίας Καλλιόπης, και άκουσε ανθρώπους να συνομιλούν. Εκείνο όμως που του κέντρισε το ενδιαφέρον ήταν η αναφορά στο πρόσωπό του. Η συνομιλία τον αφορούσε και η περιέργεια ζωντάνεψε μέσα του σαν εγκλωβισμένη πυρκαγιά. Πλησίασε και φίλησε την κρύα σιδερένια πόρτα με το αυτί του.

«Χρειάζομαι λίγο χρόνο ακόμα, σας το υπόσχομαι δεν...» άκουσε μία γυναίκα να λέει με κάθετο τόνο προτού τη διακόψει μία αντρική φωνή.

«Ανησυχώ, είπατε πως θα είχατε φύγει πριν τα δέκατα πέμπτα γενέθλιά του και ενώ η μέρα κοντοζυγώνει, είστε ακόμη εδώ...» ακούστηκε η φωνή του κυρίου Μπράουνεν φανερά στρεσαρισμένος και ίσως πανικοβλημένος.

«Μην αναστατώνεστε, κύριε Μπράουνεν, σας διαβεβαιώνω πως ο γιος μου και εγώ θα έχουμε φύγει μέχρι το τέλος της εβδομάδας...». Ο Τρίσταν πάγωσε. Ο δεύτερος συνομιλητής ήταν η μητέρα του και σχεδίαζε να φύγουν από την Αγία Καλλιόπη, δίχως να του έχει αναφέρει τίποτα, πόσο μάλλον τον λόγο για τον οποίο θα αναχωρούσαν.

«Σας παρακαλώ, κυρία Μπάπτιστα, μην βάζετε σε κίνδυνο το ορφανοτροφείο και τα παιδιά που φιλοξενούνται εδώ. Όταν χτυπήσατε αυτήν εδώ την πόρτα εκείνη την ημέρα, δέχτηκα να...» αυτή τη φορά όμως τον διέκοψε η μητέρα του Τρίσταν.

«Θα έπρεπε να ντρέπεστε, κύριε Μπράουνεν» είπε η κυρία Μπάπτιστα, χτυπώντας το χέρι της πιθανόν στο γραφείο του διευθυντή. «Πώς τολμάτε να με προσβάλλετε; Ξεχνάτε τι έχω κάνει για εσάς; Εάν δεν ήμουν εγώ, μπορεί η Αγία Καλλιόπη να μην υπήρχε πια. Δεν θα έθετα ποτέ σε κίνδυνο κανένα παιδί και κανέναν άνθρωπο. Θα έπρεπε να το ξέρετε αυτό!» φώναξε οργισμένη.

«Με συγχωρείτε» είπε σιωπώντας «έχετε δίκιο, απλώς θέλω να καταλάβετε κι εμένα. Φυσικά και δεν έχω ξεχάσει, μην με παρεξηγείτε» είπε τραυλίζοντας ο κύριος Μπράουνεν και πρόσθεσε «απ' ό,τι μου είχατε πει τότε, μία από αυτές τις μέρες θα συμβεί και δεν μπορούμε να είμαστε σίγουροι ότι δεν έχει γίνει τίποτα, ιδίως μετά την έκθεση που έμαθα ότι έγραψε από τις καλόγριες.»

«Δεν μπορούμε» είπε η κυρία Μπάπτιστα, χαμηλώνοντας τον τόνο της φωνής της «απλώς σας ζητώ να με εμπιστευθείτε και να κάνετε υπομονή λίγες μέρες ακόμη. Εγώ είμαι υπεύθυνη για τον γιο μου και γνωρίζω πολύ καλά τις συνέπειες, όπως και αναγνωρίζω όλα όσα έχετε κάνει για εμάς και θα το εκτιμώ πάντα» είπε η Εύα Μπάπτιστα με ήρεμο πλέον τόνο.

«Έχετε σκεφτεί ότι υπάρχει η πιθανότητα ο γιος σας ήδη να έχει...». Ο Τρίσταν άκουσε βήματα μέσα στην απόλυτη σιγή από το βάθος του διαδρόμου. Κάποιος ερχόταν προς το μέρος του και θα τον έπιανε στα πράσα. Δεν μπορούσε να χρονοτριβήσει άλλο, έπρεπε να το σκάσει πριν τον αντιληφθούν και να χάσει τη συνέχεια του αποκαλυπτικού διαλόγου.

Ο χρόνος του είχε λήξει και δεν είχε τη δυνατότητα να μάθει και άλλα στοιχεία για το προφανέστατα κρυφό παρελθόν του, όπως και για την, εδώ και χρόνια, προγραμματισμένη τους διαφυγή. Ο Τρίσταν περπατούσε στους σκοτεινούς διαδρόμους εκπρόθεσμα και κατάπληκτος σκεφτόταν όλα όσα είχε κρυφακούσει.

Καθώς έφευγε συνεπαρμένος, σταδιακά συνήθιζε στην ιδέα ότι δεν γνώριζε τόσα πολλά για τη μητέρα του και το παρελθόν του. Δικαιολογημένα κιόλας, εφόσον από μικρός δεν ρωτούσε και πάρα πολλά για τα προηγούμενα έτη. Του αρκούσαν οι πληροφορίες που είχε δεχτεί από τη μητέρα του. Δηλαδή πως στη γέννηση του Τρίσταν, ο πατέρας του εξαφανίστηκε χωρίς προειδοποίηση και άνευ λόγου μία μαύρη νύχτα. Η εγκυμονούσα μητέρα του, αφού δεν τον αναζήτησε και δίχως θετικό παρεπόμενο, έπρεπε να βρει τρόπο να μεγαλώσει το μωρό της. Έτσι, ενώ κατευθυνόταν προς το Εδιμβούργο, την πρωτεύουσα της Σκωτίας και του χρήματος, προς αναζήτηση εργασίας έχοντας τον Τρίσταν μωρό και μην έχοντας βρει επαγγελματική ενασχόληση, η Εύα Μπάπτιστα κατέληξε σε ένα ορφανοτροφείο, όπου απαίτησε δουλειά ως δασκάλα. Πράγμα, το οποίο ήταν βέβαιο, αφού όταν ήταν μικρός του είχαν εξιστορήσει ατελείωτες φορές οι καλόγριες του ορφανοτροφείου τον τρόπο, με τον οποίο η μητέρα του είχε μπει ρακένδυτη και εμφανώς ταλαιπωρημένη με εκείνον στην αγκαλιά της μέσα στο γραφείο του διευθυντή και τον είχε απειλήσει πως εάν δεν της δώσει τη θέση της δασκάλας δεν επρόκειτο να το κουνήσει από εκεί. Και τελικά, μέσα σε λίγα λεπτά έντονου διαλόγου η μητέρα του πρόωρου βρέφους είχε γίνει και δασκάλα του ορφανοτροφείου.

Κάπως έτσι ήταν και η γενικότερη πορεία της στα προηγούμενα ορφανοτροφεία. Αυτό όμως που δυσκολευόταν να δεχτεί ήταν ο λόγος, για τον οποίο ήταν ο ίδιος το θέμα αντιλογίας. Για ποιο λόγο έπρεπε να ανησυχούν για εκείνον; Γιατί βάζανε σε κίνδυνο το ορφανοτροφείο και τα παιδιά; Τι γνώριζε η κυρία Μπάπτιστα και ο διευθυντής που ήταν συγχρόνως επικίνδυνο, αβέβαιο και τόσο κρυφό; Ο Τρίσταν είχε φτάσει πλέον στο δωμάτιο, όπου θα κοιμόταν. Όλα τα παιδιά, μαζί και ο Ντέμιαν, είχαν βυθιστεί στον ύπνο. Εκείνος έκατσε στο σκληρό κρεβάτι του και χάζευε έξω από το ορθογώνιο παράθυρο την αστροστάλαχτη νύχτα. Η βραδιά ήταν πανέμορφη αλλά και απόκοσμα ήσυχη. Ο άνεμος φυσούσε και τρόμαζε τα κλαδιά των δέντρων, καθώς έδινε ένα ονειρικό τέμπο στις φυλλωσιές. Στάθηκε ακίνητος, μαγεμένος από τις σκέψεις του, καθώς τον υπνώτιζε το ρυθμικό τρίξιμο μίας κούνιας. Ανέφεραν τον χρόνο πριν από τα γενέθλιά του. Είπαν πως ο χρόνος τελείωνε τότε. Αναπάντητα σχόλια και ο Τρίσταν ένιωθε πως βρισκόταν σε αδιέξοδο. Του παρουσιάστηκε στο μυαλό η απορία για το τι θα έκανε στη συνέχεια. Εφόσον είχε ακούσει όλα εκείνα που δεν έπρεπε, ποια θα ήταν η σωστή αντίδραση; Ο Τρίσταν προσπάθησε να ηρεμήσει, ούτως ή άλλως υποτίθεται πως δεν γνώριζε τίποτα. Και σε καμία περίπτωση η κυρία Μπάπτιστα δεν θα επέτρεπε να του συμβεί κάτι κακό, ήταν η μητέρα του. Ο Τρίσταν αποφάσισε να εισχωρήσει μέσα στα κρύα σεντόνια του κρεβατιού, ώστε να προσπαθήσει να κοιμηθεί και να αφήσει τις έννοιες που του απασχολούσαν το μυαλό να τον βασανίσουν το πρωί. Σκεπτόμενος ότι όλα θα πάνε καλά, μιας και ήταν η μόνη σκέψη που δεν του σούβλιζε την αταραξία, αποκοιμήθηκε.

Το επόμενο πρωί, ο ήλιος ανέτειλε πίσω από τους αλαργινούς λόφους και σήμανε την αρχή μίας νέας ευνοϊκής ημέρας. Αν και παράξενο φαινόμενο γι' αυτή τη βόρεια χώρα, το έδαφος ήταν στεγνό και ο παιδότοπος είχε επανέλθει στα φυσιολογικά του. Ο Τρίσταν άνοιξε τα μάτια, ενώ βρισκόταν ξαπλωμένος στα θερμά πια σεντόνια του κοιτάζοντας το γκρι ταβάνι του δωματίου. Τεντώθηκε δίνοντας ζωντάνια στο κορμί του. Χαλαρώνοντας έκλεψε μερικά λεπτά από την έναρξη της ημέρας, για να αναλογιστεί τα όσα άκουσε το προηγούμενο βράδυ στο γραφείο του κυρίου Μπράουνεν, που αναπόφευκτα ήταν και η νικήτρια σκέψη του. Ακόμη αδυνατούσε να δεχτεί αυτά που είχαν ειπωθεί. Του φαινόταν παράλογο να κρατάει η μητέρα του μυστικά για τόσο μεγάλο χρονικό διάστημα και τόσο σοβαρά. Σίγουρα δεν ήταν όνειρο, γιατί τα θυμόταν όλα τόσο καθαρά και ζωηρά. Για να μην αναλώσει όλο το πρωινό σε χείμαρρο σκέψεων, σηκώθηκε από το κρεβάτι, πήγε στο μπάνιο να πλυθεί και στη συνέχεια να ντυθεί. Το παγωμένο νερό επηρέαζε αρνητικά κάθε νεύρο του προσώπου του, κι έτσι σταμάτησε ακινητοποιώντας το βλέμμα του στο είδωλο του καθρέφτη. Μελέτησε το πρόσωπό του. Τα ίσια, μελί μαλλιά του, τα τοξωτά του φρύδια, την ίσια του μύτη, τα αφράτα χείλη του και τέλος τα τεράστια σαν ζαφείρια μάτια του. Τι έκρυβε αυτό το προσωπείο; Σκέφτηκε και χαμηλώνοντας το βλέμμα του, σκούπισε το πρόσωπό του μέσα στις παλάμες του. Πόσα ακόμη δεν γνώριζε για τον ίδιο του τον εαυτό; Ήθελε να ρωτήσει τη μητέρα του ευθέως, αλλά η καχυποψία πλέον του χειραγωγούσε κάθε σκέψη. Δεν ήταν σίγουρος για την ειλικρίνειά της και δεν ήθελε να διαπιστώσει αν θα του έλεγε την αλήθεια.

Στην πορεία του για την τραπεζαρία ο Τρίσταν έκανε μία στάση έξω από το γραφείο του κυρίου Μπράουνεν μήπως και κρυφακούσει κάτι αλλά η τύχη δεν ήταν με το μέρος του αυτή τη φορά. Πλησιάζοντας στην τραπεζαρία, άκουσε λογομαχίες και φτάνοντας στην είσοδο εντόπισε την αιτία. Οι τρεις νταήδες, που ενοχλούσαν τον Ντέμιαν το προηγούμενο απόγευμα, τον ενοχλούσαν ξανά.

«Την πάτησες, Ντέμιαν! Θα σε καρφώσουμε, να είσαι σίγουρος» είπε χαμογελώντας πονηρά ένα από τα υπέρβαρα παιδιά κι έφυγαν από το τραπέζι γελώντας γεμάτα κακία.

«Τι έγινε, Ντέμιαν; Συμβαίνει κάτι;» ρώτησε ο Τρίσταν που είχε μόλις φτάσει στο τραπέζι κοιτάζοντας ύποπτα τους τρεις κακοθελητές.

«Τίποτα δεν έγινε. Απλά αυτοί μου σπάνε τα νεύρα» είπε ο Ντέμιαν φανερά εκνευρισμένος, καρφώνοντας το πρωινό του με μανία.

«Πώς τίποτα; Αφού είπαν πως θα σε καρφώσουν σε κάποιον. Πες μου τι έγινε» απαίτησε ο Τρίσταν, ανησυχώντας για την εξέλιξη των πραγμάτων. Ο Τρίσταν δεν μπορούσε να σκεφτεί για ποιο λόγο κάποιος θα δημιουργούσε στον Ντέμιαν μπελάδες, πόσο μάλλον ότι ο Ντέμιαν θα μπορούσε να κάνει κάτι για να βρεθεί σε τέτοια κατάσταση. Αυτοί οι τρεις όμως, αποτελούσαν εξαίρεση, μπορούσαν να προκαλέσουν προβλήματα απ' το τίποτα και σε οποιονδήποτε. Η παρουσία τους και μόνο προμήνυε προβλήματα.

«Να, καθόμουν εδώ και έτρωγα, δεν ενοχλούσα και ούτε πείραζα κανέναν» διαμαρτυρήθηκε ο Ντέμιαν «και ξαφνικά ήρθαν εκείνοι και άρχισαν να με ενοχλούν και να με απειλούν πως εάν δεν έκανα τις εργασίες τους θα έσπαγαν το σκάκι μου» είπε ενοχλημένος γεμάτος θυμό.

Ο Τρίσταν του έγνεψε με τρόπο για να συνεχίσει.

«Και μετά τους είπα ότι είναι ηλίθιοι και να με αφήσουν ήσυχο!» είπε ο Ντέμιαν, κλείνοντας τα χέρια του δημιουργώντας πέτρινες γροθιές, αφού τα συναισθήματα εκείνης της στιγμής επανέρχονταν.

«Αυτό;» ρώτησε ο Τρίσταν. Ήξερε ότι η ιστορία δεν είχε τελειώσει και απλώς τον πίεζε να ολοκληρώσει.

«Μου είπαν πως θα λέγανε στον κύριο Καπορέλι ότι τους έβρισα» είπε ο Ντέμιαν ανήσυχος σαν να δυσκολευόταν να συνεχίσει.

«Και;» επέμεινε ο Τρίσταν ανυπόμονος.

«Τους είπα ότι δεν με νοιάζει, γιατί είναι και αυτός ηλίθιος» περάτωσε ο Ντέμιαν, συνεχίζοντας το φαγητό του με σκοπό να κρύψει την αγωνία του για τα παρελκόμενα.

«Όχι, Ντέμιαν» πανικοβλήθηκε ο Τρίσταν «αφού ξέρεις ότι είναι ηλίθιοι...» άρχισε να λέει.

«Δεν με νοιάζει» τον διέκοψε.

Ήταν ξεκάθαρο πλέον για τον Τρίσταν. Ο Ντέμιαν δεν άντεχε άλλο την πίεση από τον κύριο Καπορέλι και τη συμμορία του ορφανοτροφείου. Μετά από τόσο καιρό έσκασε ψυχολογικά και αντεπιτέθηκε με τον λάθος τρόπο. Όμως, ο Τρίσταν δεν μπορούσε να του πει τίποτα. Από την μία δεν ήθελε να του υποδείξει το λάθος του εκνευρίζοντάς τον περισσότερο και από την άλλη δεν ήθελε να του φανερώσει τη λεπτότητα της περίστασης και να τον τρομάξει ουσιαστικά. Ο Ντέμιαν είχε όντως βρει τον μπελά του και η εξέλιξη θα ήταν σίγουρα δυσμενής.

«Καλημέρα, παιδιά» καλωσόρισε ο κύριος Καπορέλι, εισβάλλοντας στην αίθουσα δημιουργώντας κλίμα βαρύ και ασήκωτο. Όλα τα παιδιά σώπασαν τρομαγμένα. Όλα εκτός από τους τρεις καταδότες. Εκείνος ακούμπησε το μαύρο δερμάτινο χαρτοφύλακά του στο γραφείο και ξεκίνησε να μετακινείται από τη μία άκρη του τοίχου στην άλλη. Εκείνοι βρίσκονταν στο πίσω μέρος της τάξης χασκογελώντας και επαληθεύοντας την ύπουλη πράξη τους.

«Εξαιτίας μίας λυπητερής είδησης, η οποία έτυχε να φτάσει στα αυτιά μου νωρίτερα, θέλω να σας ενημερώσω ότι σήμερα δεν θα πραγματοποιηθεί το μάθημα των μαθηματικών». Λέγοντας αυτά ο κύριος Καπορέλι μιμήθηκε λυσσασμένο σκυλί, υψώνοντας το μικρό άνω χείλος, δείχνοντας έτσι λίγο τα δόντια του. «Γιατί αποφάσισα ότι θέλω να συζητήσουμε κάποια πολύ σοβαρά θέματα» διευκρίνισε ο δάσκαλος των μαθηματικών και στάθηκε σε στάση προσοχής έμπροσθεν του Ντέμιαν, ο οποίος καθόταν στην πρώτη σειρά, δύο θρανία μπροστά από τον Τρίσταν. Ολόκληρη η τάξη βρισκόταν σε άγνοια και ανεπιτυχώς αναζητούσε την αφορμή για τα λεγόμενα του κυρίου Καπορέλι.

«Θέλω να πιστεύω πως όλοι γνωρίζετε ότι οι αρνητικοί χαρακτηρισμοί απέναντι σε γνωστά πρόσωπα, φίλους και ιδίως μεγαλύτερούς σας είναι ένα πολύ κακό πράγμα και δεν πρέπει να το κάνετε».

«Ακόμη, πιστεύω» συνέχισε «ότι όλοι ξέρετε πως και εμείς οι δάσκαλοι, όταν ήμασταν παιδιά διδαχτήκαμε και έπειτα από μία αλληλουχία σπουδών, επιλεχτήκαμε για να μεταδώσουμε τις γνώσεις μας σε νεότερους ανθρώπους, στις ακόλουθες γενιές, δηλαδή σε εσάς. Κατανοητό;» και έγνεψαν όλοι καταφατικά φοβούμενοι να κάνουν το αντίθετο.

«Υπέροχα, στη συνέχεια λοιπόν, εφόσον αντιλαμβάνεστε τα λόγια μου, θέλω να σας συγχαρώ όλους για την ευστροφία και τη λογική που σας διακρίνει» είπε χαμογελώντας, αν και ο Τρίσταν ήταν γεμάτος αμφιβολία για τη συνέχεια.

«Όλους εκτός από τον Ντέμιαν» δήλωσε κατηγορηματικά καθώς το δολοφονικό του βλέμμα συνάντησε εκείνο του ανήσυχου Ντέμιαν. Το πρόσωπο του κυρίου Καπορέλι είχε ροδίσει και είχε σχηματίσει μία σχιζοφρενή έκφραση.

«Σήμερα το πρωί πληροφορήθηκα πως ο κύριος Ντέμιαν πιστεύει ότι εγώ, ο δάσκαλός σας, είμαι ηλίθιος» είπε πλησιάζοντας το πρόσωπό του στου Ντέμιαν, έτσι ώστε οι μύτες τους σχεδόν να εφάπτονται. Ο Τρίσταν ένιωθε ότι βρισκόταν σε αίθουσα δικαστηρίου, ήθελε να φωνάξει ένσταση για να τελειώσει αυτός ο εφιάλτης.

«Λοιπόν, Ντέμιαν, αλήθεια πιστεύεις πως είμαι ηλίθιος;» ρώτησε ενώ οι κόρες των ματιών του έμοιαζαν να διαστέλλονται.

Όλοι οι μαθητές του σιγοψιθύριζαν, τον παρακαλούσαν και προσπαθούσαν να τον πείσουν να το αρνηθεί, να αλλαξοπιστήσει και να του δώσει την ικανοποίηση αναγνωρίζοντάς τον ως δέοντα δάσκαλο, γιατί διαφορετικά θα καταδίκαζε τον εαυτό του σε μία αδιέξοδη κατάσταση, όπου θα αναγκαζόταν να ανεχτεί και να υπομείνει όλα τα βασανιστήρια που αναμφίβολα είχε ονειρευτεί ο κύριος Καπορέλι. Έτσι και ο Τρίσταν ευχόταν να πει όχι, να ψευδομαρτυρήσει και να σώσει τον εαυτό του.

«Ναι, το πιστεύω» παραδέχτηκε ο Ντέμιαν δίχως ενδοιασμό και όρθωσε ανάστημα.

Ολόκληρη η τάξη αναισθητοποιήθηκε, ακόμη και οι τρεις Εφιάλτες στα πίσω θρανία. Κανένας δεν μπορούσε να πιστέψει στα λόγια που ξεστόμισε ηρωικά ο Ντέμιαν. Ακόμη και ο Τρίσταν που γνώριζε την αλήθεια και ήξερε τι πραγματικά συνέβη παρέμεινε ταραγμένος. Ο φίλος του, πιστός στη γνώμη του, επιβεβαίωσε τη φήμη. Ο Τρίσταν αποφάσισε να αντιμετωπίσει την κατάσταση και να διώξει την αγωνία. Έπρεπε να νιώσει περήφανος για τον Ντέμιαν, περήφανος που υποστήριξε την απερίσκεπτη ομολογία του. Φυσικά, ο κύριος Καπορέλι δεν σύμπλεε με τον Τρίσταν, τα χιονάτα μαλλιά του έμοιαζαν ηλεκτρισμένα και το κίτρινο πρόσωπό του άρχισε να φλέγεται, ενώ διάφορες φλέβες παρουσιάστηκαν στο μέτωπό του.

«Ορίστε;» είπε φτύνοντας ανεξέλεγκτα στο πρόσωπο του Ντέμιαν. Οι περισσότεροι συμμαθητές του ασυναίσθητα έγειραν προς τα πίσω. «Εσύ, ένα ορφανό, πιστεύεις ότι εγώ, ένας Καπορέλι, είμαι ηλίθιος;» είπε καθώς η ποσότητα σάλιου που έφευγε από το στόμα του διπλασιάστηκε.

«Ναι» απάντησε ο Ντέμιαν ήρεμος και σίγουρος.

«Τότε, φοβάμαι ότι πλανάσαι πλάνην οικτράν, μικρέ. Δεν μπορώ να το πιστέψω ότι με αποκάλεσες ηλίθιο. Εμένα, έναν άνθρωπο αξιόλογο και σεβάσμιο που σου μεταδίδω γνώσεις και σοφία;» είπε εμφανίζοντας αμέτρητες φλέβες στο μέτωπό του. «Αλλά τι να περιμένει κανείς από ένα παιδί που ακόμα και οι γονείς του δεν το θέλανε και το παρατήσανε» φώναξε ο κύριος Καπορέλι έξαλλος.

Ο Ντέμιαν φάνηκε να χλωμιάζει. Ο κύριος Καπορέλι έμοιαζε δαιμονισμένος.

«Οι γονείς μου δεν με παρατήσανε! Πέθαναν!» ούρλιαξε ο Ντέμιαν, μπαίνοντας στην αντεπίθεση καθώς η ατμόσφαιρα υπερεντάθηκε.

«Ηλίθιοι ήταν μικρέ, σαν και σένα, το κατάλαβες;» είπε χαμογελώντας ο μαθηματικός.

Ο Τρίσταν πίστευε αληθινά ότι ο δάσκαλος τους ήταν τρελός. Όλοι οι παρευρισκόμενοι μαρμάρωσαν. Τα λόγια του κυρίου Καπορέλι είχαν ενοχλήσει κάθε κύτταρο του Τρίσταν, δεν μπορούσε να πιστέψει ότι ένας ενήλικας θα μιλούσε κατ' αυτόν τον τρόπο σε ένα παιδί. Πόσο μάλλον σε έναν μαθητή του. Ο Ντέμιαν τον κοιτούσε εξοργισμένος, δίχως να πει κουβέντα. Τα μάτια του είχαν δακρύσει αλλά το στόμα του ήταν σφραγισμένο, λες και κάποιος τον είχε μαγέψει. Ο μαθηματικός πήρε μία βαθιά ανάσα για να ησυχάσει.

«Ντέμιαν, σε αυτό το σημείο πιστεύω πως είσαι υποχρεωμένος να ζητήσεις συγγνώμη από εμένα» είπε στρώνοντας τα μανίκια του, φαινομενικά αδιάφορος «και στη συνέχεια από όλους τους συμμαθητές σου, που αναμφίβολα έχεις κακοχαρακτηρίσει κατά καιρούς» απαίτησε ο δάσκαλος.

Ο Ντέμιαν δεν μιλούσε. Είχε μείνει στη θέση του ακίνητος. Ο Τρίσταν δεν μπορούσε να φανταστεί τι σκεφτόταν ο φίλος του εκείνη τη στιγμή.

«Όχι» είπε ο Ντέμιαν.

«Θα ζητήσεις συγνώμη τώρα, Ντέμιαν. Ειδάλλως, να είσαι σίγουρος πως η κόλαση θα ήταν καλύτερη από αυτό το ορφανοτροφείο» βόγκηξε ο κύριος Καπορέλι.

Ο Τρίσταν σκέφτηκε πως η τελευταία πρόταση του μαθηματικού, η απειλή αυτή μπορούσε όντως να γίνει πραγματικότητα. Μία πραγματικότητα που δεν άξιζε ο φίλος του και ήλπιζε να το καταλάβει και ο ίδιος.

«Συγγνώμη» είπε χαμηλόφωνα ο Ντέμιαν, χωρίς να το εννοεί.

Ο κύριος Καπορέλι χαμογέλασε φαρδύτατα. Θαρρείς πως είχε υπερνικήσει έναν τρομερό αντίπαλο. Ο Τρίσταν ένιωθε ηττημένος, όπως και οι υπόλοιποι συμμαθητές του. Ήταν μία άνιση μάχη, μία μάχη χαμένη πριν ακόμη αρχίσει και δεν άντεχε το γεγονός ότι πάντα έπρεπε να βγαίνει κερδισμένος ο κύριος Καπορέλι επειδή ήταν δάσκαλος, το μισούσε.

«Θέλει κανένας άλλος να προσθέσει τίποτα, μήπως;» είπε ο μαθηματικός με τη μοχθηρότητα ζωγραφισμένη στο πρόσωπό του.

Ο Τρίσταν αισθανόταν αδικημένος, ότι πνιγόταν από την αδικοπραγία και ότι κάτι έπρεπε να γίνει για να αποδοθεί δικαιοσύνη στον φίλο του. Να νιώσει κατά έναν τρόπο εξιλεωμένος. Κάποιος έπρεπε να μιλήσει και να διορθώσει αυτή την ανομία. Η καρδιά του τροφοδοτούσε ασυνήθιστα, τα άκρα του άρχισαν να μουδιάζουν και τα χέρια του να ιδρώνουν. Είχε μάθει να αντιδρά στην αδικία. Σύντομα γυάλισε το άνω χείλος του και σήκωσε το χέρι του.

«Ναι!» τόλμησε ο Τρίσταν αβέβαιος για το τι θα επιτύγχανε.

Ο μαθηματικός τον κοίταξε με ένα βλέμμα γεμάτο δυσαρέσκεια.

«Πες μας, Τρίσταν» είπε φανερά ενοχλημένος.

«Πιστεύω πως αφού ο Ντέμιαν έπρεπε να ζητήσει συγγνώμη από όλους, για όσα τους έχει πει κατά καιρούς, τότε θα πρέπει και κάποιοι από την τάξη να ζητήσουν συγγνώμη» είπε ο Τρίσταν, τρίβοντας τις παλάμες του μεταξύ τους «γιατί και εκείνοι το έχουν κάνει αρκετές φορές και σε χειρότερο βαθμό» αναστέναξε ο Τρίσταν, αγωνιώντας για το αποτέλεσμα της έκφρασής του. Παράλληλα, γύρισε να κοιτάξει τους τρεις υπεύθυνους αυτού του δράματος υπονοώντας τα άτομα, στα οποία αναφέρεται.

«Ναι, υπάρχει άπλετος χρόνος για αυτό αργότερα...». Η αδιαθεσία σχηματίστηκε στο πρόσωπο του κυρίου Καπορέλι.

Στα επόμενα δευτερόλεπτα ήχησε το κουδούνι σαν σωτήριο άσμα. Όλοι οι μαθητές σαν αφηνιασμένη αγέλη ζώων φύγανε απ' την αίθουσα εν πανικώ. Δεν θέλανε να μείνουνε δευτερόλεπτο εντός του σημαδεμένου με ερωτηματικά χώρου. Όταν επιτέλους κατάφερε ο Τρίσταν να βγει από την αίθουσα, ο Ντέμιαν είχε εξαφανιστεί. Τον έψαξε μανιωδώς παντού, στο δωμάτιο, στους διαδρόμους, στην τραπεζαρία αλλά δεν ήταν πουθενά. Μονάχα ένα μέρος είχε μείνει ανεξερεύνητο και αυτό ήταν στην πίσω αυλή. Αν και η μέρα ήταν βαμμένη μαύρη συναισθηματικά, καιρικά ήταν θεροφανής με χαμηλή θερμοκρασία. Ο Τρίσταν επιτάχυνε προς το πίσω μέρος του ορφανοτροφείου, όπου βρήκε τον Ντέμιαν καθισμένο κάτω από ένα περιστερόδεντρο. Πετούσε πετραδάκια στον γκρι τοίχο της Αγίας Καλλιόπης, επιχειρώντας να τον βλάψει κατά ιδεατό τρόπο. Ο Τρίσταν κάθισε δίπλα του, μην γνωρίζοντας τι να σχολιάσει από τα πρόσφατα γεγονότα, έμεινε σιωπηλός.

«Σ' ευχαριστώ» είπε ο Ντέμιαν, αναζητώντας ένα πετραδάκι μες το γρασίδι.

«Μην με ευχαριστείς, φίλε, δεν έκανα και τίποτα σπουδαίο» είπε ο Τρίσταν, μετανιώνοντας που δεν είχε δράσει καλύτερα.

«Δεν πειράζει, αυτό που μετράει είναι ότι ήσουν ο μόνος που μίλησε και αυτό αρκεί για μένα. Αυτό μου δείχνει ότι είσαι πραγματικός μου φίλος» είπε συσπώντας ελαφρά το μέτωπό του σημαδεύοντας τον απέναντι τοίχο. Ο Τρίσταν ένιωθε τρομερά εκνευρισμένος με τους τρεις καταδότες. Δεν μπορούσε να καταλάβει τον λόγο που τους έκανε να σκέπτονται έτσι. Γιατί να φέρονται τόσο άσχημα και άδικα σε παιδιά που δεν τους είχαν φταίξει σε τίποτα και μάλιστα στον Ντέμιαν που ήταν από τα καλύτερα παιδιά, που είχε γνωρίσει; Οι δύο τους κάθισαν εκεί αρκετή ώρα. Μίλησαν για το σκάκι και για μέρη μακριά από την Αγία Καλλιόπη, που είχαν διαβάσει σε βιβλία. Αλλά ο Τρίσταν δεν ανέφερε τίποτα για τη χθεσινοβραδινή συζήτηση που κρυφάκουσε. Δεν ήθελε μετά από όλα όσα είχαν πραγματωθεί εκείνη την ημέρα να πει στο Ντέμιαν ότι υπάρχει περίπτωση να φύγει με τη μητέρα του και να τον αφήσει, μιας και έτσι έκαναν πάντα άνθρωποι περιπλανώμενοι, άνθρωποι σαν και εκείνον, τσιγγάνοι.

Η ώρα είχε προχωρήσει και η στιγμή για την έναρξη του μαθήματος της μητέρας του πλησίαζε. Έτσι, πήραν τον δρόμο του γυρισμού και κατευθύνθηκαν στην αίθουσα της κυρίας Μπάπτιστα. Αν και το μάθημα της μητέρας του ήταν το αγαπημένο του, το μυαλό του ήταν φορτωμένο με σκέψεις, οι οποίες αναμειγνύονταν με πληροφορίες και αναμνήσεις από τη ζωή του και δεν τον άφηναν να συγκεντρωθεί έως το τέλος του μαθήματος. Η ιδέα να ανακρίνει τη μητέρα του ζωντάνευε με το πέρασμα των δευτερολέπτων όλο και περισσότερο. Μία μικρή φωνή στο πίσω μέρος του μυαλού του τον συμβούλευε να μην το κυνηγήσει, με τη δικαιολογία ότι η μητέρα του θα έχει κάποιο λόγο, έναν σκοπό για να μην του το έχει αναφέρει μέχρι τότε.

«Μαμά» είπε όσο τα ορφανά εκκένωναν την αίθουσα.

«Τι είναι, αγάπη μου;» τον ρώτησε. Εκείνος ακαριαία εμπιστεύθηκε πλήρως την αχνή φωνούλα και μετάνιωσε για τη διερεύνηση της συζήτησής της με τον κ. Μπράουνεν. Οι σκέψεις που έθεταν τη μητέρα του στη θέση αυτή, να του ομολογεί το γεγονός, έπεφταν καταρρακτωδώς στο μυαλό του. Δηλαδή, η σκηνή που θα την ρωτούσε, χωρίς να ξέρει αν θα του απαντούσε ειλικρινά, αν θα ήθελε να του πει ή αν θα έπρεπε να μάθει ή ακόμα αν θα τον κατηγορούσε για την περιέργεια και το λάθος του που κρυφάκουσε. Μετά από αυτό τον καταιγισμό εικασιών αποφάσισε να μην το αναφέρει και να προσποιηθεί ότι δεν γνωρίζει τίποτα. Όπως θα έπρεπε, άλλωστε.

«Τρίσταν, είσαι εντάξει;» είπε η Εύα Μπάπτιστα παραξενεμένη από τη μεγάλη παύση του γιου της.

«Εεμ, ήθελα να σου πω για...» είπε και έγλειψε το πάνω χείλος του, φανερώνοντας την αμηχανία του.

«Τι να μου πεις, γιε μου;» τον ρώτησε, ρίχνοντας ολόκληρο το ενδιαφέρον της στα λόγια του. Πιθανώς υποψιασμένη σουφρώνοντας τα φρύδια της στο μελίξανθό φόντο των μαλλιών της.

«Να σου πω για τον Ντέμιαν» απάντησε απότομα, για να εξαλείψει τις υποψίες της. «Ήθελα να σου πω για σήμερα το πρωί, για το μάθημα του κυρίου Καπορέλι. Είναι σημαντικό» άρθρωσε καθώς εκείνη του έγνεψε φαινομενικά καθησυχασμένη.

Ο χρόνος ταξίδευε, ενώ ο Τρίσταν της αφηγούταν όλα όσα είχαν συμβεί το ίδιο πρωινό λέξη προς λέξη.

«Τι απαίσιο πράγμα να πει κανείς!» είπε η Εύα Μπάπτιστα φανερά έκπληκτη από τα συμβάντα. «Τι απαίσιος, πραγματικά απαίσιος δάσκαλος!» είπε με έμφαση στην επανάληψη. «Ήμουν βέβαιη από την πρώτη φορά που τον είδα μπροστά μου ότι δεν ήταν καλή επιλογή για δάσκαλος και το είχα πει στον κύριο Μπράουνεν, αλλά ήμουν νέα στο ορφανοτροφείο τότε και δεν με εμπιστεύτηκε» είπε σκεπτόμενη.

«Ο Ντέμιαν είναι καλά; Ελπίζω να μην πίστεψε ούτε λέξη από όσα είπε αυτός ο τρελός» είπε εμφανώς αναλογιζόμενη και άλλων θεμάτων που δεν γνώριζε ο Τρίσταν. Πόσο θα ήθελε εκείνη τη στιγμή να άκουγε τις σκέψεις της!

«Λοιπόν; Τον πίστεψε ή όχι;» επέμεινε η Εύα Μπάπτιστα, γιατί ο γιος της επίσης συλλογιζόμενος καθυστερούσε να απαντήσει.

«Όχι, σίγουρα όχι» της απάντησε εγκαταλείποντας τις σκέψεις του. «Είναι αρκετά ευφυής για να μπορεί να καταλάβει ότι δεν ισχύουν αυτά που του είπε. Είναι πολύ έξυπνος...» καθυστέρησε λίγο «...και παρεξηγημένος.»

«Όντως, όντως έτσι είναι ευτυχώς» του απάντησε ενώ πήρε μία τρομαγμένη έκφραση, κοιτάζοντας έξω από το θολό γκρι παράθυρο του ορφανοτροφείου. Ο Τρίσταν στεκόταν δίπλα της περιμένοντας και τελικά έβηξε, για να θυμίσει στη μητέρα του την παρουσία του.

«Ωχ, συγγνώμη, αφαιρέθηκα. Τι χαζή!» είπε στον Τρίσταν, χαμογελώντας και εκείνος ανασήκωσε τα φρύδια του αναμένοντας τα επόμενα λόγια της. Ένιωθε καθησυχασμένος που δεν έκανε αναφορά του θέματος με τον κύριο Μπράουνεν στη μητέρα του και πανευτυχής που δεν τον αντιλήφθηκε. Ακόμη, κατάφερε να βοηθήσει τον Ντέμιαν κατά κάποιο τρόπο μέσω της Εύας Μπάπτιστα. Ήλπιζε πως τώρα, που η μητέρα του γνώριζε για το περιστατικό, θα έκανε κινήσεις για να μην επαναληφθεί τίποτα παρόμοιο. Ένα γεγονός που τον χαροποίησε ιδιαίτερα.

«Άντε πήγαινε, γλυκέ μου. Ελπίζω ότι τώρα που είμαστε στην Αγία Καλλιόπη αρκετό καιρό, να με ακούσει ο κύριος Μπράουνεν και να πράξει, όπως πρέπει, μην ανησυχείς όμως εσύ» είπε καθώς ο Τρίσταν όδευσε προς την πόρτα της τάξης γνωρίζοντας πως παρέκαμψε μία ευκαιρία να μάθει την αλήθεια για τα κρυφά σχέδια της μητέρας του.

«Και καλά έκανες που μου το είπες, γιε μου, ήταν πολύ ευγενικό εκ μέρους σου...» του είπε και ο Τρίσταν της χαμογέλασε ώσπου η οπτική τους επαφή διακόπηκε από την αναχώρηση.

«Καλημέρα, μαμά» της απάντησε.

Ο Τρίσταν έφυγε από την τάξη της μητέρας του αναλογιζόμενος τα όσα είχαν συμβεί. Ήταν πολύ ικανοποιημένος και περήφανος με τις πράξεις του εκείνη την ήμερα. Όμως, δεν μπορούσε να βγάλει από το μυαλό του τη συζήτηση της μητέρας του με τον διευθυντή και μετάνιωνε που δεν είχε μάθει ακόμα τίποτα για τη συνομιλία τους, το παρελθόν του και τα μυστικά που κείτονταν εκεί.

Αρχαίος Κύκλος

«Τρίσταν...» κάποιος διέκοπτε τον ζεστό ύπνο του «Τρίσταν σήκω...».

Ο Τρίσταν μισάνοιξε το ένα του μάτι, ενώ το φως του πρωινού ήλιου έσκισε την κόρη του.

«Έλα ξύπνα, έχω φανταστικά νέα...» ο Ντέμιαν είχε καβαλήσει τον μισοκοιμισμένο Τρίσταν και τον σκουντούσε ρυθμικά για να ξυπνήσει.

«Τι θέλεις;» μουρμούρισε ο Τρίσταν προσθέτοντας «δεν βλέπεις ότι κοιμάμαι;» και γύρισε πλευρό.

«Φτάνει ο ύπνος» του φώναξε μισογελώντας «μας θέλουν στο προαύλιο» είπε ο Ντέμιαν και ακινητοποιήθηκε πάνω του πεισμώνοντας.

«Ποιους;» ρώτησε ο Τρίσταν, καλύπτοντας το κεφάλι του με το ένα και μοναδικό μαξιλάρι που είχε το κάθε κρεβάτι.

«Όλους, Τρίσταν, όλους» είπε ενθουσιασμένος και σηκώθηκε όρθιος μονομιάς σαν να ξεχείλισε το κορμί του με ζωντάνια.

«Μμμ...» του απάντησε συγκαταβατικά καθώς απολάμβανε το σκοτάδι που του πρόσφερε το μαξιλάρι. Για μερικά δευτερόλεπτα επικράτησε σιωπή και ο Τρίσταν ένιωθε ικανοποίηση νομίζοντας πως ο Ντέμιαν τα παράτησε κι έτσι θα συνέχιζε λίγο ακόμα τον ύπνο του.

Αλλά έκανε λάθος.

«Τρίσταν, Τρίσταν, Τρίσταν, Τρίσταν» φώναζε ρυθμικά ο Ντέμιαν που στεκόταν πλάι στο ανάστατο κρεβάτι του Τρίσταν. Ο ήχος ήταν πραγματικά εκνευριστικός. Η φωνή του Ντέμιαν, που επαναλάμβανε σε ίσα χρονικά διαστήματα το όνομά του, θύμιζε ξυπνητήρι, το οποίο ξεπερνούσε τα όρια του εκνευρισμού, για τον λόγο ότι δεν μπορούσε να το απενεργοποιήσει.

«ΑΜΑΝ! Τι θες;» φώναξε απελπισμένος ο Τρίσταν.

«Να πάμε κάτω» του απάντησε με εκνευριστική ηρεμία.

«Γιατί;» επέμεινε ο Τρίσταν με τον ίδιο τσαντισμένο τόνο.

«ΔΕΝ ΞΕΡΩ!» απάντησε ο Ντέμιαν συλλαβιστά «αλλά μου είπαν ότι ένα παιδί άκουσε ότι δεν θα κάνουμε μάθημα σήμερα και θα πάμε εκδρομή».

Με το άκουσμα της τελευταίας λέξης, ο Τρίσταν πέταξε το μαξιλάρι από το κεφάλι του και γύρισε να κοιτάξει τον φίλο του.

«Και γιατί δεν το λες τόση ώρα;» είπε ο Τρίσταν σε υψηλό τόνο χαράς και έτρεξε στο μπάνιο σπρώχνοντας τον Ντέμιαν άθελά του στο διπλανό κρεβάτι.

Ξαφνικά, η πρωινή έγερση του Τρίσταν μετατράπηκε από τυραννία σε ευχάριστη αγωνία για το προσεχές μέλλον. Μέρες σαν κι αυτή ήταν λατρεμένες για τον Τρίσταν. Ήταν σπάνιες και συγχρόνως τόσο ευχάριστες που εκτιμούσε ειλικρινά όλες τις φορές που είχαν αντικαταστήσει το μάθημα της ημέρας με μία εκδρομή στην εξοχή. Αντί να περνάει το βασανιστήριο των μαθηματικών και την καθημερινή ρουτίνα στο ορφανοτροφείο, θα πήγαινε σ' ένα καινούριο μέρος που δεν είχε ξαναδεί. Κάπου μακριά από την Αγία Καλλιόπη, που δεν είχε ξαναπατήσει και θα είχε τη δυνατότητα να το εξερευνήσει ζώντας μία νέα περιπέτεια.

«Πάμε» φώναξε ο Ντέμιαν που ήταν δίπλα στο παράθυρο του δωματίου και κοιτούσε στο προαύλιο «τα παιδιά έχουν σχεδόν μαζευτεί» είπε, γυρνώντας το πρόσωπό του προς το μπάνιο. «Τελείωνε!» γκάριξε.

Στα επόμενα δευτερόλεπτα, ο Τρίσταν πετάχτηκε έξω απ' το μπάνιο πλυμένος και ντυμένος.

«Έτοιμος».

Οι δυο τους ορμήσανε στον διάδρομο και κατεβήκανε τρέχοντας τα σκαλιά του ορφανοτροφείου για το προαύλιο. Φτάνοντας έξω, ο Τρίσταν είδε ότι όλα τα παιδιά είχαν στοιχηθεί σε σειρές μπροστά από τους δασκάλους και τον διευθυντή της Αγίας Καλλιόπης. Ο άνεμος στα σκωτσέζικα εδάφη ήταν ισχυρός εκείνη την ημέρα και το κρύο αιχμηρό. Τα γοργά σύννεφα διέκοπταν την εξάπλωση του καταγάλανου ουρανού. Οι αργοπορημένοι προστέθηκαν διακριτικά στο τέλος και συγχρόνως ακούστηκε η φωνή του κυρίου Μπράουνεν.

«Καλημέρα σε όλους» είπε καλωσορίζοντας όλα τα παιδιά.

«Καλημέρα» απάντησαν χορωδιακά.

«Μετά από τόσα χρόνια σε αυτό το ορφανοτροφείο, γνωρίζω πολύ καλά πως όλοι ήδη ξέρετε για ποιο λόγο σας κάλεσα εδώ σήμερα» εισήγαγε τον λόγο του χαμογελώντας, ενώ οι περισσότεροι μαθητές χασκογελούσαν.

«Είδες, σου το είπα» ψιθύρισε ο Ντέμιαν, σκουντώντας τον, παρά το γεγονός ότι χαμογελούσε.

«Σήμερα δεν θα κάνετε μάθημα...» αλλά πριν προλάβει να συνεχίσει την πρόταση όλοι οι μαθητές ξέσπασαν σε ουρλιαχτά και φωνές χαράς. Ο κύριος Μπράουνεν δεν πτοήθηκε όμως «και θα πάτε σε μία εκπαιδευτική εκδρομή» είπε δυνατά, για να καλύψει τις φωνές των νεαρών.

Μερικοί από το πλήθος αναστέναξαν με δυσαρεστημένο τόνο, γιατί προτιμούσαν να γίνει μία εκδρομή ψυχαγωγικού χαρακτήρα, όπου θα μπορούσαν να παίξουν όλη μέρα σε κάποιο πάρκο.

«Ναι, ναι εκπαιδευτική» είπε ανήσυχος για τη δυσαρέσκεια που σάρωνε τον όχλο.

«Δεν πειράζει, τουλάχιστον χάνουμε το μάθημα» σχολίασε ο Τρίσταν σκεπτόμενος ότι το προτιμούσε απ' το να γινόταν η καθημερινή αποτελμάτωση.

«Αλλά» τόνισε ο διευθυντής «θέλω να σας ζητήσω μία τεράστια χάρη» είπε ενώ διακόπηκε το σούσουρο.

Ο Ντέμιαν γύρισε και κοίταξε τον Τρίσταν γεμάτος απορία, ο οποίος σήκωσε τους ώμους του εν αγνοία.

«Λόγω κάποιων υποχρεώσεων δεν θα μπορέσουμε να σας συνοδέψουμε εμείς οι καθηγητές» είπε με σοβαρό ύφος ο κύριος Μπράουνεν ενώ όλοι οι καθηγητές στέκονταν ακούνητοι, αμίλητοι.

Ο Τρίσταν έψαξε να βρει τη μητέρα του μέσα στο προαύλιο. Ορθωνόταν σχετικά κοντά του αλλά δεν τον κοιτούσε. Έμοιαζε να την απασχολεί κάποιο σοβαρό ζήτημα.

«Οπότε, θα σας καθοδηγήσει ο κύριος Τουίντ, ο φύλακάς μας» είπε δείχνοντάς τον. Ο βαρύς και παράλληλα παχύς κύριος που βρισκόταν στην άκρη του προαυλίου και χαμογελούσε, ήταν ο κύριος Τουίντ. Ήταν ο φύλακας του ορφανοτροφείου, ο οποίος βρισκόταν πάντοτε στην καγκελωτή είσοδο της Αγίας Καλλιόπης και έλεγχε του εισρέοντες και εξάγοντες του κτιρίου, διαφυλάσσοντας την ακεραιότητα των παιδιών και του κτιρίου της Αγίας Καλλιόπης. Ήταν ένας ηλικιωμένος κοντός κύριος, με τσιγκελωτό μουστάκι και ροζ μάγουλα, που σε συνδυασμό με τα καροτί κοντά μαλλιά του και τα πεταχτά στρογγυλά αυτιά του, σχημάτιζε μία συμπαθέστατη παρουσία. Οι περισσότεροι τον φώναζαν γέρο-Ηρακλή, γιατί σήκωνε τα μικρά στον αέρα και τα στριφογύριζε παίζοντάς τα, μιμούμενος τη μυϊκή δύναμη του ημίθεου Ηρακλή της ελληνικής μυθολογίας. Η σχέση του με τα παιδιά ήταν η καλύτερη, αλλά η ευστροφία σίγουρα δεν ήταν χαρακτηριστικό του, πράγμα που ξένιζε τον Τρίσταν σχετικά με την επιλογή εκείνου για συνοδό τόσων παιδιών σε εκπαιδευτική εκδρομή. Η καχυποψία του Τρίσταν είχε ενεργοποιηθεί ξανά. Πίστευε πως θα έπρεπε να υπάρχει κάποιο σοβαρό ζήτημα, για να απομακρύνουν όλα τα ορφανά από την Αγία Καλλιόπη, αφήνοντας πίσω μονάχα τους καθηγητές. Η εκδρομή δεν ήταν οργανωμένη, ήταν λύση έκτακτης ανάγκης και όλοι εκτός από τον Τρίσταν έπλεαν σε πελάγη ευτυχίας, ανυποψίαστοι. Πιθανότατα, ο σκοπός της εκκένωσης του ορφανοτροφείου να αφορούσε στη δήλωση που είχε κάνει ο ίδιος στη μητέρα του για το συμβάν του μαθήματος των μαθηματικών. Ίσως η εκδρομή να ήταν αναγκαίο καλό, το οποίο προέκυψε από κινήσεις και αναφορές της κυρίας Μπάπτιστα, που είχαν σκοπό την τιμωρία του κυρίου Καπορέλι. Να ήταν η αρχή του τέλους για τη δικτατορία του μαθηματικού.

«Ησυχία, παρακαλώ» επέβαλε ο κύριος Μπράουνεν «τώρα θέλω με ηρεμία, χωρίς φωνές και σπρωξίματα, να πάτε στα δωμάτιά σας, να ντυθείτε ζέστα και να ετοιμαστείτε για την αναχώρησή σας. Το λεωφορείο θα φύγει σε τριάντα λεπτά» είπε ο κύριος Μπράουνεν.

Η μάζα των ορφανών αποσυντέθηκε και όλοι ουρλιάζοντας και σπρώχνοντας κινήθηκαν προς το κτίριο της Αγίας Καλλιόπης, για να πράξουν σύμφωνα με τα ζητούμενα του διευθυντή. Ο Τρίσταν εντόπισε τη μητέρα του, η οποία στεκόταν στο προαύλιο ακίνητη. Ήθελε να την πλησιάσει, για να ενημερωθεί για τα αληθινά δρώμενα της ημέρας, αλλά η δύναμη του πλήθους δεν τον άφηνε και τον παρέσυρε στο εσωτερικό του κτιρίου. Εφόσον δεν κατάφερε να την προσεγγίσει εκείνη τη στιγμή, δεν θα ήταν φρόνιμο να βγει από το κτίριο και να την πλησιάσει ενώπιον όλων των καθηγητών. Μία τέτοια αντίδραση θα φανέρωνε την ανάμιξη του και στη συνέχεια την πρόθεσή του για τη διερεύνηση του θέματος. Ένα θέμα κρυφό για τα παιδιά. Έτσι, οδηγήθηκε κι εκείνος στο δωμάτιό του μαζί με τα ενθουσιασμένα ορφανά. Ο Τρίσταν έκανε γρήγορες κινήσεις, επειδή ήθελε να είναι έτοιμος σε χρόνο που θα είχε τη δυνατότητα να δει στα κρυφά την Εύα Μπάπτιστα και να μάθει τα πραγματικά αίτια, προτού προλάβουν να απομακρυνθούν από το ορφανοτροφείο. Ενώ λοιπόν είχε φορέσει το μαύρο του παλτό και είχε τυλίξει το σκωτσέζικο καρό κασκόλ γύρω από τον λαιμό του, έφυγε τρέχοντας από το δωμάτιο.

«Τρίσταν, πού πας;» φώναξε ο Ντέμιαν θέλοντας να τον προλάβει.

«Θα σε δω στο προαύλιο» του απάντησε σε αυξανόμενη απόσταση.

Ο Τρίσταν γοργοπερνούσε τους διαδρόμους, αναζητώντας την αγγελική μορφή της μητέρας του κοιτώντας δεξιά κι αριστερά. Κοιτώντας μέσα στα δωμάτια, είδε τη χαρά ζωγραφισμένη στα πρόσωπα όλων των παιδιών κάθε ηλικίας και φύλου. Όλοι ντυνόντουσαν ευτυχισμένοι και φαινόντουσαν ανυπόμονοι. Ιδέα δεν είχαν για τα παρασκήνια της καλοστημένης παράστασης των ενηλίκων της Αγίας Καλλιόπης. Ο Τρίσταν περπατούσε αγχωμένος. Έμοιαζε σαν να ήταν κυνηγημένος, απ' τον χρόνο που ήθελε να τον απομακρύνει, από τη λύση του μυστηρίου που τόσο ήθελε να ανακαλύψει. Εκείνη τη στιγμή, το μόνο που σκεφτόταν ήταν να ικανοποιήσει την περιέργειά του και να επιβεβαιώσει τις υποψίες που χοροπηδούσαν στα σωθικά του. Κατευθυνόμενος προς την κεντρική έξοδο του ορφανοτροφείου, κοίταξε την ώρα στο κουρδιζόμενο ρολόι του. Είχε μονάχα δέκα λεπτά. Το προαύλιο είχε μία παρέα παιδιών που ήταν έτοιμη για αναχώρηση και συγχρόνως διέκρινε το λεωφορείο που πλησίαζε από το τέρμα του δρόμου. Δεν είχε πολύ χρόνο. Αποφάσισε να κοιτάξει στο γραφείο των καθηγητών, όπου κατά πάσα πιθανότητα θα βρισκόταν και η μητέρα του.

Ενώ όδευε προς τα ’κεί σκέφτηκε να χρησιμοποιήσει ως δικαιολογία μία αιτία οικογενειακής φύσεως για να απομακρύνει τη μητέρα του από τους υπόλοιπους καθηγητές. Θα της έλεγε πως δεν μπορούσε να βρει τα γάντια του, τα οποία ήταν απαραίτητα για την εκδρομή, λόγω του κρύου καιρού. Φυσικά, αυτή η στάση θα τον παρουσίαζε ανεύθυνο μπρος στους υπόλοιπους του γραφείου, άλλα δεν τον ένοιαζε. Ήταν μία ευκολόπιστη δικαιολογία που θα τον έφερνε πιο κοντά στο σκοπό του. Έτσι, λίγο πριν φτάσει στο γραφείο, έβγαλε τα μάλλινα μαύρα γάντια του και τα τοποθέτησε στην τσέπη του παλτού του. Οπλισμένος με μία καλή αφορμή και μπόλικη περιέργεια σημάδεψε την πόρτα του γραφείου και πλησίαζε απειλητικά. Σαν ένας διψασμένος ταξιδιώτης που είχε βρει τη μοναδική πηγή νερού έπειτα από μέρες ξηρασίας. Ξαφνικά, όμως, τον δρόμο για την εξιλέωση, του διέκοψε η χοντρή κοκκινότριχη μορφή του κυρίου Τουίντ.

«Επ, πού πας, μικρέ;» του είπε κλείνοντας τον δρόμο «φεύγει το λεωφορείο και ο κύριος Μπράουνεν έδωσε εντολή να φύγουμε όλοι από την Αγία Καλλιόπη».

Ακόμη ένα ύποπτο στοιχείο σκέφτηκε ο Τρίσταν που επιβεβαίωνε την καχυποψία του.

«Οπότε ας μην καθυστερούμε, ε;» είπε χαμογελώντας παρουσιάζοντας τα αφράτα ροδοκόκκινα μάγουλά του.

«Θέλω να ρωτήσω κάτι σημαντικό τη μητέρα μου» ξεφώνησε ο Τρίσταν καθώς τον είχε αρπάξει ο κύριος Τουίντ από το μπράτσο, σέρνοντάς τον προς την αντίθετη κατεύθυνση, χαμογελώντας ακόμη.

«Τι την θες, Τρίσταν;» τον ρώτησε δίχως να σταματάει και συνέχισε να χαμογελάει, χωρίς να καταλαβαίνει την τεράστια ανάγκη του Τρίσταν.

«Εμ...» είπε ο Τρίσταν, αγωνιώντας «δεν βρίσκω τα γάντια μου και κάνει πολύ κρύο. Δεν μπορώ να φύγω έτσι» του απάντησε σχεδόν βέβαιος ότι θα του δώσει λίγο χρόνο ακόμα.

Ο κύριος Τουίντ τους έφερε σε στάση προσοχής και τον κοίταξε κατάματα.

«Δεν έχεις τα γάντια σου;» είπε ενώ το χαμόγελο του ίσιωσε επιφέροντας τη χαρά της επιτυχίας στον Τρίσταν. Έτσι, παρέμεινε σοβαρός ελπίζοντας να βρεθεί πάλι στη σωστή πορεία.

«Ναι, δεν τα έβρισκα» του επισήμανε.

«Δεν πειράζει» είπε ο κύριος Τουίντ καθώς έβγαλε από την τσέπη του, τα τεράστια, κόκκινα, δερμάτινα γάντια του και τα χτύπησε στο στήθος του Τρίσταν με σκοπό να τα πιάσει. «Θα φορέσεις τα δικά μου» είπε συνεχίζοντας την πορεία τους. «Ούτως ή άλλως ξεκίνησε το συμβούλιο των καθηγητών και δεν μπορείς να μπεις» πρόσθεσε ο κύριος Τουίντ χαμογελώντας.

Πιάνοντας τα γάντια, ο Τρίσταν συνειδητοποίησε πως η δικαιολογία του ήταν αποτυχημένη. Είχε χάσει την ευκαιρία του. Η υπερβολική ευγένεια του κυρίου Τουίντ του κατέστρεψε τα σχέδια. Σοκαρισμένος ακολούθησε, παρά τη θέλησή του, τον κύριο Τουίντ στην έξοδο. Μετανιωμένος για την έλλειψη καλύτερης δικαιολογίας επιβιβάστηκε στο λεωφορείο με τα υπόλοιπα παιδιά και έκατσε δίπλα στον Ντέμιαν, που του είχε φυλάξει θέση. Κατά τη διάρκεια της διαδρομής συζητούσε με τον φίλο του χαμηλόφωνα για τα ενδεχόμενα που προέκυπταν από την εκκένωση του ορφανοτροφείου. Πριν όμως ολοκληρωθεί η μυστική τους συζήτηση, ακούστηκε:

«Λοιπόν, παιδιά» είπε ορθωμένος ο φύλακας του ορφανοτροφείου «σε μερικά λεπτά φτάνουμε στο καράβι που θα μας περάσει απέναντι στο νησάκι».

«Νησάκι;» αναρωτήθηκε δυνατά ένα κορίτσι από τις μπροστινές θέσεις.

«Ναι, θα πάμε στο Μουρ, για να δείτε τους Αρχαίους Κύκλους» είπε χαμογελώντας και προσθέτοντας «είναι ένα πολύ ωραίο τοπίο με κόκκινες πέτρες. Η ιδέα ήταν της κυρίας Μπάπτιστα» είπε χασκογελώντας και στη συνέχεια μουρμούρισε «πολύ μορφωμένη γυναίκα».

«Είδες, Ντέμιαν» είπε ο Τρίσταν τραβώντας τον από το χέρι, για να κερδίσει την προσοχή του «η μαμά μου το έχει κανονίσει. Σίγουρα θα έχει σχέση με εσένα και τον κύριο Καπορέλι» τόνισε ο Τρίσταν χαρούμενος που οι υποψίες του επαληθεύονταν με το πέρασμα του χρόνου.

Μέσα στα επόμενα λεπτά το λεωφορείο εισερχόταν στο μικρό λιμάνι, απ' όπου θα έφευγε το καράβι που θα τους μετέφερε στο νησί του Μουρ και έτσι όλα τα παιδιά, όπως και ο κύριος Τουίντ, ετοιμάζονταν να βγουν από το λεωφορείο. Τα περισσότερα παιδιά ήταν άφωνα και με ζωηρή διάθεση, γιατί ήταν η πρώτη φορά που επιβιβάζονταν σε πλοίο ή έβλεπαν λιμάνι από κοντά. Ο αέρας φυσούσε δυνατά και κοκκίνιζε το δέρμα μικρών και μεγάλων. Αν και ο ουρανός ήταν κατά τόπους γαλανός, το νερό της θάλασσας ήταν γκριζωπό. Σε έκανε να αναρωτιέσαι αν όντως υπάρχει κάποιου είδους ζωή κάτω από την επιφάνειά του. Όλα τα παιδιά της Αγίας Καλλιόπης, μαζί με τον κύριο Τουίντ, επιβιβάστηκαν στο καράβι που θα είχε προορισμό το νησί Μουρ. Καθόλη τη διαδρομή οι μαθητές περιφέρονταν στους χώρους του πλοίου είτε προς ψυχαγωγία είτε, αναφερόμενος στους παρθενικούς ταξιδιώτες, προς εξερεύνηση του άγνωστου μεταφορικού μέσου. Περπατώντας στο κατάστρωμα του πλοίου, ο Τρίσταν είδε μία παρέα ορφανών διπλωμένους στην κουπαστή της πλώρης αδειάζοντας το πρωινό τους γεύμα, εξαιτίας της θαλάσσιας αναταραχής που προκαλούσε ο δυνατός άνεμος. Δίπλα τους βρισκόταν ο κύριος Τουίντ, ο οποίος πανικόβλητος προσπαθούσε να καθησυχάσει τη φρικτή για εκείνον κατάσταση.

Είχαν συμβεί τόσα πολλά τις προηγούμενες μέρες που ο Τρίσταν βρισκόταν σε διαρκή ανησυχία και δεν μπορούσε να απολαύσει το ταξίδι αυτό, όπως οι υπόλοιποι. Εάν αυτό λάμβανε χώρα την προηγούμενη βδομάδα, ο Τρίσταν αδιαμφισβήτητα θα είχε άλλη ψυχολογία και σίγουρα πιο ευχάριστη διάθεση, αντί για το άγχος και την έννοια που τον κυρίευε την παρούσα στιγμή. Συχνά αναρωτιόταν πόσο θα του άλλαζαν τη ζωή τα άγνωστα σχέδια της μητέρας του και οι κρυφές προθέσεις της, αν ήταν κάτι που επηρέαζε την απόφασή του να απομακρυνθεί από τα ορφανοτροφεία στα δεκαοχτώ. Ίσως, τελικά, η λύση να ήταν μία ανοιχτή κουβέντα με τη μητέρα του. Έτσι, λοιπόν, ενώ όλοι ανυπομονούσαν για τον προορισμό της εκπαιδευτικής εκδρομής, ο Τρίσταν αγωνιούσε για την επιστροφή του στην Αγία Καλλιόπη, όπου θα έριχνε φως στα σκοτεινά σημεία της κρυφής ζωής του.

Τον ειρμό των σκέψεών του διέκοψε ο αλυσιδωτός θόρυβος που δημιουργούσε το πλοίο καθώς έπιανε στο λιμάνι. Μιας και οι μοναδικοί επιβάτες ήταν τα μέλη της Αγίας Καλλιόπης και μερικοί τουρίστες, η αποβίβαση διήρκεσε μόνο κάποια λεπτά. Στη συνέχεια, το λεωφορείο θα τους μετέφερε στην καρδιά του νησιού, όπου θα είχαν την ευκαιρία να θαυμάσουν τους αρχαίους κύκλους του Μουρ.

Εντός της επόμενης ώρας κι αφού θαύμασαν τα αγνά τοπία της διαδρομής, έφτασαν στον προορισμό τους.

«Ησυχία, παρακαλώ» φώναξε ο κύριος Τουίντ, σκεπάζοντας τις φωνές των ανάστατων παιδιών. «Δυστυχώς σήμερα δεν μπορούσαμε να έχουμε κάποιον ξεναγό, επειδή η εκδρομή ήταν απόφαση τελευταίας στιγμής» είπε τρίβοντας τις παλάμες του «οπότε θα έχω την ευχαρίστηση να σας πληροφορήσω εγώ για τα μυστικά αυτού του τόπου». «Ακολουθήστε με σε δυάδες, παρακαλώ».

Αφού τα παιδιά υπάκουσαν, περπάτησαν σε ένα φαρδύ χωματόδρομο ακολουθώντας τον κύριο Τουίντ.

«Σύμφωνα με μελέτες, γνωρίζουμε ότι οι Αρχαίοι Κύκλοι έχουν τοποθετηθεί σε σημεία, τα οποία είναι διακριτά με γυμνό μάτι από αρκετά μεγάλη απόσταση. Οι κύκλοι αυτοί απαρτίζονται από τρεις ή περισσότερους στύλους από γρανίτη ή αμμόλιθο» είπε ο κύριος Τουίντ καθώς ο Τρίσταν και τα υπόλοιπα παιδιά διέκριναν διάσπαρτους, μικρούς στο μάτι, πέτρινους στύλους στον ορίζοντα. Άλλους σε κοντινή απόσταση και άλλους σε μακρύτερη. Η ατμόσφαιρα της τοποθεσίας μάγευε τους επισκέπτες με την ομορφιά της. «Γνωρίζουμε ότι οι στύλοι τοποθετήθηκαν σε μία αρχαία περίοδο, όπου το έδαφος ήταν ξηρό και όχι νωπό σαν σήμερα».

«Μπλα, μπλα, μπλα...» αποχαρακτήρισε ο Ντέμιαν «πότε θα μας αφήσει να κάνουμε βόλτα; Βαρέθηκα κιόλας».

«Δεν νομίζω να αργήσει πολύ ακόμα, γιατί φτάνουμε και στους Αρχαίους Κύκλους» του ψιθύρισε ο Τρίσταν.

«Ακόμη, λέγεται ότι οι Κύκλοι αυτοί δεν ανεγέρθησαν την ίδια περίοδο, πράγμα το οποίο μπορεί να αποδειχτεί από την διάταξή τους. Η ιστορία, μας πληροφορεί ότι οι Κύκλοι αυτοί είχαν τοποθετηθεί για την παρακολούθηση του Ηλίου σύμφωνα με τις κινήσεις του. Βέβαια, κάποιοι μύθοι υποστηρίζουν ότι οι Κύκλοι αυτοί είχαν σχηματιστεί από μαγικά πλάσματα της Αρχαιότητας και εξυπηρετούσαν προσωπικές τους τελετουργίες και συμφέροντα». Με αυτά τα λόγια, ο κύριος Τουίντ σταμάτησε και γύρισε να αντικρίσει τα μικρά. Στον φόντο βρίσκονταν οι στύλοι, οι οποίοι φαίνονταν πελώριοι πλέον, αφού είχαν φτάσει στην προαναφερθείσα τοποθεσία. «Δεν θέλω να ανησυχείτε, όμως, γιατί κάτι τέτοιο δεν έχει επαληθευθεί, σύμφωνα με έρευνες που έχουν εκπονηθεί έως σήμερα» καθησύχασε ο κύριος Τουίντ και ρίχνοντας μία ματιά στους κύκλους πίσω του ανακοίνωσε: «Τώρα είστε ελεύθεροι να περιπλανηθείτε στους Αρχαίους Κύκλους, αλλά σας παρακαλώ μην απομακρυνθείτε» αντικρίζοντας τα παιδιά με το αφράτο χαμόγελό του. Με την ολοκλήρωση της πρότασης του κυρίου Τουίντ, τα παιδιά σκορπίστηκαν στην αρχαία έκταση. Ενώ τα περισσότερα ορφανά περιορίστηκαν στους κοντινούς Κύκλους, ο Τρίσταν και ο Ντέμιαν αποφάσισαν να εξερευνήσουν τους μακρινούς. Κατά τη διάρκεια της διαδρομής, ο Τρίσταν παραπονιόταν για τη δικαιολογία που είχε πει νωρίτερα στον κύριο Τουίντ και ήταν αναγκασμένος να φοράει τα τεράστια δερμάτινα γάντια που του είχε δώσει. Το κόκκινο χρώμα τους λειτουργούσε ως σημαντήρας σε αντίθεση με το μαύρο παλτό του. Το κρύο ήταν τσουχτερό, αλλά η τοποθεσία άξιζε την ταλαιπωρία. Κατευθυνόμενοι στον τελευταίο Κύκλο, τα σκωτσέζικα καρό κασκόλ τους κινούνταν από τον δυνατό άνεμο. Φυσικά, θαύμασαν και τους Κύκλους που βρέθηκαν στην πορεία τους. Ο Κύκλος που είχαν περάσει προ δευτερολέπτων σχημάτιζε δύο Κύκλους, έναν εσωτερικό και έναν εξωτερικό. Ο εσωτερικός αποτελούταν από οχτώ στύλους γρανίτη και ο εξωτερικός από δεκαπέντε στύλους αμμόλιθου. Ο Τρίσταν θαύμαζε την ιδέα ότι αυτοί οι στύλοι είχαν τοποθετηθεί πριν από χιλιάδες χρόνια και ακόμη βρίσκονταν εκεί. Ο επόμενος Κύκλος, όπως είχε αναφέρει στην ξενάγησή του ο κύριος Τουίντ, ήταν ο Κύκλος ενός ήρωα που συνήθιζε να στέκεται εκεί παρέα με τον σκύλο του και να μαγειρεύει τα γεύματά του. Ο σκοπός των δύο φίλων, βέβαια, ήταν να φτάσουν στον τελευταίο Αρχαίο Κύκλο, όπου θα ήταν απομακρυσμένοι και θα μπορούσαν να απολαύσουν τη γαλήνη του τόπου. Ο αέρας στο σημείο του τελευταίου Αρχαίου Κύκλου ήταν πιο δυνατός, σε σημείο που αισθάνονταν ότι θα τους εξυψώσει. Οι δύο φίλοι περιφέρονταν γύρω από τον Αρχαίο Κύκλο εξετάζοντας τον και συγχρόνως συζητώντας.

«Φαντάζεσαι να είχαν όντως συμβεί οι μύθοι και οι ιστορίες που είπε ο κύριος Τουίντ;» είπε ο Ντέμιαν καθώς η φωνή του έσκιζε τον άνεμο.

«Τι εννοείς;» τον ρώτησε ο Τρίσταν.

«Λέω» φωνάζοντας πιο δυνατά ο Ντέμιαν «φαντάζεσαι πώς θα ήταν πριν από εκατομμύρια χρόνια, δύο άνθρωποι σαν κι εμάς εδώ, κάνοντας τελετουργίες με σκοπό να αποκτήσουν όλα όσα θέλουν από αυτή τη ζωή, έτσι μαγικά» του είπε θαυμάζοντας.

Ο Τρίσταν σταμάτησε την κυκλική κίνησή του και κοίταξε τους τρεις κόκκινους στύλους. Προσπαθούσε να φανταστεί μία αντίστοιχη σκηνή της υπόθεσης του Ντέμιαν. Σκέφτηκε πως θα ήταν όντως εξωπραγματικό, αλλά συγχρόνως κάτι που θα επιθυμούσαν οι περισσότεροι άνθρωποι. Εκείνη τη στιγμή, ο Τρίσταν θέλησε να παίξει με τα όνειρα του Ντέμιαν, για να ελαφρύνει τη συζήτηση λέγοντας:

«Άμα θες, μπορώ να σου δείξω τι έκαναν, είναι πολύ εύκολο».

«Ναι καλά, πλάκα κάνεις» απάντησε ο Ντέμιαν δύσπιστα.

«Όχι, αλήθεια. Είναι πολύ εύκολο. Το μόνο που πρέπει να κάνεις, είναι να χαλαρώσεις το κορμί σου» περιγράφοντας ο Τρίσταν κατευθύνθηκε προς τη νοητή περίμετρο του Κύκλου. Ο άνεμος άρχισε να δυναμώνει και τον ένιωθε να διαπερνάει τα ρούχα του.

«Ναι, ναι για πες» τον προκάλεσε ο Ντέμιαν, ενώ ο Τρίσταν είχε περάσει τους δύο στύλους και πλησίαζε πια στο κέντρο του Κύκλου.

«Και να πεις τα μαγικά λόγια...» κορόιδεψε ο Τρίσταν, ενώ στεκόταν στην καρδιά του Αρχαίου Κύκλου. Ο δυνατός αέρας του έδινε την αίσθηση ότι δεν τον ήθελε εντός των στύλων.

«Έλα, τελείωνε, Τρίσταν» είπε ο Ντέμιαν πλησιάζοντάς τον.

Ξαφνικά, οι στύλοι σαν να έλαμψαν στιγμιαία και ο αέρας βίαια εξύψωσε τον Τρίσταν δύο μέτρα πάνω από τη γη. Ο ίδιος αισθανόταν μία ηλεκτροφόρα δύναμη να κυλά μέσα του και να τον τραντάζει στον αέρα. Τα αντιαισθητικά κόκκινα γάντια του κυρίου Τουίντ εκσφενδονίστηκαν, καθώς τα χέρια του έλαμψαν με λευκό φως. Συγχρόνως, άκουσε τον Ντέμιαν να φωνάζει από κάτω:

«ΤΡΙΣΤΑΝ!!!»

Και με την άκρη του ματιού του είδε τον Ντέμιαν να ορμάει στο κέντρο του κύκλου. Βγάζοντας το σκωτσέζικο κασκόλ του και δημιουργώντας με αυτό μία θηλιά. Προσπαθούσε να ψαρέψει το πόδι του Τρίσταν. Ο Ντέμιαν με την πρώτη επιτυχία, τον τράβηξε βίαια προς τα κάτω, αλλά ο Τρίσταν συνέχισε να τραντάζεται χωρίς καμία αλλαγή. Ο Ντέμιαν επιχείρησε για δεύτερη φορά, χωρίς αποτέλεσμα. Στην τρίτη του προσπάθεια, οι λίθοι επέστρεψαν στο φυσιολογικό τους χρώμα, όπως και τα χέρια του Τρίσταν και σταμάτησε να πάλλεται. Αφού αιωρήθηκε για κλάσματα δευτερολέπτου, ο Ντέμιαν προσπάθησε για τρίτη φορά προκαλώντας τον Τρίσταν να πέσει πάνω του, αφήνοντας και τους δύο παράλληλα με το νωπό έδαφος.

«Τι ήταν αυτό;» ρώτησε ο Ντέμιαν.

«Δεν έχω ιδέα» είπε ο Τρίσταν και σηκώθηκε μονομιάς.

«Εσύ το προκάλεσες αυτό;» τον ρώτησε τρομαγμένος «μπορείς να κάνεις μαγικά;»

«Ντέμιαν, τι λες; Είσαι σοβαρός;» απάντησε αγριεμένα. «Ο αέρας είναι πολύ δυνατός εδώ που είμαστε, αυτό θα φταίει, δεν εξηγείται αλλιώς» πρόσθεσε επιχειρώντας να πείσει και τον εαυτό του.

«Μα...» προσπάθησε να διαμαρτυρηθεί ο Ντέμιαν αλλά τον διέκοψε μία φωνή από μακριά.

«Εεε, αγόρια φεύγουμε» φώναξε με όλη του την ηχητική ισχύ ο κύριος Τουίντ.

Γυρνώντας ο Τρίσταν είδε ότι όλα τα παιδιά είχαν μαζευτεί γύρω από τον φύλακα της Αγίας Καλλιόπης και ετοιμάζονταν για αναχώρηση. Ακαριαία ο Τρίσταν αναρωτήθηκε εάν το γεγονός το είχαν παρακολουθήσει άλλα παιδιά ή ακόμα χειρότερα, ο κύριος Τουίντ.

«Πάμε» συμβούλεψε ο Τρίσταν μαζεύοντας τα γάντια από το έδαφος και ο Ντέμιαν τον ακολούθησε αμίλητος.

Πλησιάζοντας τους υπόλοιπους, ο Τρίσταν ένιωθε συναισθηματικά εγκλωβισμένος από το άγχος της τυχόν αποκάλυψης. Το σώμα του έμοιαζε να καίει από αγωνία.

«Αφού σας είπα να μην απομακρυνθείτε, ρε παιδιά» είπε στεναχωρημένα ο κύριος Τουίντ «ευτυχώς που σας είδα» και συνέχισε «τι έπαθαν τα ρούχα σας;»

«Τσακωνόμασταν και πέσαμε κάτω» πετάχτηκε ο Ντέμιαν.

«Αχ, μη μαλώνετε παιδιά σε λίγα χρόνια θα είστε μεγάλοι άνδρες και δεν είναι ωραίο να τσακώνονται δύο σοβαροί άνθρωποι σαν εσάς, ε;» συμβούλεψε ο κύριος Τουίντ και έγνεψε στα παιδιά, ούτως ώστε να πάρουν τον δρόμο της επιστροφής «ελάτε».

Ο Τρίσταν ήταν μπερδεμένος. Από τη μία, ο Ντέμιαν παθιασμένα πίστευε ότι κάτι μυστήριο είχε συμβεί και από την άλλη, μασκάρεψε έξυπνα την μη αποδεκτή εμφάνισή τους. Το θετικό μέχρι στιγμής ήταν, ότι δεν είχε αντιληφθεί κανείς το μυστήριο σκηνικό, πράγμα το οποίο φαινόταν από την αδιάφορη στάση τους. Συνοψίζοντας τις σκέψεις του, ο Τρίσταν κατέληξε στο ότι τις τελευταίες μέρες ο κόσμος του και η ζωή του είχε μετατραπεί σε μία άγνωστη και ίσως τρομακτική πραγματικότητα. Η μητέρα του έκανε κρυφά σχέδια, το παρελθόν του ήταν γεμάτο ελλιπή στοιχεία και προ ολίγων λεπτών είχε ζήσει κάτι απίστευτο. Δεν τολμούσε καν να παραδεχτεί στον φίλο του, τον Ντέμιαν, την πραγματική του άποψη για το τι είχε συμβεί. Είχε νιώσει κάτι μέσα του και το ήξερε, μόνο που αν το παραδεχόταν υπήρχε πιθανότητα να πιστέψει πως είχε τρελαθεί. Για δεκαπέντε χρόνια γνώριζε ότι τέτοιες καταστάσεις διαδραματίζονταν μονάχα σε παραμύθια και ιστορίες. Δεν μπορούσε να συλλάβει ότι αυτό που συνέβη ήταν κάτι άλλο, παρά η φύση στο μεγαλείο της. Η φύση πιθανώς εξοργισμένη.

Στον δρόμο της επιστροφής ο Τρίσταν και ο Ντέμιαν δεν αντάλλαξαν κουβέντα. Σε αντίθεση με τον ερχομό, η επιστροφή του φάνηκε τρομερά σύντομη, λες και διήρκησε μόλις λίγα λεπτά. Προτού ακόμη το συνειδητοποιήσει, το λεωφορείο βρισκόταν ήδη στην είσοδο του ορφανοτροφείου και όλοι αποβιβάζονταν. Ο Τρίσταν μη θέλοντας να σκεφτεί άλλο τους Αρχαίους Κύκλους επέστρεψε στην πρωινή του αποστολή, δηλαδή στην αναζήτηση της μητέρας του.

Βγαίνοντας από το λεωφορείο, ο Τρίσταν, επέστρεψε στον κύριο Τουίντ τα γάντια του, τα οποία ήταν βουτηγμένα στη λάσπη.

«Με συγχωρείτε, κύριε Τουίντ, δεν ήθελα να σας τα λερώσω...» απολογήθηκε ο Τρίσταν, ενώ έπιασε με την άκρη του βλέμματος του τον Ντέμιαν να κατευθύνεται στην κεντρική είσοδο του κτιρίου.

«Α, δε βαριέσαι, μικρέ Μπάπτιστα» είπε χαμογελώντας «το μόνο που θέλω, είναι να είσαι φρόνιμο παιδί και σωστός άνδρας. Αυτό είναι που αξίζει και όχι ένα ζευγάρι γάντια» συνέχισε χτυπώντας τα γάντια μεταξύ τους για να φύγει η ξεραμένη λάσπη.

«Θα προσπαθήσω, κύριε Τουίντ, ευχαριστώ πολύ πάντως» του απάντησε ο Τρίσταν. Με αυτή την πρόταση ο Τρίσταν απομακρύνθηκε από το λεωφορείο και εισχώρησε, όπως και οι υπόλοιποι, στο ορφανοτροφείο.

Η έκπληξη

Περνώντας από το γραφείο των καθηγητών είδε ότι η πόρτα ήταν ανοιχτή και ο χώρος άδειος. Η μητέρα του δεν ήταν εκεί. Στη συνέχεια, έτρεξε στην αίθουσα διδασκαλίας της, η οποία ήταν επίσης άδεια. Αν και δεν επιτρεπόταν στα παιδιά να βρίσκονται στον τέταρτο όροφο, όπου ήταν και τα δωμάτια των καθηγητών, ο ίδιος δίχως ενδοιασμό κατευθύνθηκε προς τα εκεί με σκοπό την αναζήτηση της κυρίας Μπάπτιστα. Για καλή του τύχη οι διάδρομοι του τελευταίου ορόφου ήταν άδειοι. Έφτασε στην πόρτα του δωματίου της μητέρας του και σιγά-σιγά την άνοιξε.

«Μαμά...» σιγοψιθύρισε. «Μαμά...» επανέλαβε ο Τρίσταν σε ψηλότερο τόνο.

Εισερχόμενος στο μικρό δωμάτιο της μητέρας του, αντιλήφθηκε διάφορες αλλαγές. Η μικρή λευκή βιβλιοθήκη, αντίκρυ στην είσοδο, είχε πολύ λίγα βιβλία στα δύο από τα πέντε ράφια της. Συνήθως, ήταν γεμάτη με διάφορα λογοτεχνικά βιβλία και λεξικά της μητέρας του, τα οποία λείπανε από τη θέση τους. Τα βιβλία που υπήρχαν εκεί ήταν του ορφανοτροφείου. Ο Τρίσταν προχώρησε στο άδειο δωμάτιο και άνοιξε τη δίφυλλη λευκή ντουλάπα. Τα ράφια ήταν επίσης εμφανώς αδειανά. Μονάχα μία δεκαριά ρούχα διανέμονταν στον αποθηκευτικό χώρο.

«Μαμά...» είπε ξανά ο Τρίσταν, για να σιγουρευτεί ότι βρισκόταν μόνος του στο δωμάτιο.

Αφού δεν ακούστηκε απάντηση, θέλησε να βρει την αγνοούμενη περιουσία της μητέρας του. Κοιτάζοντας στον χώρο του δωματίου, απέκτησε την εντύπωση ότι τα υπόλοιπα πράγματα βρίσκονταν στη θέση τους και είχαν την καθημερινή τους εικόνα. Το λευκό γραφείο κάτω από το παράθυρο ήταν γεμάτο γραπτά μαθητών, φακέλους και περιττή, σε εκείνον, γραφική ύλη. Το κρεβάτι δίπλα στο γραφείο ήταν στρωμένο, ως συνήθως, με φλοράλ σεντόνια. Ήθελε όμως να δει πού βρίσκονταν τα υπόλοιπα πράγματα της Εύας Μπάπτιστα. Αμέσως βρέθηκε παράλληλα με το κρύο μωσαϊκό πάτωμα και κοίταξε κάτω από το κρεβάτι. Εκεί, βρίσκονταν δύο τεράστιες ορθογώνιες δερμάτινες βαλίτσες τοποθετημένες παράλληλα μεταξύ τους. Τράβηξε τη μία έξω και έλυσε τα τρία φθαρμένα ζωνάρια που την ασφαλίζανε. Ήταν οι βαλίτσες που χρησιμοποιούσε η μητέρα του κάθε φορά που ταξίδευαν. Ανοίγοντας την ανακάλυψε όλα τα βιβλία που λείπανε από τη λευκή βιβλιοθήκη. Στην συνέχεια, άνοιξε και την άλλη, η οποία έκρυβε τα ρούχα που προϋπήρχαν στην ντουλάπα του δωματίου της. Οι υποψίες του επαληθεύονταν. Η συζήτηση που είχε πραγματοποιηθεί μεταξύ της Εύας Μπάπτιστα και του κυρίου Μπράουνεν δεν έκρυβε άλλη σημασία. Η μητέρα του Τρίσταν ετοιμαζόταν για μία ακόμη περιπλάνηση, για μία ακόμη αλλαγή, για έναν ακόμη αποχωρισμό του Τρίσταν από έναν τόπο και πολλούς ανθρώπους που είχε δεθεί συναισθηματικά. Εκνευρισμένος με τη ζωή του, ο Τρίσταν εναποθήκευσε τις παλιές βαλίτσες. Πλέον ήταν βέβαιος ότι έπρεπε να βρει τη μητέρα του. Ήταν αναγκαίο να της μιλήσει και να τη ρωτήσει για όλα όσα συνέβαιναν εν αγνοία του. Είχε κουραστεί να ανακαλύπτει κρυφά μυστικά και να πλημμυρίζει το μυαλό του με αναπάντητα ερωτήματα. Ήταν ο γιος της και δικαιούταν μία ειλικρινή αντιμετώπιση. Επιπροσθέτως, ήταν σχεδόν δεκαπέντε χρονών και εν συνεχεία αρκετά μεγάλος, για να αντιμετωπίσει οποιοδήποτε πρόβλημα.

Ο ήλιος είχε αρχίσει να δύει. Με τον ίδιο τρόπο που έφτασε στο δωμάτιο σκόπευε να απομακρυνθεί, κιόλας. Έτσι, βγήκε από το δωμάτιο και έκλεισε την πόρτα σχεδόν αθόρυβα. Αμέσως προχώρησε, στις μύτες των ποδιών του, προς τις σκάλες για να επιστρέψει στους επιτρεπόμενους, για εκείνον, ορόφους.

«Μπάπτιστα!» βρόντηξε μία σκοτεινή μορφή στο τέλος του διαδρόμου.

Ο Τρίσταν πάγωσε και έστρεψε το σώμα του προς την πηγή της φωνής σαν ο ίδιος να ήταν βιδωμένος στο μαρμάρινο έδαφος. Η άγνωστη παρουσία με τη γνώριμη φωνή όδευσε προς το μέρος του και αμέσως πρόδωσε την αληθινή του ταυτότητα.

«Τι κάνεις εσύ εδώ;» είπε ο κύριος Καπορέλι «δεν γνωρίζεις ότι δεν επιτρέπεται να βρίσκεσαι σε τούτο τον όροφο;» τον ρώτησε, σουβλίζοντας διαδοχικά το δάχτυλο του στο στήθος του Τρίσταν. Λες και ο δείκτης του χεριού του ήταν το ράμφος ενός τρυποκάρυδου.

«Ναι, κύριε Καπορέλι» απάντησε ο Τρίσταν προσπαθώντας να διατηρήσει τη θέση του και να μην πέσει προς τα πίσω από την ενοχλητική χειρονομία του «απλά έψαχνα τη μητέρα μου».

«Α, μάλιστα» είπε ο κύριος Καπορέλι, χαμογελώντας πονηρά «για ποιο λόγο αγόρι μου;» και διέκοψε τη κουραστική επαφή που διατηρούσε μέχρι στιγμής. «Για να της πεις μήπως κάτι που έκανε σε κάποιον μαθητή σήμερα ο κύριος Τουίντ στην εκδρομή; Μήπως και τον διώξουν, ε;» πρόσθεσε καθώς τα μάτια του έμοιαζαν να γυαλίζουν στον χαμηλό φωτισμό του διαδρόμου.

Εκείνη την στιγμή, ο Τρίσταν κατάλαβε πως ο κύριος Καπορέλι είχε καταλάβει ότι ο ίδιος είχε μαρτυρήσει την ανεπίτρεπτη συμπεριφορά του στην Εύα Μπάπτιστα. Έτσι, κοκάλωσε και έμεινε άφωνος.

«Αλήθεια, πίστευες πως θα με ξεφορτωνόσουν έτσι εύκολα;» είπε ο κύριος Καπορέλι και πρόσθεσε δίνοντας έμφαση στο δεύτερο πρόσωπο «πίστευες πως εσύ ή η μητέρα σου θα μπορούσατε να διώξετε εμένα, έναν Καπορέλι, από το ορφανοτροφείο της Αγίας Καλλιόπης;» είπε με μία τρέλα στη φωνή.

Ο Τρίσταν διατήρησε την ακινησία του.

«Να ξέρεις, μικρέ» είπε ο μαθηματικός ειρωνικά «ΕΓΩ» φώναξε και συνέχισε «δεν πρόκειται ποτέ να φύγω από εδώ και κανείς δεν μπορεί να το αλλάξει αυτό». Το πρόσωπο του μαθηματικού είχε κοκκινίσει, όπως και στην επεισοδιακή σκηνή του τσακωμού του με τον Ντέμιαν.

«Κύριε Καπορέλι» ακούστηκε μία φωνή από τον διάδρομο και καθώς πλησίαζε, ο Τρίσταν διέκρινε πως ήταν ένας κοντόχοντρος μελαχρινός άνθρωπος με μία αυστηρά χτενισμένη χωρίστρα στο πλάι και στρογγυλά γυαλιά που ήταν τοποθετημένα στην άκρη της παχιάς του μύτης.

«Κύριε Καπορέλι» επανέλαβε με επιβλητικό τόνο ο κύριος Μπράουνεν, ο διευθυντής του ορφανοτροφείου, προκαλώντας τον μαθηματικό να γυρίσει βίαια και να πει.

«ΤΙ ΘΕΛΕΤΕ;»

«Σας παρακαλώ να αφήσετε τον νεαρό Μπάπτιστα να επιστρέψει στους επιτρεπόμενους ορόφους και να χαμηλώσετε απαραίτητα» του επέστησε την προσοχή «τον τόνο της φωνής σας» είπε ο διευθυντής της Αγίας Καλλιόπης φανερά εκνευρισμένος.

Πάντα έτσι θυμόταν ο Τρίσταν τον κύριο Μπράουνεν. Σοβαρό, χαμηλών τόνων και λακωνικό. Δεν μπορούσε ποτέ να τον ψυχολογήσει.

«Μάλιστα, κύριε διευθυντά» απάντησε ξινισμένος ο κύριος Καπορέλι και στη συνέχεια το λευκό του κεφάλι εξαφανίστηκε στον σκοτεινό διάδρομο.

«Γιατί βρίσκεσαι σε αυτόν τον όροφο, Τρίσταν;» ρώτησε ψυχρά ο κύριος Μπράουνεν.

Κατά τη διάρκεια της ερώτησης, ο Τρίσταν αναρωτιόταν πώς κατάφερνε ο συνομιλητής του να διατηρεί τέτοια αδιαφορία για το πρόσωπό του, ενώ είκοσι τέσσερις ώρες πριν είχε κάνει έντονη λεκτική διαμάχη εις βάρος του.

«Έψαχνα τη μητέρα μου, κύριε Μπράουνεν» του δήλωσε ο Τρίσταν απολογητικά.

«Η μητέρα σου ενημέρωσε πως θα λείψει για μερικές ώρες» απάντησε ο διευθυντής και κοίταξε αδιάφορα τον περιβάλλοντα χώρο «εάν τη δω, θα την ειδοποιήσω πως την έψαχνες. Είναι ώρα να πηγαίνεις» είπε ο κύριος Μπράουνεν, περιμένοντας να φύγει ο Τρίσταν από τον όροφο που βρίσκονταν και οι δύο.

«Ευχαριστώ...» του είπε παραξενεμένος ο νεαρός Μπάπτιστα και κατευθύνθηκε στον αμέσως χαμηλότερο όροφο.

Η συμπεριφορά του διευθυντή αρχικά έκανε εντύπωση στον Τρίσταν, ενθυμούμενος βέβαια τη συζήτηση που είχε κάνει με τη μητέρα του στο γραφείο του, και αντιλήφθηκε το εξής. Ο κύριος Μπράουνεν δεν ήταν αδιάφορος. Ο κύριος Μπράουνεν τον φοβόταν. Τον τρόμαζε κάποιο γεγονός που μπορούσε να συμβεί, το οποίο ο Τρίσταν δεν γνώριζε ακόμη. Ίσως να ήταν το συμβάν στους Αρχαίους Κύκλους, σκέφτηκε προς στιγμήν. Μία σκέψη που αμέσως διέγραψε, αφού κανείς δεν μπορεί να γνωρίζει πράγματα και καταστάσεις προτού συμβούν. Ήταν και αυτό κομμάτι του γρίφου που έπρεπε να λύσει. Όλα όμως θα ήταν πολύ πιο εύκολα με την εμφάνιση της μητέρας του, η οποία κατείχε το κλειδί στο κουτί των μυστικών.

Ο Τρίσταν κατευθύνθηκε στο δωμάτιό του, όπου βρισκόταν ο Ντέμιαν. Αντικρίζοντάς τον, θυμήθηκε το πρωινό γεγονός. Θέλοντας και μη, θα έπρεπε να συζητήσουν το γεγονός, το οποίο σε καμία περίπτωση δεν συγκαταλεγόταν στα καθημερινά φυσιολογικά δρώμενα. Ο ίδιος βρισκόταν σε δίλημμα και δεν γνώριζε αν θα ήταν φρόνιμο να φανερώσει την αληθινή του άποψη στον φίλο του ή όχι. Σκεπτόμενος την κατάσταση, αναγνώριζε ότι ο Ντέμιαν ήταν το πρώτο παράδειγμα φίλου που είχε ως τότε και πως θα έπρεπε να μοιράζεται όλες του τις σκέψεις μαζί του, ούτως ώστε να μπορεί και ο ίδιος να χαρακτηριστεί άξιο μέλος εκείνης της δίπτυχης φιλικής σχέσης. Ο Τρίσταν κάθισε στο κρεβάτι του, που ήταν δίπλα στου Ντέμιαν. Ο φίλος του είχε ξαπλώσει ανάσκελα στο κρεβάτι του και πετούσε ένα μαύρο πιόνι, που είχε πάρει από το σκάκι του, στον αέρα και στη συνέχεια το άρπαζε με χαλαρό τρόπο. Προφανώς, σκότωνε τον χρόνο του μη έχοντας τίποτα άλλο να κάνει, εκτός απ' το να σκέφτεται όσα είχαν συμβεί στο νησί του Μουρ.

«Σε έχασα βγαίνοντας από το λεωφορείο» του είπε ο Τρίσταν.

«Ναι, ένιωθα κουρασμένος και ήθελα να έρθω να ξαπλώσω» του απάντησε αδιάφορα ο Ντέμιαν.

Ο Τρίσταν ήταν βέβαιος πως ο Ντέμιαν θα του κρατούσε μούτρα μέχρι να αναφερθεί ειλικρινά στο φλέγων θέμα.

«Συμφωνώ μαζί σου, Ντέμιαν, πρέπει να είχες δίκιο» του είπε ο Τρίσταν αβέβαιος για τη συνέχεια των πραγμάτων.

«Για ποιο θέμα;» είπε ο Ντέμιαν διατηρώντας την αδιάφορη στάση του.

«Έλα, μην κάνεις τον χαζό» είπε ο Τρίσταν με παραπονεμένο ύφος «ξέρεις για ποιο πράγμα μιλάω».

Αμέσως, ο Ντέμιαν άρπαξε το εναέριο μαύρο πιόνι και λύγισε το χυμένο του κορμί στην άκρη του κρεβατιού, ώστε να βλέπει τον Τρίσταν κατάματα.

«Το παραδέχεσαι, λοιπόν» είπε ο Ντέμιαν καταφατικά «κάτι αλλόκοτο έγινε και δεν ήταν μία παραξενιά της φύσης» συνέχισε δείχνοντάς τον με τον δείκτη του χεριού του.

«Ναι» είπε σφιγμένος ο Τρίσταν, επιθυμώντας να προσθέσει κάτι, για να καλύψει λίγο την ευθύτητά του και να δημιουργήσει διεξόδους στη συζήτηση, έτσι ώστε αν χρειαζόταν να αποφύγει τον χαρακτηρισμό του τρελού, να το κατάφερνε. Κάτι τέτοιο όμως δεν ήταν απαραίτητο, γιατί ο Ντέμιαν στη συνέχεια χαμογέλασε, προσδίδοντας ασφάλεια σε αυτή την αποκαλυπτική συζήτηση.

«Λοιπόν, όση ώρα έλειπες, όπως και καθόλη τη διάρκεια της διαδρομής που δεν μιλούσαμε, εγώ σκεφτόμουν τι πραγματικά μπορούσε να σημαίνει το σημερινό σκηνικό» είπε ο Ντέμιαν ενθουσιασμένος και γεμάτος περιέργεια. Ο Τρίσταν τον ρώτησε:

«Τι;»

«Μαγεία...» ψιθύρισε ο Ντέμιαν κάνοντας μία μικρή παύση.

«Μαγεία;» αναρωτήθηκε ο Τρίσταν, γλείφοντας το άνω χείλος του.

«Ναι, μαγεία...» συνέχισε ο Ντέμιαν, χαμογελώντας.

Αυτό που έκανε μεγάλη εντύπωση στον Τρίσταν ήταν, ότι ο Ντέμιαν έμοιαζε πολύ χαρούμενος. Πρώτη φορά μέσα στα χρόνια που τον γνώριζε, ο μοναδικός του φίλος φαινόταν πραγματικά χαρούμενος.

«Τι εννοείς;» τον ρώτησε ο Τρίσταν με σκοπό να διεκπεραιώσει τη θεωρία του.

«Λοιπόν» ξεκίνησε ο Ντέμιαν και παράλληλα σηκώθηκε από το κρεβάτι του και κάθισε πλάι στον Τρίσταν «δεν σου διάβαζε παραμύθια η μαμά σου, όταν ήσουν μικρός;»

«Ναι, σχεδόν κάθε βράδυ» είπε ο Τρίσταν, επιβεβαιώνοντάς τον.

«Ωραία, σε αυτά τα παραμύθια θυμάσαι κάτι πανίσχυρους ανθρώπους, οι οποίοι μπορούσαν να κάνουν ο,τιδήποτε ευχηθούν, μονάχα με τη σκέψη και την πίστη τους;» ρώτησε, μη επιθυμώντας απάντηση καθώς συνέχισε παθιασμένος «συνήθως βοηθούσαν τους ήρωες του παραμυθιού να νικήσουν κάποιο μεγάλο κακό. Ξέρεις, που είχαν τη μορφή μάγου ή τζίνι ή νεράιδας».

«Δηλαδή, πιστεύεις ότι ήταν κάποια νεράιδα εκεί και το προκάλεσε αυτό;» τον ρώτησε ο Τρίσταν, προσπαθώντας να μη γελάσει και καταστρέψει τη σημαντική για τον Ντέμιαν στιγμή. Ο Τρίσταν, κατά βάση, πίστευε στην εξέλιξη του ανθρώπινου μυαλού και ο νους του έτεινε σε μία τέτοια εξήγηση. Ακόμη και σε συζητήσεις, που είχε κάνει με τη μητέρα του, είχε εκφράσει την πεποίθηση του πως οι μάγοι στα παιδικά παραμύθια ήταν πολύ μορφωμένοι άνθρωποι, οι οποίοι μπορεί να υπήρχαν και στην παρούσα εποχή. Σε καμία περίπτωση όμως, δεν δεχόταν ότι η μαγεία κατείχε την εικόνα των παραμυθιών.

«Όχι...» του απάντησε απαξιωτικά ο Ντέμιαν.

«Τότε, πιστεύεις ότι εγώ ύψωσα τον εαυτό μου μερικά μέτρα πάνω από τη γη με τη σκέψη μου;» τον ρώτησε ο Τρίσταν φοβούμενος την απάντησή του.

Ο Ντέμιαν εξέτασε το βλέμμα του Τρίσταν προκαλώντας ανησυχία και στους δύο.

«Όχι» είπε ο Ντέμιαν, καρφώνοντας το βλέμμα του στα μάτια του Τρίσταν «εγώ σε σήκωσα από το έδαφος».

Το σαγόνι του Τρίσταν άνοιξε μερικά εκατοστά. Ο Τρίσταν δεν είχε σκεφτεί το ενδεχόμενο να αφορούσε τον Ντέμιαν το πρωινό γεγονός. Μέχρι εκείνη τη στιγμή ήταν σταθερός στην άποψή του, ότι με άλλα λόγια το απόκοσμο σκηνικό πήγαζε από τον ίδιο. Η τελική σειρά των πραγμάτων αυτό φανέρωνε, γιατί εκείνος είχε εισχωρήσει στον Αρχαίο Κύκλο, εκείνος είχε ανυψωθεί και εκείνος είχε περίπου ηλεκτροδοτηθεί. Η άποψη του Ντέμιαν δεν συνέπιπτε με τη δική του και ο Τρίσταν ήταν πολύ περίεργος να μάθει ένα διαφορετικό σενάριο.

«Δηλαδή;» ρώτησε ο Τρίσταν, υποκινώντας τον να συνεχίσει.

«Πιστεύω πως είμαι μάγος» είπε ο Ντέμιαν ενώ ο ήχος του δωματίου έμοιαζε να σωπαίνει στο άκουσμα του Τρίσταν. «Κάτι τέτοιο, τέλος πάντων» είπε αναλογιζόμενος.

Ο Τρίσταν καθόταν στη θέση του ακίνητος και αθόρυβος.

«Πρέπει να ψάξω λίγο ακόμα, αλλά όπως το έχω σκεφτεί μέχρι στιγμής νομίζω πως ότι σκέφτομαι γίνεται πραγματικότητα. Δηλαδή σήμερα, όταν μου είπες ότι κάνεις μαγικά σκέφτηκα ότι θα έκανες κάτι τέτοιο» συνέχισε ο Ντέμιαν, ξύνοντας το ξανθό του κεφάλι. «Πίστεψα πως μπορείς να κάνεις κάτι εξωπραγματικό και μετά το είδα να συμβαίνει μπρος στα μάτια μου» και τα καστανά του μάτια συνάντησαν τα ζαφειρένια του Τρίσταν.

Αναπάντεχα εκείνη τη στιγμή μπήκε μία καλόγρια στο δωμάτιο.

«Είναι ώρα για βραδινό, παιδιά» είπε η καλόγρια της Αγίας Καλλιόπης και συνέχισε την πορεία της στα διπλανά δωμάτια.

«Καλά, θα σου πω, όταν το σκεφτώ λίγο καλύτερα» είπε ο Ντέμιαν ενώ σηκώθηκε από το κρεβάτι. «Πάμε για φαγητό;» ρώτησε τον Τρίσταν, ο οποίος επίσης σηκώθηκε και φύγανε από το δωμάτιο.

Κατά τη διάρκεια του φαγητού ο Τρίσταν, μέσα στον πανικό από τα τσίγκινα σκεύη, σκεφτόταν την εξομολόγηση του φίλου του. Ήταν κάτι απροσδόκητο για εκείνον, κάτι που ο νους του δεν μπορούσε να δεχτεί. Δυσκολευόταν αρκετά να εναποθέσει την ιδέα αυτή στο πρόσωπο του Ντέμιαν, γιατί πάντα του φαινόταν πολύ αδύναμος χαρακτήρας. Αυτό που τον παρηγορούσε δε, ήταν πως με την ανακάλυψη αυτή ο Ντέμιαν έμοιαζε ιδιαίτερα ευτυχής και σε κάποιο βαθμό, ο Τρίσταν ήλπιζε τα λόγια του να ήταν αληθινά. Μετά το φαγητό, ο Τρίσταν πέρασε για μία ακόμη φορά από το γραφείο των καθηγητών προς αναζήτηση της μητέρας του. Χωρίς επιτυχία, όμως. Έτσι, ελαφρά εκνευρισμένος που δεν μπορούσε να εντοπίσει την ίδια του τη μητέρα, επέστρεψε στο υπνοδωμάτιο. Για τον υπόλοιπο χρόνο, αρνούμενος να συλλογιστεί άλλο δέχτηκε την προσφορά του Ντέμιαν να παίξουν μερικές παρτίδες σκάκι μέχρι να κοιμηθούν. Η θερμότητα από τα καλοριφέρ, τους πρόσφερε ένα γλυκό βραδινό ύπνο.

Το επόμενο πρωί, η βροχή χάραζε ενοχλητικά τα διάφανα τετράγωνα τζάμια του ορφανοτροφείου. Ο καιρός ήταν πάλι μουντός και σίγουρα υγρός. Ο Τρίσταν, όπως και τα υπόλοιπα παιδιά, σηκώθηκαν και αφού πλύθηκαν βρέθηκαν στο εστιατόριο, όπου θα γευμάτιζαν. Η μέρα αυτή ξεχώριζε για δύο λόγους. Ο πρώτος ήταν, ότι εκείνη τη μέρα ο Τρίσταν είχε γενέθλια και έκλεινε τα δεκαπέντε του χρόνια ζωής. Ο δεύτερος λόγος, ήταν το γεγονός ότι κανένας δεν του είχε ευχηθεί κάτι. Κανείς δεν το θυμόταν. Δεν περίμενε τόσο από τα μικρότερα παιδιά, όσο από τις καλόγριες της Αγίας Καλλιόπης και τον καλύτερο του φίλο, ο οποίος έτρωγε αντίκρυ του φανερά ανίδεος. Η μητέρα του ήταν αγνοούμενη ακόμη, οπότε δικαιολογούταν.

«Μήπως ξεχνάς κάτι;» ρώτησε ο Τρίσταν ενοχλημένος τον Ντέμιαν.

«Τι να ξεχνάω;» του απάντησε μπουκωμένος, σαρώνοντας το μεταλλικό τραπέζι «δημητριακά, γάλα, ψωμί και μαρμελάδα» κάνοντας μία παύση κατάπιε «όλα εδώ είναι, όχι».

«Δεν εννοώ φαγητό, σήμερα» είπε, τονίζοντας την τελευταία λέξη «μήπως ξεχνάς κάτι;» επέμεινε ο Τρίσταν.

«Σήμερα;» αναρωτήθηκε ο φίλος του «διάβασμα δεν είχαμε, αφού πήγαμε εκδρομή».

«Δεν εννοώ αυτό, Ντέμιαν» ήταν σίγουρος πως δεν θυμόταν.

«Τι εννοείς; Δεν καταλαβαίνω» του απάντησε και γέμισε το στόμα του με μία κουταλιά δημητριακών.

«Σήμερα είναι τα γενέθλιά μου» είπε απελπισμένος ο Τρίσταν.

Στο επόμενο δευτερόλεπτο, ο Ντέμιαν κατάπιε την μπουκιά του βιαστικά.

«Ώχ, ναι!» είπε ξαφνιασμένος «έχεις δίκιο, το ξέχασα τελείως!» είπε ο Ντέμιαν, κοιτώντας τον κατάπληκτος.

«Χρόνια πολλά!» πρόσθεσε ενώ ο Τρίσταν υποψιαζόταν ότι η συμπεριφορά του έμοιαζε ψεύτικη. «Εύχομαι όλα σου τα όνειρα να γίνουν πραγματικότητα, καλύτερέ μου φίλε».

«Ευχαριστώ» του απάντησε ψυχρά ο Τρίσταν.

Δεν του άρεσε να μη θυμούνται την ημέρα της γέννησής του, ειδικά οι δικοί του άνθρωποι. Ο μόνος λόγος που δεν εκνευριζόταν ακόμη ήταν πως η σκέψη για κάποια έκπληξη είχε λάβει τόπο στο μυαλό του, εξαιτίας της παράξενης συμπεριφοράς του Ντέμιαν. Ήταν πολύ καλός φίλος και δεν του ταίριαζε αυτή η αδιαφορία, ιδίως εφόσον στενοχωριόταν πάντοτε με το παραμικρό αμελητέο γεγονός. Εάν όμως δεν σχεδίαζε κάποια έκπληξη, κι ο ίδιος θα στενοχωριόταν πολύ.

Η υπόλοιπη μέρα κύλησε συνηθισμένα. Το μάθημα του κυρίου Καπορέλι ήταν μαρτύριο, ως συνήθως, καθώς και τα γενέθλια δεν αποτελούν αιτία εξαίρεσης. Όχι, ότι θα ενδιαφερόταν ο συγκεκριμένος καθηγητής να μάθει εάν κάποιος γιορτάζει. Ακόμη χειρότερα, όμως, προφανώς επιθυμώντας να τον τιμωρήσει για τη μαρτυρία του στην Εύα Μπάπτιστα, ο Τρίσταν ήταν εξεταζόμενος. Δυστυχώς, όμως, δεν πήγε τόσο καλά όσο την προηγούμενη φορά, γιατί είχε αλλάξει θέση τον Ντέμιαν. Ο τελευταίος πλέον βρισκόταν στα τελευταία θρανία. Όσο το δυνατόν πιο μακριά από τον μαθηματικό, όπως είχε αναφέρει εκείνη τη στιγμή ο κύριος Καπορέλι. Στη συνέχεια, θα παρακολουθούσαν το μάθημα της μητέρας του, όπου ο Τρίσταν δεν ήταν βέβαιος για την παρουσία της, εφόσον δεν την έβρισκε πουθενά την προηγούμενη μέρα. Καταφτάνοντας λοιπόν στην πόρτα της αίθουσας, ο Τρίσταν έγειρε το κεφάλι του, για να επαληθεύσει γρηγορότερα τους ενδοιασμούς του. Έτσι, με την άκρη του ματιού του και ακολουθώντας ολόκληρο το φάσμα της όρασης του, κοίταξε στην έδρα. Η αγγελική μορφή της μητέρας του βρισκόταν στην έδρα και διόρθωνε γραπτά, ως συνήθως.

«Μαμά!» είπε ο Τρίσταν ενθουσιασμένος και συνάμα λίγο εκνευρισμένος.

«Αχ, Τρίσταν μου» είπε αφότου τον είχε δει «έλα εδώ» του είπε, προεκτείνοντας τα χέρια της και ανοιγοκλείνοντας τις παλάμες της λες, και ο ίδιος ήταν μικρό παιδί.

Ο Τρίσταν την πλησίασε και εκείνη τον κράτησε σφιχτά στην αγκαλιά της.

«Χρόνια σου πολλά, αγάπη μου» είπε χαϊδεύοντας τον στην πλάτη «να ξέρεις πως θα σε αγαπάω πάντα, εντάξει;» του είπε, ενώ τα υπόλοιπα παιδιά κάθονταν στις θέσεις τους.

«Εντάξει, μαμά...» της απάντησε, προσπαθώντας να εντοπίσει κάποια ατασθαλία στον τρόπο της.

«Λοιπόν, κάθισε τώρα, για να ξεκινήσω το μάθημα» του είπε, ακουμπώντας τον στοργικά στο μπράτσο.

Ο Τρίσταν θα έπρεπε να κάνει υπομονή μέχρι το τέλος του μαθήματος, για να ξαμολήσει τον χείμαρρο των ερωτήσεων που φύλαγε για τη μητέρα του. Η κυρία Μπάπτιστα τους παρέδωσε κάποιες εκθέσεις και υποδείκνυε τα λάθη σε κάποια από αυτά, μη αναφερόμενη στα πρόσωπα. Του Τρίσταν η έκθεση ήταν σχεδόν άριστη. Είχε βελτιωθεί πάρα πολύ, σύμφωνα με τα αναγραφόμενα λόγια της μητέρας του, που έλεγαν:

Πάρα πολύ καλά. Υπάρχει τρομερή βελτίωση. Το ταλέντο σου είναι αξιοθαύμαστο. Συνέχισε την καλή προσπάθεια. Μπορείς!

Και από κάτω η υπογραφή της. Οι υποσημειώσεις της μητέρας του ήταν πάντοτε ενθαρρυντικές και άμεσες. Με τον τρόπο αυτό εμψύχωνε τους μαθητές και τους φιλοτιμούσε να βάλουν τα δυνατά τους. Με τη χρονομέτρηση σαράντα πέντε βασανιστικών λεπτών από τον Τρίσταν, η μητέρα του παράλληλα ανακοίνωσε τη λήξη της διδακτικής ώρας. Επιτέλους, η στιγμή που αναζητούσε μανιωδώς ο Τρίσταν είχε φτάσει. Η ανάγκη για απαντήσεις τον έφερε στο γραφείο της μητέρας του, προτού ακόμη απομακρυνθούν τα ορφανά από την αίθουσα. Ήταν αποφασισμένος να τη ρωτήσει για όλα. Ήθελε να ξεφορτωθεί επιτέλους το βάρος των αναπάντητων ερωτημάτων. Όταν άδειασε η αίθουσα:

«Μα, καλά» είπε εκνευρισμένος ο Τρίσταν «σε ψάχνω από χθες. Μπορείς να μου πεις πού εξαφανίστηκες;» είπε συνεχίζοντας θυμωμένος, αλλά η επιθυμία του για απαντήσεις δεν άφηνε τη μητέρα του να δικαιολογηθεί. «Τι έγινε χθες με τον κύριο Καπορέλι; Πού ήσουν χθες το βράδυ;»

«Θέλεις να σου απαντήσω σε τίποτα ή θα συνεχίσεις να με πολιορκείς με ερωτήσεις και να μην πάρεις καμία απάντηση» είπε με απερίγραπτη ηρεμία η μητέρα του.

«Πες μου, σε παρακαλώ» της απάντησε ο Τρίσταν καθώς ήξερε πως η μητέρα του ενοχλούταν κάθε φορά που δεν ρωτούσε ευγενικά.

«Χθες το βράδυ, είχα κάτι δουλειές εκτός ορφανοτροφείου και ήταν απαραίτητο να λείπω» είπε κοιτώντας τον με το ευγενικό της βλέμμα «δεν καταλαβαίνω γιατί απόρησες, δεν είναι η πρώτη φορά που συμβαίνει» του είπε η Εύα Μπάπτιστα.

Ο Τρίσταν θυμήθηκε τότε πως πράγματι, η μητέρα του έβγαινε συχνά από το ορφανοτροφείο για διάφορες δουλειές και πως έπρεπε να το έχει καταλάβει.

«Έπρεπε να πάω να πάρω τον σκαραβαίο από το συνεργείο που το είχα αφήσει για επισκευή. Αν θυμάσαι την τελευταία φορά που ήμασταν μέσα και άρχισε να βρέχει, η κουκούλα έμπαζε νερά» είπε η Εύα Μπάπτιστα με ενθυμούμενο τόνο.

Και όντως είχε δίκιο. Στο τελευταίο τους ταξίδι, που είχε ως προορισμό το ορφανοτροφείο της Αγίας Καλλιόπης, είχαν γίνει μούσκεμα από τα νερά της βροχής.

«Όσον αφορά στον κύριο Καπορέλι, δυστυχώς ακόμη δεν κατάφερα να κάνω κάτι. Ένα τέτοιο θέμα πρέπει να περάσει από επιτροπή, η οποία θα εξετάσει το ζήτημα. Με τις γνωριμίες που έχει όμως ο συγκεκριμένος κύριος, δεν ξέρω πόσος χρόνος θα χρειαστεί και αν εντέλει θα υπάρξει θετικό αποτέλεσμα. Μετά από ώρες συμβουλίου, το μόνο που κατάφερα ήταν να πείσω τους υπόλοιπους καθηγητές να ψηφίσουμε για το αν θα ήταν σωστό να παρουσιάσουμε το θέμα του μαθηματικού στις αρχές. Ευτυχώς, το αποτέλεσμα ήταν θετικό» πρόσθεσε και εκείνη τη στιγμή ο Τρίσταν, άρπαξε την ευκαιρία και της είπε όσα του είχε αναφέρει ο κύριος Καπορέλι το προηγούμενο απόγευμα στον όροφο των καθηγητών.

«...με εκνεύρισε πάρα πολύ ο ηλίθιος» είπε ο Τρίσταν ολοκληρώνοντας.

«Νομίζω, Τρίσταν, πως μετά απ' όσα έγιναν με τον κύριο Καπορέλι και τον Ντέμιαν θα έπρεπε να προσέχεις τη χρήση αυτής της λέξης, δεν νομίζεις;» του είπε, κοιτώντας τον με τα ζαφειρένια μάτια της.

Ο Τρίσταν κόλλησε για μερικά δευτερόλεπτα μη γνωρίζοντας τι να απαντήσει, επειδή για το συγκεκριμένο άνθρωπο το πίστευε ειλικρινά.

«Αυτή η αναφορά δεν ήταν λανθασμένη μεταξύ μας» του είπε χαμογελώντας «αλλά μην το πεις πουθενά αλλού και έχουμε κι άλλα προβλήματα».

Ο Τρίσταν χαμογέλασε αναγνωρίζοντας την ευθυμία της μητέρας του. Στη συνέχεια, θέλησε να την ανακρίνει για τη συζήτησή της με τον κύριο Μπράουνεν, όπως και για το συμβάν στο νησί Μουρ. Αλλά δεν είχε πολύ χρόνο.

«Μαμά, χθες που πήγαμε εκδρομή στο Μουρ έγινε κάτι πολύ παράξενο...» είπε, γλείφοντας το άνω χείλος του.

«Δεν θα προλάβεις το επόμενο μάθημα, Τρίσταν» τον διέκοψε η μητέρα του «θα μου πεις μετά» είπε εν τάχει η Εύα Μπάπτιστα μαζεύοντας τα πράγματά της με δύο κινήσεις και τον συνόδευσε στην πόρτα, όπου τον φίλησε στο μάγουλο και έφυγε λέγοντας.

«Χρόνια πολλά και πάλι, αγάπη μου».

Έτσι και ο Τρίσταν απομακρύνθηκε από την αίθουσα για να συνεχίσει τη μέρα του, όπως έπρεπε. Αν και ο τρόπος που χωριστήκανε με τη μητέρα του ήταν παράξενος, ένιωθε αρκετά κιλά ελαφρύτερος ψυχολογικά, αφού είχε καλύψει την περιέργεια του σε δύο τομείς. Ανέμενε φυσικά για τη συνέχεια.

Η συστηματική σειρά των καθημερινών υποχρεώσεων κύλησε κανονικά, δίχως απρόοπτους τσακωμούς ή μυστικές συζητήσεις. Πλησιάζοντας στην ώρα του βραδινού:

«Έλα, Τρίσταν, πάμε να φάμε» πρόσταξε χαρούμενος ο Ντέμιαν.

Ο Τρίσταν ήταν σίγουρος πως ο φίλος του δεν του ετοίμαζε καμία έκπληξη και πως ο μόνος λόγος που ήταν χαρούμενος ήταν οι υποψίες του πως ήταν μάγος. Η μέρα θα ολοκληρωνόταν και δεν είχε συμβεί τίποτα, ούτε στα διαλείμματα ούτε στο μεσημεριανό. Έτσι, είχε ξαπλώσει στο κρεβάτι μη θέλοντας να κάνει κάτι άλλο, απ' το να μην κάνει τίποτα. Είχε απογοητευτεί. Χωρίς να του δώσει απάντηση, ο ίδιος σηκώθηκε από το κρεβάτι και τον ακολούθησε στους διαδρόμους του ορφανοτροφείου.

«Τι έχεις;» τον ρώτησε ο Ντέμιαν.

«Τίποτα» απάντησε κάθετα ο Τρίσταν ενοχλημένος.

«Καλά έχω μία πείνα. Η κοιλιά μου γουργουρίζει σαν λύκος» είπε ο Ντέμιαν, ενώ ακούστηκε το γουργουρητό από την κοιλιά του. Ο Τρίσταν από την άλλη δεν πεινούσε καθόλου, δεν είχε διάθεση και η αδιαφορία του Ντέμιαν τον εκνεύριζε ακόμη περισσότερο.

Φτάνοντας στο εστιατόριο, ο Τρίσταν παρατήρησε πως τρεμόπαιζε χαμηλός φωτισμός στο πάτωμα του διαδρόμου. Φως που ερχόταν από την αίθουσα φαγητού. Αμέσως, κατάλαβε πως το μυστήριο χρώμα που ερχόταν από εκεί ήταν αναμμένα κεριά. Μονομιάς μπήκε στον χώρο μαζί με το Ντέμιαν. Ήταν πράγματι έκπληξη. Όλα τα παιδιά της Αγίας Καλλιόπης ήταν εκεί, οι καλόγριες, ο κύριος Μπράουνεν και η μητέρα του. Όλοι εκτός από τον κύριο Καπορέλι που ούτως ή άλλως δεν επιθυμούσε την παρουσία του. Στο κέντρο του δωματίου είχαν ενώσει όλα τα μεταλλικά τραπέζια του δωματίου και είχαν τοποθετήσει στη μέση μία τεράστια στρογγυλή τούρτα με δεκαπέντε αναμμένα κεριά.

«Νόμιζες πως θα σε αφήναμε έτσι;» τον ρώτησε, γελώντας ο φίλος του.

«ΕΚΠΛΗΞΗ!» φώναξαν όλοι μαζί και ξεκίνησαν να του τραγουδούν το γνωστό γενέθλιο άσμα.

Ο Τρίσταν είχε κοκκινίσει, δεν περίμενε τόση μεγάλη έκπληξη και ήταν ενθουσιασμένος. Η απογοήτευση και ο εκνευρισμός της ημέρας είχαν εξαλειφθεί ακαριαία. Αυτά τα δευτερόλεπτα, που έμοιαζαν λεπτά, ο Τρίσταν κοιτούσε τα πρόσωπα των παρευρισκομένων. Αυτό που τον έκανε ευτυχισμένο, ήταν πως όλοι βρίσκονταν εκεί για τον ίδιο. Όλοι θέλανε να περάσουν μαζί του τα γενέθλια του και ενώ τον βλέπανε να στενοχωριέται, κρατούσαν επτασφράγιστο το μυστικό της έκπληξης. Ένιωθε χαρούμενος και το χαμόγελο είχε σφραγιστεί στα χείλη του. Πήρε μία βαθιά ανάσα και φύσηξε με όλη του τη δύναμη, για να σβήσουν τα αναμμένα κεριά.

«Μην ξεχάσεις να κάνεις ευχή» προσπάθησε η μητέρα του να τον προλάβει.

Ο Τρίσταν ευχήθηκε για ένα σπίτι, για στασιμότητα και αγάπη στη ζωή του.

Έπειτα, τον φίλησαν, τον αγκάλιασαν και του ευχήθηκαν. Φάγανε, ήπιανε και παίξανε παιχνίδια. Η βραδιά ήταν υπέροχη και σίγουρα αξέχαστη. Εκείνο το βράδυ, ο Τρίσταν έπεσε για ύπνο ήρεμος με μία ζεστή, χαρούμενη αίσθηση να τον πλημμυρίζει. Ήταν τα καλύτερα γενέθλια και δεν τον απασχολούσε τίποτα, ούτε ο κύριος Καπορέλι ούτε η κρυφή συζήτηση.

Ο Τρίσταν ένιωσε ένα χέρι να τον ακουμπά και να τον σκουντάει ρυθμικά. Άνοιξε τα μάτια του. Ήταν ακόμη νύχτα και δεν πρέπει να κοιμόταν πολλές ώρες.

«Τρίσταν, ξύπνα» είπε η μητέρα του, που στεκόταν από πάνω του «πρέπει να φύγουμε».

Νέσσυ

«Ξύπνα, Τρίσταν, τώρα» είπε η Εύα Μπάπτιστα, συνεχίζοντας να τον κουνά «πρέπει να φύγουμε» του τόνισε.

«Να φύγουμε; Πού να πάμε;» ρώτησε ο Τρίσταν αγουροξυπνημένος.

«Δεν έχουμε χρόνο για συζήτηση, Τρίσταν» είπε ξεσκεπάζοντάς τον «φεύγουμε, όπως κάνουμε πάντα».

Ο Τρίσταν θυμήθηκε όλες τις φορές που η μητέρα του τον είχε ξυπνήσει μέσα στη νύχτα, για να εξαφανιστούν από ένα μέρος και να εγκατασταθούν σ' ένα καινούριο ορφανοτροφείο, δίχως να γνωρίζει τον λόγο που γινόταν αυτό.

«Ντύσου και θα σε περιμένω στην είσοδο» του είπε, φιλώντας τον στο μέτωπο «έχω μαζέψει τα πράγματά σου, πάω να φορτώσω το αυτοκίνητο» είπε και έφυγε από το δωμάτιο στις μύτες των ποδιών της.

Ο Τρίσταν σηκώθηκε από το κρεβάτι του και άρχισε να ντύνεται μέσα στη σιωπή. Τελικά, η συζήτηση με τον κύριο Μπράουνεν ήταν πραγματική. Η μητέρα του σχεδίαζε την αποχώρησή τους και δεν χρειαζόταν πλέον να τη ρωτήσει για επιβεβαίωση. Για μία ακόμη φορά θα διαγραφόταν η ζωή του και θα έπρεπε να ξεκινήσει ένα νέο κεφάλαιο. Θα υποχρεωνόταν να γνωρίσει νέους ανθρώπους, να κάνει καινούριες φιλίες και να προσαρμοστεί σε νέο περιβάλλον και άλλες καταστάσεις. Κάνοντας αυτές τις σκέψεις συνειδητοποίησε πως δεν ήθελε να φύγει. Δεν ήθελε να ξαναπεράσει τα ίδια. Οι άνθρωποι του ορφανοτροφείου της Αγίας Καλλιόπης, του είχαν χαρίσει υπέροχες στιγμές και αξέχαστα γενέθλια. Δεν ήθελε να χάσει αυτούς τους ανθρώπους. Έτσι, αποφάσισε να πει στη μητέρα του πως εκείνος θα μείνει και ότι κουράστηκε να φεύγει. Με γοργές κινήσεις ετοιμάστηκε και άνοιξε την πόρτα του δωματίου.

«Τρίσταν» ακούστηκε μία φωνή από το δωμάτιο.

Ο Τρίσταν γύρισε βιαστικά και κοίταξε στο σκοτεινό χώρο που βρισκόταν πριν από λίγα λεπτά.

«Πού πας;» ρώτησε ο Ντέμιαν, που είχε μισανοίξει τα μάτια του.

Ο Τρίσταν κοίταξε τον φίλο του, που έτριβε τα πρησμένα μάτια του. Ήταν ο μοναδικός πραγματικός του φίλος και κατάλαβε πως εάν έφευγε, θα τον έχανε.

«Έρχομαι» απάντησε ψιθυριστά και έφυγε γοργά.

Η μητέρα του δεν βρισκόταν στην είσοδο του ορφανοτροφείου κι έτσι ο Τρίσταν συνέχισε προς την αυλή της Αγίας Καλλιόπης, όπου υπέθεσε πως θα φόρτωνε το αυτοκίνητο.

Όντως, η Εύα Μπάπτιστα τοποθετούσε την τελευταία βαλίτσα στο πόρτ μπαγκάζ του παλιού τους σκαραβαίου, που βρισκόταν στο μπροστινό μέρος του οχήματος.

«Έτοιμος;» τον ρώτησε, ενώ κοπάνησε το καπάκι του αυτοκινήτου, για να βεβαιωθεί ότι έκλεισε.

Ο Τρίσταν στάθηκε και κοίταξε την αγγελική μορφή της μητέρας του για μερικά δευτερόλεπτα. Κοιτάζοντάς την, φαντάστηκε τον εαυτό του να της καταθέτει την απόφασή του να μείνει. Για μία στιγμή, έζησε τα συναισθήματα που θα είχε, εάν έβλεπε τη μητέρα του να φεύγει χωρίς εκείνον. Συλλογίστηκε πως δεν ήθελε να την αφήσει. Δεν μπορούσε να αποχωριστεί τον άνθρωπο που είχε μοιραστεί όλη του τη ζωή. Τον άνθρωπο που τον είχε μεγαλώσει και του είχε σταθεί σε όλες τις δύσκολες στιγμές. Ήταν η μαμά του. Αλλά έπρεπε να καταλάβει κι εκείνη την ανάγκη που είχε να μείνει. Κι εν συνεχεία να συμμεριστεί την απόφασή του και να μείνει κι αυτή στο ορφανοτροφείο της Αγίας Καλλιόπης.

«Εγώ δεν θα έρθω» της είπε ο Τρίσταν κάθετα, γλείφοντας το πάνω χείλος του βέβαια, όπως κάθε φορά που αγχωνόταν.

«Μα, τι είναι αυτά που λες, αγάπη μου» είπε παραξενεμένη η Εύα «μπες στο αυτοκίνητο, σε παρακαλώ. Δεν είναι ώρα για παιδιαρίσματα».

«Θέλω να μείνω εδώ. Άκουσέ με» συνέχισε ο Τρίσταν.

«Τρίσταν, άσε τις βλακείες, πρέπει να φύγουμε σου είπα» τόνισε η μητέρα του και άνοιξε την πόρτα του γαλάζιου σκαραβαίου.

Ο Τρισταν έβλεπε πως η μητέρα του δεν έδινε σημασία στα λόγια του. Του φερόταν σαν μικρό κακομαθημένο παιδί.

«Εγώ δεν φεύγω αυτή τη φορά» ο Τρίσταν επέμεινε. Πίστευε πως τα λόγια του είχαν βάρος και πως ήταν απαραίτητο να λάβει κι εκείνος μέρος στην απόφαση.

Η κυρία Μπάπτιστα βγήκε από το αυτοκίνητο και πλησίασε τον Τρίσταν συνειδητοποιώντας πια, πως έπρεπε να τον ακούσει.

«Αν θες εσύ μπορείς να φύγεις αλλά εγώ αυτή τη φορά θα μείνω» είπε ο Τρίσταν.

«Να φύγω χωρίς εσένα;» είπε η μητέρα του ελαφρώς τσιτωμένη «τι είναι αυτά που λες; Τι έχεις πάθει, Τρίσταν;» τον ρώτησε.

«Κουράστηκα να φεύγω συνέχεια. Δεν μ' αρέσει αυτός ο τρόπος ζωής. Κάθε φορά που γνωρίζω ανθρώπους και κάνω φίλους, εμείς φεύγουμε! Λες και κάνουμε τίποτα κακό. Φεύγουμε μες τη νύχτα σαν τους κλέφτες» είπε ο Τρίσταν, υψώνοντας τη φωνή του, όσο του επέτρεπε η σιωπή της νύχτας. «Εγώ δεν φεύγω αυτή τη φορά, εδώ θα μείνω».

«Τρίσταν» προσπάθησε να εξηγήσει η Εύα «έτσι είναι η ζωή μας, δεν έχουμε άλλη επιλογή» είπε η μητέρα του χαϊδεύοντας τα μελί-ξανθά μαλλιά του, τα οποία ήταν ανάκατα από τον ύπνο «είμαστε τσιγγάνοι και έτσι κάνουμε πάντα»

«Έτσι ζούμε;» τόνισε ο Τρίσταν με απέχθεια «ποιοι μαμά; Οι δυο μας είμαστε, δεν είμαστε με καμιά φυλή, για να πρέπει να φεύγουμε. Ό,τι θέλουμε κάνουμε. Εσύ απλά θες να φύγεις και μάλλον σ' αρέσει να φεύγεις. Γιατί πρέπει να ακολουθώ κι εγώ; Είμαι δεκαπέντε χρονών τώρα και μπορώ να παίρνω κι εγώ αποφάσεις. Εγώ...» ο Τρίσταν είχε ελευθερώσει ένα χείμαρρο εκνευρισμού και η Εύα Μπάπτιστα προσπαθούσε, κοιτώντας ύποπτα τριγύρω, να τον διακόψει.

«Τρίσταν»

«...θα μείνω μαμά» συνέχιζε αδιάκοπα.

«Τρίσταν»

«κου-ρά-στη-κα» τόνιζε τα συναισθήματα του.

«ΤΡΙΣΤΑΝ!» φώναξε η Εύα Μπάπτιστα κι αμέσως κοίταξε ολόγυρα, για να βεβαιωθεί ότι δεν βρισκόταν κανείς εκεί να την ακούσει.

Ο Τρίσταν πάγωσε, ενώ η μορφή της μητέρας του δεν φαινόταν πια τόσο αγγελική.

«Τι;» ψιθύρισε ο Τρίσταν εκνευρισμένος.

«Ο λόγος που φεύγουμε δεν είμαι εγώ, είσαι εσύ» του μουρμούρισε εκνευρισμένη.

«Τι;» είπε χαμηλώνοντας τα φρύδια «Τι εννοείς;» τη ρώτησε. Προτού απαντήσει όμως, θυμήθηκε τη συζήτηση που είχε με τον κύριο Μπράουνεν. Ο ίδιος θεωρούταν επικίνδυνος για κάποιο λόγο και εφόσον επιβεβαιώθηκε το γεγονός ότι θα φεύγανε μάλλον και η υπόλοιπη συνομιλία είχε κάποια βάση.

«Δεν μπορώ να σου το αναλύσω τώρα, αλλά πρέπει να φύγουμε. Εμπιστέψου με, σε παρακαλώ, είναι επικίνδυνο να μείνεις εδώ. Πρέπει να φύγουμε τώρα» είπε η Εύα Μπάπτιστα, τονίζοντας την τελευταία λέξη.

Η κυρία Μπάπτιστα φαινόταν όντως τρομαγμένη και προφανώς ο διάλογος που είχε με τον κύριο Μπράουνεν ήταν αληθινός. Η λογομαχία είχε φτάσει σε τέτοιο σημείο, που ο Τρίσταν βρισκόταν εκτός θέματος. Ένιωθε πιεσμένος από τα συναισθήματά του και το ζόρισμα από τη μητέρα του. Δεν ήξερε αν έπρεπε να συνεχίσει τις ερωταποκρίσεις ή να την ακολουθήσει σιωπηλά. Για μία στιγμή αφαιρέθηκε στο βλέμμα της. Η αντίδραση της μητέρας του και το ανήσυχο βλέμμα της, τον έκανε να την πιστέψει. Τον έκανε να καταλάβει ότι η πίεση για να φύγουν ήταν μεγάλη. Ίσως μεγαλύτερη από κάθε άλλη φορά.

«Τρίσταν» είπε αγανακτισμένη «μπες μέσα στο αυτοκίνητο και σου υπόσχομαι ότι θα σου τα πω όλα. Απλά πρέπει να καταλάβεις ότι δεν είσαι ασφαλής εδώ» είπε η μητέρα του με ευγενικό τρόπο, ενώ τα ζαφειρένια μάτια της τον παρακαλούσαν με όλη τους τη λάμψη.

«Πάμε» είπε ο Τρίσταν αβέβαιος για τη συνέχεια των πραγμάτων και τους λόγους, για τους οποίους συμφώνησε. Το μόνο που ήξερε ήταν πως εμπιστευόταν τη μητέρα του, παρά τα όσα δεν γνώριζε.

Όπως έβαλε μπρος η μητέρα του και ακούστηκε ο βραχνός ήχος της μηχανής του σκαραβαίου, ο Τρίσταν κοίταξε το κτίριο της Αγίας Καλλιόπης για τελευταία φορά, όπως έκανε και στα προηγούμενα ορφανοτροφεία που είχε ζήσει. Κρατούσε πάντοτε μία νοητή φωτογραφία. Καθώς έφευγε το αυτοκίνητο, περιεργαζόταν το κτίριο του ορφανοτροφείου από γωνία σε γωνία. Με την άκρη του ματιού του είδε μία ανθρώπινη φιγούρα να στέκεται σε ένα από τα παράθυρα. Μεμιάς γύρισε και κοίταξε καλύτερα. Ήταν ο Ντέμιαν, που τον κοιτούσε με θλιβερό και ίσως τρομαγμένο ύφος. Σαν να έβλεπε κάτι απίστευτο. Ο Τρίσταν γύρισε στη θέση του να τον κοιτάξει καλύτερα, καθώς η φορά του αυτοκινήτου είχε αλλάξει και από λεπτό σε λεπτό θα τον έχανε απ' την οπτική του εμβέλεια. Η τελευταία εικόνα που κράτησε στο μυαλό του ο Τρίσταν από την Αγία Καλλιόπη ήταν ο Ντέμιαν που τον κοιτούσε στενοχωρημένος από το παράθυρο. Λίγα δεύτερα προτού χαθεί, ίσα που σήκωσε αδύναμα το χέρι του, για να τον χαιρετήσει. Για τελευταία φορά.

Εκείνη τη στιγμή, ο Τρίσταν συνειδητοποίησε πως στενοχωριόταν περισσότερο για τον φίλο του, παρά για εκείνον. Ο Τρίσταν τουλάχιστον, αν και δεν ήθελε να φύγει, θα απομακρυνόταν από όλα τα άσχημα του ορφανοτροφείου, όπως ο κύριος Καπορέλι ή οι τρεις νταήδες που ήταν στην τάξη τους. Ο Ντέμιαν θα έμενε εκεί και θα τους αντιμετώπιζε μόνος του, χωρίς κανέναν στο πλευρό του. Ένιωθε ότι ο Ντέμιαν ήταν αβοήθητος. Ήταν πραγματικά μόνος του.

Η νύχτα ήταν ξάστερη και ο κρύος άνεμος φυσούσε απαλά. Οι δρόμοι ήταν άδειοι και από την αναστάτωση δεν είχαν ανάψει ούτε το ραδιόφωνο. Όταν είχαν βγει στην εθνική οδό, η Εύα Μπάπτιστα αποφάσισε να του μιλήσει.

«Τρίσταν, θα σου πω κάποια πράγματα που θα σου είναι δύσκολο να καταλάβεις στην αρχή. Όμως είναι κομμάτι του εαυτού σου και αργά ή γρήγορα θα πρέπει να τα αποδεχτείς» είπε η Εύα Μπάπτιστα με σοβαρό ύφος. Κοιτώντας τον κλεφτά, ενώ οδηγούσε. «Το γεγονός ότι έχεις γεννηθεί τσιγγάνος κρύβει πολλά χαρίσματα που δεν ξέρεις. Πράγματα, που μπορεί να έχεις υποψιαστεί, τελευταίως ειδικά, τα οποία δεν εξηγούνται με λογική».

«Τι εννοείς, μαμά;» τη ρώτησε.

«Οι άνθρωποι της φυλής μας δεν ήταν περιπλανώμενοι από δική τους επιλογή. Συνήθως, οι άνθρωποι που γνώριζες έως σήμερα τους καταδίωκαν, τους εξόριζαν και βασικά τους φοβόντουσαν» είπε η Εύα Μπάπτιστα.

«Για ποιο λόγο;» είπε ο Τρίσταν, προσπαθώντας να καταλάβει πού ήθελε να καταλήξει.

«Όπου υπήρχαν τσιγγάνοι, συνήθως γίνονταν πράγματα αλλόκοτα, που δεν μπορούσαν να εξηγήσουν οι κοινοί άνθρωποι. Φυσικά, δεν είναι όλοι οι τσιγγάνοι έτσι. Όμως εγώ σου μιλάω για το δικό μας είδος. Το δικό μας γενεαλογικό δέντρο» είπε η Εύα και άλλαξε ταχύτητα στον λεβιέ των ταχυτήτων.

Μέχρι εκείνη τη στιγμή, όποτε ο Τρίσταν ρωτούσε για τους προγόνους του, η μητέρα του απέφευγε να απαντήσει. Τώρα όμως κάτι είχε αλλάξει κι ο Τρίσταν είχε προσηλωθεί σε εκείνη. Ήθελε να μάθει το μεγάλο μυστικό που κρυβόταν μέσα στα λόγια της μητέρας του.

«Εμείς καταγόμαστε από μία φυλή τσιγγάνων, η οποία ήταν ευλογημένη με τη δύναμη της μαγείας» είπε η Εύα Μπάπτιστα σωπαίνοντας, έγειρε προς το παρμπρίζ του αυτοκινήτου.

«Νομίζω πως εδώ πρέπει να πάμε δεξιά» σχολίασε, κοιτώντας τις πινακίδες στον δρόμο.

Ο Τρίσταν σάστισε ακούγοντας τα τελευταία της λόγια.

«Μαγεία;» της είπε με τρόπο, για να συνεχίσει.

«Από την αρχή του χρόνου, η οικογένειά μας, η οικογένεια Μπάπτιστα, ήταν από τις λίγες που είχε τη θεία χάρη» του είπε.

Ο Τρίσταν την κοιτούσε ύποπτα, σκεφτόταν μήπως ήταν ένα κακόγουστο αστείο. Η μητέρα του απ' την άλλη, σπάνια αστειευόταν.

«Την ικανότητα να χειρίζεται τη δύναμη Ζη, της φυλής των Ρομάνι. Το Ζη είναι η αιθέρια ουσία που κρύβεται μέσα στον καθένα μας και μας επιτρέπει να κάνουμε απίστευτα πράγματα. Αυτή διαμορφώνεται διαφορετικά σε κάθε τσιγγάνο» είπε, γυρεύοντας την αντίδραση του Τρίσταν.

Ήταν όλα τόσο παράξενα για εκείνον, αλλά συγχρόνως συναρπαστικά. Όλα αυτά, που του έλεγε ο Ντέμιαν και ο ίδιος φοβόταν να παραδεχτεί, ήταν τελικά πραγματικότητα.

«Μα πώς; Εγώ δεν σε έχω δει ποτέ να κάνεις κάτι εξωπραγματικό» είπε ο Τρίσταν, ψάχνοντας για επαλήθευση του λόγου της μητέρας του.

Η μητέρα του χαμογέλασε και τον κοίταξε κλεφτά, ενώ συνέχισε να οδηγεί.

«Εγώ, όπως και όλοι οι τσιγγάνοι που έχουν επιρροή απ' το Ζη, δεν επιτρέπεται να το χρησιμοποιήσουμε στον φυσιολογικό κόσμο. Αυτός ήταν ο λόγος που κυνηγήθηκαν οι πρόγονοι των προγόνων μας κι ακόμα ο κόσμος δεν τους εμπιστεύεται. Αλλά εκεί που πάμε όλα αυτά θα αλλάξουν» του είπε χαμογελώντας.

«Γιατί, πού πάμε;» τη ρώτησε ο Τρίσταν κοιτώντας τον δρόμο.

«Σπίτι» του απάντησε με ήρεμο και ζεστό τόνο.

«Σπίτι; Δεν ήξερα ότι είχαμε» τόνισε ο Τρίσταν.

«Είναι πολλά που δεν ξέρεις και έφτασε η ώρα να τα μάθεις, γιε μου» είπε, χαϊδεύοντας τον στο κεφάλι.

«Και πού είναι το σπίτι μας;» ρώτησε ο Τρίσταν γεμάτος περιέργεια.

«Η Ρόμα είναι το σπίτι μας» του είπε η Εύα, ενώ τα μάτια της έμοιαζαν να λάμπουν.

Ο Τρίσταν προσπαθούσε να θυμηθεί, από το μάθημα της γεωγραφίας, πού ήταν η Ρόμα στη Μεγάλη Βρετανία και ύστερα σε ολόκληρο τον κόσμο, αλλά δεν του θύμιζε τίποτα.

«Δεν είναι στο χάρτη αυτού του κόσμου, αγάπη μου» είπε η μητέρα του, που κατάλαβε πως έψαχνε να βρει που είναι.

«Τότε, πού είναι;» αναρωτιόταν συνέχεια ο Τρίσταν.

«Είναι στην Μπριτανέα. Στον κόσμο που είμαστε τώρα, τον φυσιολογικό κόσμο, υπάρχουν κάποιες πύλες που μας μεταφέρουν σε παράλληλους κόσμους, μαγικούς. Εμείς πάμε τώρα σε μία πύλη που θα μας μεταφέρει στην Μπριτανέα και πιο συγκεκριμένα στη Ρόμα. Στο σπίτι μας» είπε η Εύα Μπάπτιστα.

«Μαμά» είπε δειλά ο Τρίσταν «εγώ δεν έχω κάνει ποτέ κάτι ξεχωριστό. Είσαι σίγουρη πως μπορώ να έρθω στη Ρόμα;» τη ρώτησε.

«Για σκέψου λίγο καλύτερα» τον συμβούλεψε η μητέρα του.

Ο Τρίσταν δεν μπορούσε να σκεφτεί κάτι σε ολόκληρη τη ζωή του. Το μοναδικό πράγμα που αναπηδούσε συνέχεια στο κεφάλι του ήταν το περίεργο συμβάν στους Αρχαίους Κύκλους. Αλλά η μητέρα του δεν θα μπορούσε να γνώριζε για αυτό, εφόσον δεν ήταν παρούσα.

«Χθες, μήπως πέρασες μέσα σ' έναν από τους Αρχαίους Κύκλους;» τον ρώτησε η μητέρα του πονηρά.

«Πού το ξέρεις;» φώναξε ο Τρίσταν έκπληκτος.

«Είναι πολλά που ξέρω, γιε μου, χάρη στη θεία σου φυσικά» είπε η Εύα Μπάπτιστα γεμάτη αυτοπεποίθηση.

«Τη θεία μου;» ο Τρίσταν θυμόταν πως είχε δύο θείες, αλλά δεν είχε ακούσει πολλά για εκείνες από τη μητέρα του. Το μόνο που ήξερε είναι πως μένανε πολύ μακριά, εκτός Σκωτίας, και πως ήταν πολύ αγαπημένες αδερφές.

«Ναι, γενικότερα η θεία σου, η Λιλιάνα, έχει τον τρόπο να γνωρίζει πολλά πράγματα, πριν ακόμα γίνουν» είπε η Εύα Μπάπτιστα.

Σκεπτόμενος τα λόγια του φίλου του, του Ντέμιαν, ο Τρίσταν δεν άντεξε να μην ρωτήσει.

«Είμαστε μάγοι, δηλαδή, όπως στα παραμύθια που μου διάβαζες μικρός» ρώτησε ο Τρίσταν, κοιτώντας την με τα ζαφειρένια μάτια του.

«Όχι, Τρίσταν, δεν είμαστε μάγοι» είπε η μητέρα του, κάνοντας μία μεγάλη παύση σαν να σκεφτόταν κάτι. «Οι τσιγγάνοι και οι μάγοι ανήκουν σε αδελφικές παραδόσεις. Αν και έχουμε πάρα πολλά κοινά στοιχεία, υπάρχουν κάποια βασικά χαρακτηριστικά στις κουλτούρες μας που μας τοποθετούν σε αντίθετα σημεία. Και να ξέρεις, επειδή είμαστε τόσο ίδιοι, από τα αρχαία χρόνια, οι δύο αυτές φυλές, ανταγωνίζονταν συνέχεια για το ποια είναι πιο ισχυρή, ποια θα έχει τη μεγαλύτερη εξέλιξη και εντέλει ποια από τις δύο υπερέχει. Αυτή η ατελείωτη μανία έχει προξενήσει τεράστια πλήγματα κατά καιρούς και στις δύο πλευρές. Και πολλές φορές έσυρε σε αυτή την τρέλα και άλλους, αθώους λαούς» είπε η μητέρα του εμφανώς στενοχωρημένη.

«Πώς, δηλαδή;» ρώτησε ο Τρίσταν που ήθελε να μάθει κι άλλα.

«Δεν μ' αρέσει να το συζητάω, γιατί εκνευρίζομαι με την ηλιθιότητα κάποιων ανθρώπων και τη στενομυαλιά τους. Οι μάγοι και οι τσιγγάνοι, από πολύ παλιά, συχνά κήρυτταν πολέμους μεταξύ τους και το αποτέλεσμα ήταν πάντοτε καταστροφικό για όλους. Αλλά, τέλος πάντων, δεν είμαστε το ίδιο. Αυτό που θέλω, προς το παρόν, να καταλάβεις είναι πως η δική μας δύναμη πηγάζει από την ενέργεια Ζη, ενώ των μάγων από τη φύση και τα τέσσερα στοιχεία της. Ξέρεις γη, φωτιά, νερό και αέρας. Αλλά μην ανησυχείς θα τα μάθεις όλα με τον καιρό» είπε η μητέρα του.

Είχε ξημερώσει πλέον και ο ουρανός ήταν γαλανός και ο ήλιος χτυπούσε δυνατά στο παρμπρίζ του αυτοκινήτου.

«Όπου να 'ναι φτάνουμε» ενημέρωσε η Εύα.

Είχαν φτάσει σε μία τεράστια λίμνη.

«Πού είμαστε, μαμά;» ρώτησε ο Τρίσταν, κοιτώντας την απέραντη λίμνη.

«Είμαστε στη λίμνη του Λοχ Νις, στην πρώτη μαγική πύλη για την Μπριτανέα. Μετά από αυτή δημιουργήθηκαν και οι άλλες» είπε η μητέρα του γεμάτη καμάρι. «Από εκεί θα φύγουμε» συνέχισε η μητέρα του, δείχνοντας ένα μικρό κάστρο στην άκρη της ξηράς.

Ο Τρίσταν είχε ενθουσιαστεί με το μεγαλείο του

τοπίου. Ήταν πραγματικά φαντασμαγορικό. Δεν χόρταινε να το θαυμάζει. Σταμάτησαν με το γαλάζιο, κάμπριο σκαραβαίο μπροστά από το μικρό κάστρο, στις όχθες της λίμνης Λοχ Νις και βγήκανε από το αμάξι. Ο Τρίσταν πήρε μία βαθιά ανάσα. Ο αέρας που γέμιζε τα πνευμόνια του ήταν αναζωογονητικός και πεντακάθαρος. Ένα υπέροχο συναίσθημα. Το νερό της λίμνης έμοιαζε με ασημένια μπογιά, χυμένη σε μία πράσινη παλέτα.

Η μητέρα κατευθύνθηκε στην άκρη της λίμνης, όπου γονάτισε και έβαλε το χέρι της μέσα στο παγωμένο νερό. Κουνώντας το δεξιά, έπειτα πάνω και στη συνέχεια αριστερά κάτω, ζωγράφισε ένα τρίγωνο στην επιφάνεια του νερού.

«Νέσσυ...» φώναξε η Εύα Μπάπτιστα, όπως θα φώναζε ένα σκυλάκι να την πλησιάσει.

Αμέσως μετά, το έδαφος άρχισε να σείεται και η επιφάνεια της λίμνης σχημάτιζε μπουρμπουλήθρες σαν να βράζει. Έτσι, η Εύα Μπάπτιστα αφαίρεσε το χέρι της από το νερό και στάθηκε όρθια. Ενώ η Εύα περίμενε, ο Τρίσταν στεκόταν λίγα βήματα πίσω της. Από τα ανήσυχα νερά αναδύθηκε βίαια το τεράστιο κεφάλι ενός γκρι τέρατος. Αφήνοντας μία δυνατή βραχνή κραυγή, ξεδιπλώθηκε ο μακρύς λαιμός του θηρίου. Το νερό της λίμνης δεν ήταν πια φιλήσυχο. Από τις κινήσεις του τέρατος, δημιουργούταν μικρές οργισμένες παλίρροιες. Το κεφάλι του βρισκόταν σίγουρα πεντακόσια μέτρα πάνω από την επιφάνεια του νερού και είχε το μέγεθος σπιτιού, ενώ ο λαιμός του, το πλάτος αεροδρομίου. Τα μάτια του κατάμαυρα, αλλά συγχρόνως συμπαθητικά. Ήταν σαν δεινόσαυρος. Ίσως να ήταν ένας πλειόσαυρος, σκέφτηκε ο Τρίσταν. Του θύμιζε ένα πλάσμα που είχε διαβάσει στη μυθολογία κάποτε.

«Το τέρας του Λοχ Νις» ψιθύρισε ο Τρίσταν.

Το τεράστιο κτήνος χαμήλωσε το κεφάλι του προς την Εύα και τον Τρίσταν.

«Ε, όχι και τέρας. Με πληγώνεις» είπε με τη βραχνή φωνή του το τέρας, ενώ η μητέρα του Τρίσταν γέλασε χαριτωμένα.

Ολόκληρη η τοποθεσία, μύρισε ψαρίλα από την ανάσα του αρχαίου πλειοσαύρου.

«Πώς είσαι, Νέσσυ;» ρώτησε η Εύα Μπάπτιστα το τεράστιο θαλάσσιο τέρας.

«Εύα Μπάπτιστα, πόσο χαίρομαι που ξαναβρισκόμαστε. Φοβόμουν πως δεν θα σε ξαναέβλεπα, αλλά χαίρομαι που οι υποψίες μου ήταν αναληθείς και είσαι σώα και» σταμάτησε λίγο «με παρέα» είπε ο Νέσσυ και έστριψε το κεφάλι προς τον Τρίσταν.

Η ανάσα του τέρατος ψέκαζε το νερό πάνω στον Τρίσταν, ο οποίος σκουπιζόταν μανιωδώς.

«Εσύ, πρέπει να είσαι ο μικρός Τρίσταν Μπάπτιστα, ε;» είπε γελώντας και κάνοντας τον Τρίσταν λούτσα. «Την πρώτη και τελευταία φορά που σε είχα δει ήσουν...βασικά ήσουν τόσο μικρός που δεν σε έβλεπα καθαρά» είπε και συνέχισε να γελάει, ελευθερώνοντας υπολείμματα ψαριών από τον λαιμό του. Του φάνηκε αστείο αυτό που είχε πει.

«Ναι, έχουν περάσει δέκα πέντε χρόνια από τότε Νέσσυ» είπε πλησιάζοντας τον Τρίσταν η μητέρα του.

«Δέκα πέντε χρόνια κιόλας, ε;» είπε με θαυμασμό το τέρας «σαν χθες το θυμάμαι» είπε κοιτώντας δεξιά και αριστερά. «Περνάνε τα χρόνια πια, χωρίς να το καταλάβω» και πλησίασε το κεφάλι του μπροστά στον Τρίσταν. «Έχει το βλέμμα σου Εύα, όπως και τα χαρακτηριστικά σου. Έχει το κύρος και την αξία που έχουν όλοι οι γενναίοι και αξιοθαύμαστοι Μπάπτιστα» είπε κοιτώντας την Εύα χαμογελώντας και παρουσιάζοντας τα δόντια του που είχαν απομεινάρια ψαριών και άλλων παράξενων αντικειμένων. «Και μην το αμφισβητείς, μικρέ, γιατί εγώ έχω γνωρίσει όλους τους Μπάπτιστα που υπήρξαν» είπε με σοβαρή βραχνή φωνή.

«Νέσσυ;» είπε η Εύα Μπάπτιστα με ερωτηματικό τόνο.

«Μάλιστα, αγαπητή μου» της απάντησε ευγενικά ο Νέσσυ.

«Θα μας πας στη Μπριτανέα;» τον ρώτησε χαμογελώντας.

«Ωχ, ναι, παρασύρθηκα με τη συζήτηση ο γέρος» είπε γελώντας «δεν πρέπει να καθυστερούμε, γιατί θα με τραβήξει κανείς φωτογραφία και θα με ψάχνουν για τα επόμενα εκατό χρόνια πάλι. Καταραμένο αυτό που αποκαλούν τεχνολογία. Είμαι διάσημος, βλέπεις» είπε στον Τρίσταν, χαμογελώντας και παρουσίασε για μία ακόμη φορά την τροφή στο στόμα του.

«Ας μην καθυστερούμε, λοιπόν» είπε η Εύα Μπάπτιστα και τράβηξε τον Τρίσταν πίσω στο αυτοκίνητο.

Το κεφάλι του Νέσσυ βυθίστηκε υπό την επιφάνεια του νερού και με μία ακόμη αίσθηση σεισμού ξεπρόβαλε από το νερό η παχιά ουρά του τέρατος. Στη συνέχεια, ο μακρύς λαιμός του και η ράχη του που έμοιαζε με λόφο. Με ένα μεγάλο γδούπο απλώθηκε η άκρη της ουράς στη στεριά.

«Κρατήσου» είπε η Εύα Μπάπτιστα και κάρφωσε την πρώτη ταχύτητα. Ο γαλάζιος σκαραβαίος καβάλησε την υγρή ουρά του θαλάσσιου δεινοσαύρου και προχώρησε στο κέντρο της σκληρόπετσης ράχης του. Η Εύα άνοιξε το χειροκίνητο παράθυρο.

«Έτοιμοι, Νέσσυ!» του φώναξε.

Ο Νέσσυ, ο οποίος καταριόταν τους περίεργους ανθρώπους που τον φωτογράφιζαν άρχισε να κινείται στην επιφάνεια του νερού. Έμοιαζε σαν να σαλπάρει ένα τεράστιο πλοίο. Τα απόνερα δημιουργούσαν τεράστια κύματα που σίγουρα θα κάνανε εντύπωση στους φυσιολογικούς ανθρώπους. Αλλά ο Τρίσταν έβλεπε τη μητέρα του και τον Νέσσυ ανέπαφους από το γεγονός. Έτσι κι αυτός χαλάρωσε, για να απολαύσει τη διαδρομή.

«Μαμά» ρώτησε ο Τρίσταν, κοιτώντας τη μητέρα του που είχε χαλαρώσει στη θέση του οδηγού.

«Τι είναι, γιε μου;» τον ρώτησε όλο στοργή.

«Τι έγινε χθες στους Αρχαίους Κύκλους;» έκανε την ερώτηση που ήθελε τόσο πολύ να μάθει την απάντηση.

Η μητέρα του ανασηκώθηκε στη θέση της και τον κοίταξε σοβαρή.

«Λοιπόν, θα σου πω, γιατί ούτως ή άλλως πρέπει να το μάθεις κάποια στιγμή. Και τώρα ίσως να είναι η καταλληλότερη στιγμή» είπε φτιάχνοντας τα ίσια, μελί-ξανθά μαλλιά της. «Πριν από δεκαπέντε χρόνια, τη χρονιά της γέννησής σου, είχε ξεσπάσει πόλεμος μεταξύ των εθνών της Μπριτανέα. Λίγες μέρες πριν γεννηθείς, ένας άγνωστος μέχρι τότε, προφήτης, ο Βάκης, ισχυρίστηκε πως έλαβε ένα μήνυμα. Αυτό έλεγε πως κάποια παιδιά, που θα γεννιόντουσαν εκείνο το χρόνο, θα ήταν ξεχωριστά. Τα μετέπειτα, επονομαζόμενα ως Βακιανά παιδιά ή τα παιδιά του προφήτη» είπε κοιτώντας τον βαθιά μέσα στα όμοια μάτια τους.

«Τι εννοείς ξεχωριστά;» ρώτησε ο Τρίσταν, γιατί δεν καταλάβαινε.

«Περίμενε» του είπε η Εύα, επιθυμώντας να πει την ιστορία «θα φτάσω και σε αυτό. Μέχρι τότε ο προφήτης Βάκης δεν είχε πραγματοποιήσει ούτε μία σωστή πρόγνωση, πράγμα που έκανε πολλούς να αμφισβητήσουν την πρόβλεψή του. Εκείνος, όμως, έτρεχε στους δρόμους προειδοποιώντας τον κόσμο για τα παντοδύναμα παιδιά που θα εξόντωναν τον Άρχων Έργκαντος για πάντα» του είπε κάνοντας μία παύση και χαζεύοντας το τοπίο συνέχισε.

«Τα μέλη κάθε φυλής είναι χωρισμένα σε κατηγορίες όσον αφορά στις δυνάμεις τους. Επομένως, έχουν και συγκεκριμένες δυνατότητες. Οι Βακιανοί, που γεννήθηκαν τότε για πρώτη φορά, έχουν άγνωστες ικανότητες και κανείς δεν γνωρίζει τα όρια των δυνάμεων τους. Αυτό το άγνωστο, λοιπόν, κάνει τους καλούς και τους κακούς ανθρώπους κάθε φυλής να ανησυχούν και να φέρονται παράφρονα, υποκινούμενοι από φόβο για το άγνωστο. Έτσι, λοιπόν, κάποιοι άρχισαν να δολοφονούν τα νεογέννητα δίχως να γνωρίζουν αν είναι

Βακιανά ή όχι. Και το χειρότερο δεν είχε γίνει ακόμη» είπε με πικρία στη φωνή. «Μετά από μερικές μέρες έγινε το απίστευτο. Μία σκοτεινή οργάνωση, γνωστή ως Νίβεους Μάνους έστειλε ένα μήνυμα από την πύλη του σκότους και ο Άρχων Έργκαντος πληροφορήθηκε για τον πανικό που επικρατούσε. Ακούγοντας για την προφητεία του Βάκη, πρόσταξε τη δολοφονία όλων των νεογέννητων παιδιών. Καταλαβαίνεις πως ο Άρχων Έργκαντος δεν θα επέτρεπε σε κανέναν να του στερήσει τη βασιλεία του» είπε με δέος στη φωνή η Εύα Μπάπτιστα.

«Ο Άρχων Έργκαντος είναι δαίμονας;» ρώτησε ο Τρίσταν φοβούμενος.

«Όχι, απλός δαίμονας» είπε χαμηλόφωνα «είναι ο βασιλιάς, η πηγή, η καρδιά κάθε κακού» είπε η Εύα Μπάπτιστα. «Πριν πολλούς αιώνες, τον καιρό που ο Έργκαντος κυκλοφορούσε στη γη, δεν υπήρχε άνθρωπος, τσιγγάνος, μάγος ή ο,τιδήποτε ζωντανό στον πλανήτη που να μην έτρεμε την ύπαρξή του. Ακόμα και οι άγγελοι τον φοβόντουσαν. Ήταν η πιο σκοτεινή περίοδος του πλανήτη. Δεν υπήρχε κανένας αρκετά θαρραλέος, αρκετά δυνατός, για να τους προστατέψει από τις διαβολικές του πράξεις. Ακόμα και οι άγγελοι ήταν αδύναμοι μπροστά του. Χρειάστηκε πολύς αγώνας, για να τον κλείσουν στον υπόκοσμο. Όλοι τρέμουν την επιστροφή του».

«Κι εγώ, δηλαδή, είμαι παιδί του Βάκη; Γι' αυτό φύγαμε;» ρώτησε ο Τρίσταν ανήσυχος.

«Δεν ξέρω σίγουρα, γιε μου» του απάντησε, χαϊδεύοντας τον στοργικά στο κεφάλι.

«Τότε, γιατί φύγαμε; Πώς γλίτωσα;» τη ρώτησε, γλείφοντας το πάνω χείλος του γεμάτος περιέργεια για την πραγματική του ιστορία.

«Ένα βράδυ, τρεις μέρες αφού είχες γεννηθείς, η θεία σου η Λιλιάνα δέχτηκε ένα φοβερό προμήνυμα. Ήρθε να με βρει κατατρομαγμένη και μου είπε πως έπρεπε να φύγουμε από την Μπριτανέα αμέσως, γιατί κάποιος σε κυνηγούσε. Είπε πως αυτός ήταν ο μόνος τρόπος, για να σωθείς. Και έτσι με εσένα νεογέννητο τότε, σε πήρα στην αγκαλιά μου και φύγαμε την ίδια νύχτα. Δεν ξέρω αν είσαι Βακιανός, απλά εμπιστεύομαι τα προμηνύματα της αδερφής μου και αφού μου είπε πως αυτό είχε δει, αυτό ακριβώς έπρεπε να κάνω» είπε η Εύα Μπάπτιστα φανερά ενθυμούμενη των τρομακτικών γεγονότων.

«Αυτό στους Αρχαίους Κύκλους, τι ήταν τότε;» ο Τρίσταν δεν άντεξε να μην μάθει.

«Φεύγοντας αναγκαστήκαμε να δέσουμε τις δυνάμεις σου, για να μην αποκαλυφθούμε στον απλό κόσμο. Η Λιλιάνα μου είχε πει ότι λίγο πριν τα δέκατα πέμπτα γενέθλια σου θα βρεθείς σε έναν κύκλο δύναμης, ο οποίος θα έσπαγε τα δεσμά του ξορκιού και οι δυνάμεις σου θα ελευθερώνονταν. Τότε, θα ήταν ο καιρός που έπρεπε να γυρίσουμε. Εγώ άργησα να καταλάβω ότι ο κύκλος δύναμης ήταν τελικά οι Αρχαίοι Κύκλοι του Μουρ και δεν ήξερα για ποιο λόγο δεν είχαν εμφανιστεί ακόμη οι δυνάμεις σου. Αν δεν έσπαγαν τα δεσμά, δεν θα μπορούσαμε να επιστρέψουμε στη Ρόμα, όπως είχε δει η θεία σου. Εντέλει μία μέρα που διάβαζα τυχαία ένα ταξιδιωτικό φυλλάδιο για το νησί Μουρ, κατάλαβα πως έπρεπε να επιφέρω εγώ το αποτέλεσμα του οράματος της Λιλιάνας. Όπως καταλαβαίνεις, λοιπόν, όταν μπήκες στον Αρχαίο Κύκλο λύθηκαν τα μαγικά δεσμά, που δεν αφήναν να καλλιεργηθούν οι δυνάμεις σου» του είπε και γύρισε να κοιτάξει τη διαδρομή που έκανε ο Νέσσυ.

«Τι δυνάμεις έχω, δηλαδή;» ρώτησε ο Τρίσταν ενθουσιασμένος.

«Δεν ξέρω, γλυκέ μου, αυτό θα το μάθουμε σύντομα. Αλλά θέλω να θυμάσαι πάντα το εξής. Και να μου το υποσχεθείς» τόνισε η κυρία Μπάπτιστα.

«Το υπόσχομαι» της απάντησε.

«Δεν θα χρησιμοποιείς πότε τις δυνάμεις σου, για να βλάψεις ή να εκμεταλλευτείς κάποιον κατώτερό σου. Είναι χάρισμα που μας δίνεται, δεν είμαστε θεοί. Θα το χρησιμοποιείς με σύνεση και ευλάβεια, όπως και όλα τα αξιόλογα μαγικά όντα αυτού του πλανήτη και ειδικά οι απόγονοι Μπάπτιστα» είπε περήφανα η Εύα.

«Τα άλλα παιδιά, τι απέγιναν;» ρώτησε ο Τρίσταν, επιθυμώντας να ακούσει τη συνέχεια της ιστορίας.

«Υπήρχε τρόμος και πανικός, θυμάμαι, δυστυχώς όμως δεν γνωρίζω αν επέζησαν άλλα παιδιά εκτός από εσένα» του είπε λυπημένη.

Η ψυχή του Τρίσταν ξαφνικά καταρρακώθηκε. Ένιωθε πως τα υπόλοιπα παιδιά που σκοτώθηκαν ήταν αδικημένα μπροστά σε εκείνον που χάρη στη θεία του είχε ξεφύγει. Αν δεν ήταν η Λιλιάνα Μπάπτιστα, μπορεί και αυτός να μην ζούσε. Ήταν τόσα πολλά αυτά που δεν γνώριζε και τόσα, τα οποία δεν είχε εκτιμήσει. Αλλά σκέφτηκε πως, για να τιμήσει όλες αυτές τις ψυχές, θα γινόταν ο καλύτερος τσιγγάνος που μπορούσε να γίνει. Για τις αθώες ψυχές τους.

«Μαμά, ο κύριος Μπράουνεν τα ήξερε όλα αυτά;» ρώτησε ο Τρίσταν.

«Ναι, αλλά γιατί ρωτάς;» του απάντησε.

«Είχα κρυφακούσει μία συζήτηση που είχατε πριν μέρες» ξεκίνησε να λέει ο Τρίσταν αλλά τον διέκοψε η μητέρα του.

«Ναι, ναι κατάλαβα» είπε χαμογελώντας «υπάρχουν κάποιοι άνθρωποι σε αυτόν τον κόσμο που ενώ είχαν γεννηθεί σε παράλληλους μαγικούς κόσμους, επέλεξαν να απαρνηθούν τα χαρίσματά τους και να ζήσουν ανάμεσα σε φυσιολογικούς ανθρώπους, μακριά από τη μαγεία. Τον κύριο Μπράουνεν, τον ξέρω από μικρή και μου χρωστούσε μία χάρη. Δεδομένου ότι μπορεί κάτι να πήγαινε στραβά με τη λύση των δυνάμεων σου, του ζήτησα να ανταποδώσει και να κάνει τα στραβά μάτια όσο ήμασταν εκεί» είπε η Εύα, χαμογελώντας πονηρά.

«Φτάσαμε σχεδόν» φώναξε ο Νέσσυ από μπροστά με τη βαριά φωνή του.

Ο Τρίσταν και η μητέρα του βγήκαν από τον γαλάζιο σκαραβαίο, για να κοιτάξουν μπροστά.

Η Ρόμα

Η αίσθηση του υγρού δέρματος κάτω από τα πόδια τους ήταν σκληρή και τραχιά. Δίχως φόβο μη γλιστρήσουν, πορεύθηκαν προς τον μακρύ λαιμό του πανάρχαιου τέρατος. Η Εύα Μπάπτιστα σήκωσε το αριστερό της χέρι και ανοίγοντας την παλάμη της, φώναξε:

«Αμπιέρτο Μπριτανέα!»

Μία φωτεινή κάθετη γραμμή παρουσιάστηκε μπροστά τους, η οποία παρουσίαζε αργά έναν διαφορετικό ορίζοντα, όπως γίνεται στην αρχή μίας παράστασης που ξεδιπλώνουν οι κουρτίνες της αυλαίας και εμφανίζεται το κρυμμένο σκηνικό. Στο βάθος του μαγικού πλαισίου, ο Τρίσταν διέκρινε την όχθη της Μπριτανέα. Ο κόσμος που είχε μεγαλώσει η μητέρα του κι εκείνος έβλεπε για πρώτη φορά. Δεν διέφερε καθόλου στην όψη με την τοποθεσία ενός απλού κόσμου. Εάν ο Τρίσταν δεν είχε δει το άνοιγμα της μαγικής πύλης, θα πίστευε ότι φτάνανε στην απέναντι ακρολιμνιά του Λοχ Νις. Γύρισε να κοιτάξει τη μητέρα του που στεκόταν πλάι του. Η Εύα Μπάπτιστα ήταν συγκινημένη. Είχε τόσα χρόνια να δει την πατρίδα της, που λογικά, η όψη της και μόνο, ξύπνησε πολλές αναμνήσεις και συναισθήματα.

«Αχ!» αναφώνησε το πελώριο πλάσμα «ο αέρας της Μπριτανέα είναι τόσο διαφορετικός, τόσο μαγικός» χαρακτήρισε με τη βραχνή του φωνή.

«Είναι» συμφώνησε η μητέρα του.

Ο Τρίσταν, σε αντίθεση με τους άλλους, έπαιρνε βαθιές ανάσες προσπαθώντας να εντοπίσει τη διαφορετικότητα της ατμόσφαιρας. Η προσπάθειά του όμως στάθηκε ανεπιτυχής. Η αίσθηση του ψυχρού ανέμου στα πνευμόνια του ήταν η ίδια με του απλού κόσμου, εκείνου που βρισκόταν προ ολίγων λεπτών.

«Όταν αισθανθείς την επιρροή της μαγείας μέσα σου, γιε μου, θα μπορείς να καταλάβεις τη διαφορά» του είπε η Εύα Μπάπτιστα, σχηματίζοντας ένα θερμό χαμόγελο στα χείλη.

«Ετοιμαστείτε» είπε ο Νέσσυ, καθώς γυρνούσε πλάτη στη στεριά. Έτσι, όπως κάνουν τα πλοία προτού αράξουν σε κάποιο λιμάνι.

«Ευχαριστούμε για τη μεταφορά, Νέσσυ, εύχομαι τα πνεύματα να σε προφυλάσσουν πάντα» είπε η Εύα πριν μπει στο αυτοκίνητο.

«Ευχαρίστησή μου, Εύα Μπάπτιστα» είπε και στη συνέχεια κοίταξε με την άκρη του ματιού του τον νεαρό Τρίσταν, ο οποίος τον χαιρετούσε κουνώντας το χέρι του «τιμή μου, που σε γνώρισα, μικρέ Τρίσταν Μπάπτιστα. Είθε, ο δρόμος σου να σφύζει από αγάπη και ευτυχία» είπε με τη βραχνή και τερατώδη φωνή του το τέρας του Λοχ Νις.

Αφού η τεράστια ουρά του ιστορικού πλάσματος έσκασε με δύναμη στις όχθες της Μπριτανέα, με λίγο σπινάρισμα, ο γαλάζιος σκαραβαίος βρέθηκε στην ξηρά. Κοιτώντας πίσω, το έδαφος έμοιαζε να σείεται ξανά, ο Τρίσταν είδε τον Νέσσυ να βυθίζεται μέσα στα παγωμένα νερά της λίμνης. Έπειτα, το αυτοκίνητο εξαφανίστηκε στο πυκνό πράσινο δάσος που βρισκόταν πίσω από τα παράλια.

«Σε πόση ώρα θα είμαστε στη Ρόμα;» ρώτησε ο Τρίσταν, κοιτώντας το πανέμορφο περιβάλλον γύρω του.

Η Εύα χαμογέλασε και του είπε:

«Είμαστε ήδη στη Ρόμα. Όλο αυτό που βλέπεις γύρω σου είναι η πατρίδα μας. Τώρα πάμε στην πρωτεύουσα της Ρόμα, στη Σαντόρι, στο σπίτι μας».

Ο Τρίσταν ένιωθε την ψυχή του να αγαλιάζει. Έπειτα από τόσα χρόνια περιπλάνησης και συνεχούς αλλαγής, θα σταματούσε. Αυτός ο τρόπος ζωής είχε πια τελειώσει. Ήταν πλέον σ' ένα μέρος, όπου θα μπορούσε να αποκαλέσει σπίτι του.

Ο μεσημεριανός ήλιος ξετρύπωνε από τις φυλλωσιές των δέντρων και διέκοπτε κατά τόπους τη σκιά. Τα πουλιά κελαηδούσαν ασταμάτητα, μιας και ήταν υπέροχη μέρα. Αν και τον είχε κουράσει η αναταραχή του χωματόδρομου, που έμοιαζε με διαδρομή πάνω σε κομπρεσέρ, κοιτούσε με ζήλο κάθε κομμάτι που περνούσαν. Στην πορεία της διαδρομής, ο Τρίσταν είδε ένα χωμάτινο μονοπάτι, το οποίο χανόταν ανάμεσα σε δύο άγρια βουνά. Το πιο κοντό έμοιαζε με πολλά βουνά που είχε δει στο παρελθόν. Το πιο ψηλό θύμιζε νύχι από δράκο που ήταν εμφανώς πιο παχύ και η κορυφή του ήταν γειρτή. Δεν είχε καθόλου βλάστηση. Το χρώμα του ήταν γκρι σκούρο, σχεδόν μαύρο, πράγμα που του έδινε μία απόκοσμη αίσθηση.

Στην αρχή του λόφου, υπήρχε μία παλιά ξύλινη πινακίδα, η οποία έγραφε:

"Απαγορεύεται η είσοδος. Ιδιωτική ιδιοκτησία."
Οι τρεις Μοίρες

«Ποιες είναι οι τρεις Μοίρες;» ρώτησε τη μητέρα του ο Τρίσταν, συνεχίζοντας να κοιτά το μονοπάτι.

«Σίγουρα έχεις ακούσει γι' αυτές, γιε μου» του απάντησε η Εύα σε αδιάφορο τόνο.

«Αυτές που υπάρχουν στην ελληνική μυθολογία;» ρώτησε εντυπωσιασμένος ο Τρίσταν, εναλλάσσοντας ματιές μεταξύ της μητέρας του και των βουνών.

«Ναι, αυτές ακριβώς» τον επαλήθευσε η Εύα.

«Και τι κάνουν εδώ;» ρώτησε με στόμφο ο Τρίσταν.

«Ό,τι κάνανε πάντα. Καθορίζουν τη μοίρα των ανθρώπων. Εκείνες αποφασίζουν για τις ζωές όλων μας. Πόσο θα ζήσουμε, τι δυσκολίες θα συναντήσουμε, ποιον θα ερωτευτούμε και πότε θα πεθάνουμε. Όλα είναι κομμάτι ενός μεγαλύτερου σχεδίου, γνωστό μονάχα σε εκείνες» τόνισε η Εύα Μπάπτιστα.

«Και γιατί απαγορεύεται η είσοδος;» είπε ο Τρίσταν, θέλοντας να ενημερωθεί για τα δρώμενα του τόπου.

«Πριν από πάρα πολλά χρόνια, όταν εκδιώχθηκε ο μαγικός πολιτισμός από τα εδάφη της γης και δημιουργήθηκαν αυτοί οι παράλληλοι κόσμοι, οι τρεις Μοίρες έφτασαν πρώτες στην Μπριτανέα. Έτσι, με τον ερχομό μας στον κόσμο αυτό, καθιέρωσαν αυτή τη τοποθεσία εκεί που βλέπεις, ως δική τους. Δεν θέλουν να τις ενοχλούμε» τον ενημέρωσε.

«Όλη αυτή την έκταση, τι να την κάνουν; Τρεις δεν είναι μόνο;» επέμεινε ο Τρίσταν, θεωρώντας πως ήταν άπληστες.

«Η κρίση για το πεπρωμένο κάθε ανθρώπου είναι πάρα πολλή σημαντική δουλειά» τόνισε η Εύα και συνέχισε «δεν θα μπορούσαν να εργαστούν σε ένα μικρό σπίτι, ανάμεσά μας, που θα τους αποσπούσε την προσοχή ο παραμικρός θόρυβος».

«Τις έχει δει ποτέ κανείς;» είπε ο Τρίσταν.

«Ναι, φυσικά» απάντησε η Εύα «τρεις μέρες αφού γεννηθεί ένα παιδί, έρχονται οι Μοίρες και ενημερώνουν για το πεπρωμένο του παιδιού. Παραλείπουν και πολλά επώδυνα στοιχεία, βέβαια, και λένε μόνο όσα πρέπει να γνωρίζει ένας γονιός. Άρα ναι, σχεδόν όλοι τις γνωρίζουν».

Ο Τρίσταν σκέφτηκε για μία στιγμή πώς θα ήταν να γνωρίζει πράγματα για το μέλλον ενός παιδιού. Το έβρισκε συναρπαστικό.

«Είχαν έρθει και σε εμένα, δηλαδή;» είπε κατενθουσιασμένος «τι είπανε;» συνέχισε με θαυμασμό.

«Όχι, γιε μου» του είπε ελαφρώς στενοχωρημένη «οι Μοίρες περνάνε μονάχα μία φορά και όταν περάσανε για εσένα, εμείς είχαμε ήδη φύγει» είπε η Εύα Μπάπτιστα.

Ο Τρίσταν βούλιαξε μονομιάς στη θέση του. Ήθελε τόσο πολύ να μάθει τι του επιφύλασσε αυτό το μαγικό μέλλον. Δυστυχώς, όμως, οι συνθήκες της γέννησής του δεν το επιτρέψανε, κάτι το οποίο, μάλλον, θα γνώριζαν ήδη οι τρεις παντοδύναμες Μοίρες. Δεν σταματούσε όμως να κάνει σενάρια στο μυαλό του, για πιθανές προβλέψεις που θα είχαν κάνει για τον ίδιο. Τίποτα δεν μπορούσε να γκρεμίσει τη χαρά του για τον καινούριο αυτό κόσμο.

Μέσα στα επόμενα λεπτά διανύανε τους πρόποδες ενός μικρού λόφου.

«Φτάσαμε, Τρίσταν» είπε χαρούμενη η μητέρα του «είμαστε στη Σαντόρι, τη μεγαλύτερη πόλη της Ρόμα. Το σπίτι μας».

Σαν ολοκληρώνανε την περίμετρο, σταδιακά εμφανιζόταν μία απέραντη πεδιάδα, γεμάτη πελώρια καραβάνια σε μέγεθος διώροφων σπιτιών και πελώρια δέντρα. Ένα πολύχρωμο ζωντανό στίγμα μέσα στην ατελείωτη πρασινάδα. Δεν έμοιαζε με καμία από τις πόλεις που είχε συναντήσει ο Τρίσταν, περισσότερο θύμιζε ένα τεράστιο και συγχρόνως ευκατάστατο καταυλισμό. Καθώς πλησιάζανε τη Ρόμα, ο Τρίσταν ξεχώριζε ανθρώπινες μορφές που κινούνταν στον χώρο και δίνανε ενέργεια στον φυσικό πίνακα, που παρατηρούσε προ ολίγων λεπτών.

Είχαν πλέον φτάσει στην αρχή της πόλης. Ο Τρίσταν κοιτώντας δεξιά και αριστερά παρατηρούσε τα γιγάντια καραβάνια. Όλα ήταν μακρόστενα σε διάφορα σχήματα και χρώματα. Άλλα είχαν σχήμα τραπεζιου, άλλα ορθογώνια και άλλα κυλινδρικά. Τα χρώματα των καραβανιών πλημμύριζαν το τόπο. Οι έντονοι συνδυασμοί χρωμάτων έκαναν τα σπίτια να ξεχωρίζουν μεταξύ τους και να μην βλέπεις το ίδιο καραβάνι δεύτερη φορά. Καθώς ο σκαραβαίος διέβαινε τον χωματόδρομο, ο Τρίσταν είδε έναν τσιγγάνο να κάθεται στο κατώφλι του πράσινου κυλινδρικού καραβανιού και να παίζει μία χαρούμενη μελωδία στην κιθάρα του. Ο θερμός ήχος της μηχανής του αυτοκινήτου τράβηξε το βλέμμα του προς το μέρος τους. Κοίταξε τον Τρίσταν, ο οποίος είχε μαγνητιστεί από το σκηνικό και χαμογέλασε. Λίγο πιο κάτω ένας νεαρός τσιγγάνος περπατούσε παράλληλα με την κατεύθυνση τους, ακολουθούμενος από δύο γεροδεμένα άλογα. Το ένα ήταν γκρι πιτσιλωτό ενώ το άλλο ασπρόμαυρο. Πανέμορφα ζώα. Αυτό που συμπέρανε, ήταν πως οι τσιγγάνοι δεν είχαν επέμβει καθόλου στη φυσική βλάστηση του τόπου. Δεν είχαν κόψει δέντρα κι ούτε είχαν χτίσει τσιμεντένια σπίτια. Αντιθέτως, έμοιαζε να την αγαπάνε, για τον λόγο ότι όλα τα φυτά ήταν περιποιημένα και φωτεινά.

Μετά από λίγα λεπτά, αφού κατευθύνθηκαν προς το άνω μέρος της πόλης, φτάσανε στο τελευταίο σπίτι του φαρδιού χωματόδρομου. Εκεί, βρισκόταν ένα θεόρατο καραβάνι σε σχήμα τραπεζίου. Οι πλευρές του ήταν καφέ και η σκεπή του ένας συνδυασμός από μπλε και μωβ. Τα τετράγωνα παράθυρα ήταν διακοσμημένα με γλάστρες γεμάτες πρασινάδα. Κάποια είχαν μπλε άνθη ενώ άλλα μωβ.

Η Εύα πάρκαρε το γαλάζιο σκαραβαίο έξω, πλάι στην είσοδο.

«Αυτό είναι το σπίτι μας, Τρίσταν. Το καραβάνι μας» είπε ευτυχισμένη η μητέρα του Τρίσταν.

Ο συνδυασμός των χρωμάτων του καραβανιού έκανε μεγάλη εντύπωση στον Τρίσταν. Τα χρώματα ήταν σκούρα και δεν θύμιζε τις υπόλοιπες έντονες αντιθέσεις των σπιτιών. Είχε δει κόκκινο με πράσινο, κίτρινο με μπλε αυτό όμως, όχι.

«Γιατί διαλέξατε αυτά τα χρώματα, μαμά;» ρώτησε ο Τρίσταν και συνέχισε, για να γίνει πιο σαφής «για το σπίτι εννοώ».

«Α, το μπλε-μωβ με το καφέ εννοείς;» είπε μισογελώντας η Εύα.

Ο Τρίσταν παρέμεινε σιωπηλός κοιτώντας το σπίτι από άκρη σε άκρη.

«Όταν η θεία σου, η Λιλιάνα, είχε μείνει για μερικά χρόνια στον φυσιολογικό κόσμο, είχε γνωρίσει μία σχεδιάστρια μόδας. Κοκό την λέγανε, αν θυμάμαι καλά. Ε, λοιπόν, αυτή της είχε πει πως αυτός ο συνδυασμός ήταν υπέροχος και ότι ήταν η τελευταία λέξη της μόδας. Η Λιλιάνα συμφωνούσε απόλυτα μαζί της και όταν επέστρεψε στη Σαντόρι έκανε αυτή την αλλαγή στο σπίτι. Δεν σου αρέσει;» είπε και τον αγκάλιασε καθώς παρατηρούσαν το σπίτι, πλάι στο γαλάζιο σκαραβαίο.

Αν και η πρώτη σκέψη του Τρίσταν ήταν, πως αυτός δεν ήταν κι ο αγαπημένος του συνδυασμός χρωμάτων, η δεύτερη την αναίρεσε πλήρως. Σκέφτηκε πως αυτό μπροστά του, ήταν το σπίτι του και πως θα το αγαπούσε, όπως και να ήταν.

«Ναι, μ' αρέσει» της απάντησε ο Τρίσταν «είναι το πιο ωραίο καραβάνι στη Ρόμα» κι έπειτα από έναν αμφισβητητικό μορφασμό από την Εύα πρόσθεσε «νομίζω».

Άξαφνα ακούστηκαν τσιρίδες και χαρούμενα ουρλιαχτά μέσα από το καραβάνι. Ο Τρίσταν αγριεμένος έκανε μερικά βήματα προς τα πίσω. Μετά από ένα δυνατό ποδοβολητό που ακούστηκε, η ξύλινη πόρτα του καραβανιού άνοιξε προς τα μέσα και μία γυναίκα πετάχτηκε προς τα έξω γεμάτη χαρά, έχοντας τα χέρια ψηλά.

«ΕΥΑ!!! Δεν το πιστεύω...» τσίριξε τρέχοντας κατά πάνω της και κουνώντας τα χέρια δεξιά κι αριστερά.

«Μικρή μου Λιλιάνα» είπε δακρύζοντας η μητέρα του Τρίσταν και άπλωσε τα χέρια της αναμένοντας να την αγκαλιάσει. Η γυναίκα που ξεπρόβαλε μανιωδώς από το σπίτι είχε μακριά θαμνώδη, μελί κατσαρά μαλλιά, τα οποία αντιστέκονταν σαν βράχος στη δύναμη του αέρα. Τα λεπτά χαρακτηριστικά της τόνιζαν τα πράσινα γατίσια μάτια της και τα ροδοκόκκινα χείλη της. Του θύμιζε αρκετά τη μητέρα του, με τη διαφορά ότι εκείνη είχε πιο άγρια στοιχεία προσώπου. Κατεβαίνοντας τα στενά ξύλινα σκαλοπάτια, ο Τρίσταν μαγνητίστηκε από την έντονη ενδυμασία της, η οποία απαρτιζόταν από τρεις διαβαθμίσεις του πράσινου. Η μακριά πλούσια φούστα της, η οποία ήταν γεμάτη στρώσεις πράσινων και κυπαρισσί υφασμάτων, σχεδόν χάιδευε το χώμα κάτω από τα πόδια της. Η ίδια ήταν ξυπόλυτη και κάθε βήμα της θύμιζε ήχο κλειδιών. Γύρω από τον αστράγαλό της υπήρχε ένα βραχιόλι με χρυσές αλυσίδες και κέρματα, όπως και στα χέρια. Η μπλούζα της ήταν στενή και εφαρμοστή, ενώ από τους ώμους της κυμάτιζε ένα καταγάλανο μαντήλι. Η περιβολή της είχε διάφορα κεντήματα από πολύχρωμες κλωστές. Φτάνοντας στην Εύα, την αγκάλιασε τόσο απότομα που έκανε τα πολλά χρυσά βραχιόλια του χεριού της να σταματήσουν το κουδούνισμα, όπως ο μουσικός διακόπτει τον ήχο του ντεφιού.

Την ίδια στιγμή εμφανίστηκε μία δεύτερη γυναίκα, μεγαλύτερη σε ηλικία, μέσα από το καραβάνι κι άρχισε να κινείται προς το μέρος τους με αργό ρυθμό. Στάθηκε λίγο πιο πίσω από τις άλλες γυναίκες. Είχε σπαστά καστανά μαλλιά, τα οποία διέκοπταν το διαπεραστικό μπορντώ χρώμα της πουκαμίσας της. Η φούστα, που φορούσε, έμοιαζε με της άλλης γυναίκας αλλά μόνο στη δομή, οι αποχρώσεις μάχονταν μεταξύ του μπορντώ και του μωβ. Στο κεφάλι της φορούσε ένα φαρδύ μωβ μαντήλι, το οποίο ήταν στολισμένο με χρυσά νομίσματα, όπως και το υπόλοιπο ένδυμα. Αυτή η γυναίκα, αν και δεν είχε ανοιχτόχρωμα μάτια αλλά καστανά, το βλέμμα της ήταν διαπεραστικό και συγχρόνως επιβλητικό. Δεν ήξερε αν έφταιγε το μακιγιάζ, που ήταν έντονο και στις δύο, αλλά το βλέμμα της φαινόταν πονηρό, σε βαθμό που ο Τρίσταν απέφευγε να διασταυρώσει το βλέμμα του.

Η γυναίκα με τα θαμνώδη, αντιανεμικά μαλλιά, η Λιλιάνα, σύμφωνα με τη μητέρα του, απομακρύνθηκε για να δημιουργήσει κενό ανάμεσα στην Εύα και τη συγκροτημένη γυναίκα που είχε μόλις φτάσει.

«Ελένα» είπε δακρύζοντας η Εύα Μπάπτιστα.

«Ζητούσα καθημερινά από τα πνεύματα να σε προσέχουν. Ας είναι ευλογημένα» είπε η γυναίκα που στεκόταν απέναντί της και μονομιάς βρέθηκε η μία στην αγκαλιά της άλλης. Ενώ η αγκαλιά τους φαινόταν πραγματική στα μάτια του Τρίσταν, ήταν αδύνατον να καταλάβει εάν η τρίτη γυναίκα είχε χαρεί.

Γιατί οι άλλες δύο άφηναν δάκρυα χαράς, ενώ η τρίτη διατηρούσε το βλέμμα της στεγνό, κοιτάζοντας στον ουρανό.

«Πόσο χαίρομαι που γύρισες, Εύα» είπε η Ελένα, χαϊδεύοντας τα μεταξένια μαλλιά της μητέρας του Τρίσταν. Δίχως να χάσει λεπτό, όρμησε κατά πάνω τους κι η Λιλιάνα και οι τρεις τους αγκαλιάζονταν σφιχτά για αρκετά λεπτά.

Ο Τρίσταν στεκόταν αμήχανος λίγα βήματα πιο πίσω, αβέβαιος για τη στάση που έπρεπε να κρατήσει.

«Επιτέλους, αδερφές μου, ξαναβρισκόμαστε» είπε η μητέρα του και έγειρε προς τα πίσω εναλλάσσοντας το βλέμμα της μεταξύ των δύο γυναικών. Στη συνέχεια, γύρισε στο πλάι με τρόπο αποκάλυψης, παρουσιάζοντας τον Τρίσταν, ο οποίος μαζεύτηκε αμήχανα.

Οι δύο γυναίκες τον πλησίασαν και εστίασαν στα μάτια του. Στο οπτικό πεδίο του Τρίσταν βρίσκονταν μόνο τα δύο κεφάλια των γυναικών κολλημένα μάγουλο, μάγουλο.

«Ζαφειρένια μάτια» είπε η Λιλιάνα.

«Δυνατό βλέμμα» είπε η Ελένα.

«Αγνό τήραγμα» συνέχισε η Λιλιάνα.

«Ένας γνήσιος Μπάπτιστα» πρόσθεσε η Ελένα.

«Είστε ίδιοι» είπε μαγεμένη η Λιλιάνα.

«Αυτός είναι ο Τρίσταν» είπε η Εύα περήφανη «και από εδώ Τρίσταν είναι οι αδερφές μου. Η Ελένα» είπε δείχνοντας τη γυναίκα με τα καστανά μαλλιά «και η μικρή μου αδερφή, η Λιλιάνα» και έδειξε τη γυναίκα με τα θαμνώδη μελί μαλλιά, η οποία άστραφτε από χαρά.

«Χάρηκα» είπε μαγκωμένος ο Τρίσταν.

«Έλα, τώρα» είπε η Ελένα αγκαλιάζοντάς τον από τους ώμους «δεν είναι ώρα για ντροπές» είπε με χαμογελαστό ύφος, καθώς το βλέμμα της παρέμενε έντονα ανακριτικό.

«Είμαστε η οικογένειά σου» είπε Λιλιάνα, αγκαλιάζοντάς τον από την άλλη μεριά «και σε αυτή την οικογένεια όλοι είμαστε ο εαυτός μας και γι' αυτό αγαπιόμαστε τόσο πολύ».

«Όση τρέλα και να υπάρχει, γι' αυτό μην τις παρεξηγείς» πρόσθεσε η Εύα χαμογελώντας «θα τις μάθεις με τον καιρό» και πήρε τις βαλίτσες από το σκαραβαίο που ήταν παρκαρισμένος εκεί.

«Άντεξε αυτός, ε;» ρώτησε η Ελένα γνέφοντας προς το γαλάζιο αυτοκίνητο.

«Ναι, αν και παρουσίαζε τα γνωστά προβλήματα» είπε η Εύα, κοιτώντας τις άλλες δύο.

«Μα, γιατί; αφού είναι άφθαρτος ο σκαραβαίος» είπε η Λιλιάνα μιμούμενη μία αντρική φωνή που προκάλεσε γέλιο στις άλλες δύο.

«Ο μπαμπάς και οι θεωρίες του» σχολίασε η Εύα, ακουμπώντας το αυτοκίνητο «μου έχει λείψει κι αυτός. Να 'ναι καλά εκεί που βρίσκεται και να μας προσέχει».

«Λοιπόν, ας μην τα σκεφτόμαστε αυτά τώρα» είπε η Ελένα «σήμερα είναι μέρα γιορτής. Η οικογένειά μας ξανάσμιξε μετά από τόσα χρόνια και γι' αυτό έχω μαγειρέψει σοντμάι» ολοκλήρωσε ενθουσιασμένη.

Με αυτά τα λόγια, κατευθύνθηκαν όλοι στο εσωτερικό του σπιτιού. Ο Τρίσταν ήταν ακόμη μέσα στην αγκαλιά των θείων του. Καθώς περπατούσαν στο γρασίδι και ακουγόταν ο ήχος από τα κέρματα, το βλέμμα το Τρίσταν κέρδισε το διπλανό καραβάνι. Φαινόταν πολύ παλιό, ίσως και παρατημένο. Είχε ένα γκρι χρώμα που κάποτε πρέπει να ήταν πράσινο και η χλόη απ' έξω ήταν ξεραμένη και απεριποίητη. Καμία σχέση με τον υπόλοιπο οικισμό. Έμοιαζε ακατοίκητο, ίσως και στοιχειωμένο. Η μοναδική απόδειξη ζωής ήταν μία ντουζίνα γάτες που βρίσκονταν απ' έξω. Άλλες έπαιζαν, άλλες ήταν χυμένες στα σκαλοπάτια και τα παράθυρα. Πρώτη φόρα έβλεπε τόσες διαφορετικές γάτες μαζί. Λευκές, μαύρες, πορτοκαλί, τιγρέ, πιτσιλωτές και κάθε λογής. Το ενδιαφέρον του, όμως, κράτησε μία ασημένιου χρώματος με μαύρες πιτσιλιές που στεκόταν σ' ένα από τα παράθυρα και ο ίδιος πίστευε πως τον κοιτούσε με τα διαπεραστικά καταπράσινα μάτια της σαν να τον γνώριζε.

Μπαίνοντας στο τεράστιο ξύλινο καραβάνι απέναντί του, σε μικρή απόσταση, είδε μία στενή ξύλινη σκάλα που οδηγούσε στον πάνω όροφο. Η μυρωδιά του φαγητού γέμιζε τα ρουθούνια του Τρίσταν και κουνούσε το στομάχι του απότομα. Πατώντας στο στρογγυλό χαλί της εισόδου, που πλημμυριζόταν από έντονα χρώματα, κοίταξε στα δεξιά του. Εκεί, βρισκόταν ένα μακρόστενο σαλόνι που έφτανε μέχρι το τέλος του καραβανιού. Στα γρήγορα διέκρινε κάτι αναπαυτικούς γκρι καναπέδες και το πορτρέτο ενός άντρα στον απέναντι τοίχο. Στα αριστερά του βρισκόταν η κουζίνα. Εκεί, είδε ένα στρογγυλό τραπέζι στη γωνία κοντά του, ενώ στο κέντρο της υπήρχε ένας μεγάλος πάγκος. Πάνω από τον πάγκο κρέμονταν τσίγκινα σκεύη μαγειρικής. Στην περίμετρο της κουζίνας βρίσκονταν μικρά ράφια, όπως και ψηλά στον τοίχο και στο πάτωμα. Όλα ήταν σκαλισμένα και έντονα χρωματισμένα με μορφές λουλουδιών, φύλλων, καρπών και στοιχείων του δάσους.

«Και αυτό είναι το βουρντάν» είπε περήφανα η Λιλιάνα.

«Βουρντάν;» ρώτησε ο Τρίσταν, ο οποίος δεν καταλάβαινε.

«Το καραβάνι μας» είπε με φυσικότητα, η γλυκιά Λιλιάνα.

«Δεν τα ξέρει το παιδί, Λιλιάνα» είπε η Ελένα και γύρισε το βλέμμα της στον Τρίσταν «αλλά θα τα μάθεις με τον καιρό. Μην ανησυχείς» του είπε επιθυμώντας να τον καθησυχάσει.

«Πάμε να σου δείξουμε το δωμάτιό σου» είπε ενθουσιασμένη η Λιλιάνα «μόνη μου το διακόσμησα».

«Πηγαίνετε εσείς» είπε η Ελένα «για να στρώσουμε εμείς το τραπέζι. Φαντάζομαι θα πεινάτε» είπε και συμφώνησαν όλοι.

«Έλα» είπε η Λιλιάνα επιταχύνοντας προς τον πρώτο όροφο. Ανέβαινε τα σκαλοπάτια ξυπόλυτη σαν μικρό κορίτσι και τα νομίσματα που χτυπούσαν σήμαναν την κάθε της κίνηση.

Ο Τρίσταν ακολούθησε τη θεία του στον πάνω όροφο. Βρεθήκανε σ' έναν στενό διάδρομο, ο οποίος εκτεινόταν δεξιά και αριστερά του. Οι τοίχοι του εσωτερικού είχαν το ίδιο χρώμα με τη σκεπή και ήταν σκαλισμένοι στο ίδιο μοτίβο του δάσους. Οι ψηλόλιγνες πόρτες ήταν σκούρο καφέ με μπρούτζινα πόμολα. Η Λιλιάνα τον οδήγησε στη τελευταία πόρτα του διαδρόμου στα αριστερά. Ο Τρίσταν δυσκολευόταν να συνηθίσει στην ιδέα πως αυτό ήταν το μέρος, που μετά από τόσα χρόνια μετακίνησης, θα αποκαλούσε σπίτι του. Στιγμιαία σκέφτηκε τη μοίρα του και τι περίεργο παιχνίδι του είχε παίξει. Όλα αυτά τα χρόνια που είχε περάσει στα ορφανοτροφεία θα μπορούσε να τα είχε ζήσει σε αυτό το μαγικό κόσμο. Θα μπορούσε να είχε μεγαλώσει μέσα σ' αυτό το βουρντάν και να είχε μάθει να περπατά πάνω στο γυαλιστερό παρκέ αυτού του διαδρόμου. Ασήμαντα πράγματα, τα οποία όμως φανέρωναν μία σπουδαιότητα σε εκείνον που δεν τα είχε δεδομένα.

Η μικρότερη θεία του άνοιξε τη πόρτα και ο Τρίσταν μπήκε στον χώρο.

Ένα μικρό, απλό δωμάτιο, το οποίο χαρακτηριζόταν από κυπαρισσί και μπλε χρώμα. Αντίκρυ στην είσοδο βρισκόταν ένα μακρόστενο ορθογώνιο παράθυρο. Κάτω από αυτό υπήρχε μία βαριά ξύλινη συρταριέρα σκούρου καφέ χρώματος. Στα δεξιά του, βρισκόταν ένα μονό κρεβάτι, όπου το πράσινό του πάπλωμα είχε τυπώματα φύλλων κεντημένα με χρυσή κλωστή. Στο κάτω άκρο του κρεβατιού ήταν ένα βαρύ ξύλινο μπαούλο με χρυσή κλειδαριά. Απέναντι από αυτό ήταν μία τεράστια σκαλιστή ντουλάπα ενώ στα αριστερά του Τρίσταν ήταν ένα στρογγυλό ξύλινο τραπεζάκι. Η Λιλιάνα πάτησε πάνω στο μπλε στρογγυλό χαλί που βρισκόταν μπροστά από το μπαούλο και έφτασε στο παράθυρο. Με μία κίνηση μείωσε την έκταση των πράσινων κουρτινών.

«Αυτό το δωμάτιο ήταν των γονιών μας, που δυστυχώς δεν υπάρχουν πια» είπε η Λιλιάνα και περιεργαζόταν τον χώρο «το ανακαινίσαμε βεβαία τώρα, που ξέραμε ότι θα έρθεις, γιατί πρέπει να έχεις το δικό σου δωμάτιο, όπως κάθε έφηβος» τόνισε η θεια του και χάιδεψε τα μελί μαλλιά του. «Επιτέλους, γινόμαστε μία οικογένεια ξανά. Και αυτό οφείλεται σε εσένα, Τρίσταν» είπε η Λιλιάνα ελαφρώς συγκινημένη.

«Λιλιάνα! Τρίσταν!» Ακούστηκε η Ελένα από τον κάτω όροφο «το φαγητό είναι έτοιμο».

Ίσως αυτή να ήταν μία από τις καλύτερες μέρες του Τρίσταν. Η μαγειρική της θείας Ελένα ήταν εκπληκτική, η μητέρα του και οι αδελφές της έλεγαν ιστορίες από τον καιρό που ήταν νέες και με αυτό τον τρόπο ο Τρίσταν γνώριζε τον μαγικό κόσμο της Ρόμα και ανυπομονούσε να δημιουργήσει δικές του αναμνήσεις σε αυτό το ξεχωριστό μέρος. Περνούσε τόσο όμορφα που δεν ήθελε να διακόψει κανένας και τίποτα αυτό το γεύμα, πράγμα το οποίο δεν συνέβη...

«Ησυχία!» πρόσταξε η Ελένα Μπάπτιστα και έστρεψε μονομιάς το βλέμμα της προς την άλλη άκρη της κουζίνας. Όλοι έμειναν ακίνητοι και σιωπηλοί.

Ντουπ! Ντουπ! Ερχόταν ένας παράξενος ήχος από τα ντουλάπια της κουζίνας. Ένας ήχος που φανέρωνε μία άγνωστη οντότητα.

Η Ελένα σηκώθηκε προσεκτικά από την καρέκλα της και κινήθηκε προς την πηγή της ταραχής. Στάθηκε μπροστά από ένα δίφυλλο ντουλάπι.

Ντουπ! Ντουπ! Και απότομα άνοιξε τα φύλλα διάπλατα.

Ο Τρίσταν κοιτούσε γεμάτος περιέργεια. Ανυπομονούσε να ανακαλύψει τι είχαν αντιληφθεί, αλλά έμεινε με την απορία, γιατί τίποτα δεν έγινε. Ο ήχος όμως, εξακολουθούσε να υπάρχει.

Ντουπ! Ντουπ! Στη συνέχεια, η μεγαλύτερη θεία του κινήθηκε προς τα δεξιά. Με μία ακόμη γρήγορη κίνηση, άνοιξε το δεύτερο ντουλάπι.

«Γκραααά» ακούστηκε μέσα από το ντουλάπι.

Μαζί με μία μικρή τσιρίδα από την Λιλιάνα, πετάχτηκε προς την Ελένα ένα καφετί πλάσμα, το οποίο εκείνη απέφυγε επιδέξια και έπεσε με τη μούρη στο κεντρικό πάγκο της κουζίνας.

«Τι είναι αυτό;» είπε με αηδιασμένο μορφασμό ο Τρίσταν.

Γρήγορα αυτό, σηκώθηκε και κοίταξε τον χώρο τριγύρω. Έμοιαζε πάρα πολύ με γερασμένο άνθρωπο. Το καφέ του δέρμα ήταν ζαρωμένο, το σώμα του αδύνατο ενώ στο κεφάλι του είχε το πολύ δέκα τρίχες. Γύρισε το βλέμμα του προς το μέρος του Τρίσταν. Τα μάτια του ήταν κίτρινα και στρογγυλά ενώ από το στόμα εξείχαν δύο τετράγωνα δόντια. Χωρίς να χάσει χρόνο, άρχισε να κινείται μέσα στη κουζίνα.

Η μητέρα του Τρίσταν έτρεξε προς την πόρτα της κουζίνας, που οδηγούσε στην πίσω αυλή και την άνοιξε.

«Ελένα, εδώ» φώναξε η μητέρα του.

Το παράξενο πλάσμα σταμάτησε την κίνησή του πάνω στον πάγκο, αδυνατώντας να βρει διέξοδο. Η Ελένα μεταφέρθηκε πίσω του, σε σημείο που σχημάτιζε μία νοητή ευθεία με το πλάσμα και την ανοιχτή πόρτα. Έπιασε την άκρη της πλούσιας φούστας της και την κούνησε επιδεικτικά αριστερά και μετά δεξιά σαν να χόρευε ισπανικό χορό. Από το σημείο που στεκόταν δημιουργήθηκε ένα αόρατο κύμα αέρα, που οδήγησε το πλάσμα πετώντας στην αυλή. Ένα κύμα αέρα το είχε ξεσηκώσει και το ταξίδευε προς την αυλή.

Κλείνοντας την πόρτα πίσω του η Εύα ρώτησε:

«Τι συμβαίνει;» με πολύ αυστηρό τόνο.

«Τίποτα. Ένα μπόγκαρτ ήταν μόνο» είπε η Ελένα ψύχραιμα «πρέπει αύριο να κρεμάσουμε πέταλα αλόγων στις πόρτες».

Η Λιλιάνα πήγε πλάι στον Τρίσταν και είπε χαμηλόφωνα «μην ανησυχείς, Τρίσταν» και πέρασε το χέρι της στους ώμους του «είναι ακίνδυνα πλάσματα. Απλώς φασαριόζικα».

«Σε παρακαλώ, Ελένα» είπε εκνευρισμένη η Εύα «ξέρω πολύ καλά τι ήταν και δεν εννοούσα αυτό. Η αντίδρασή σας έκρυβε πολλά περισσότερα. Εσείς οι δύο φοβόσασταν. Μπορεί να έλειπα μερικά χρόνια αλλά εξακολουθείτε να είστε οι αδερφές μου».

Η Ελένα πήγε και έκατσε στην καρέκλα, όπου καθόταν και πριν την αναπάντεχη διακοπή του ευχάριστου γεύματος.

«Δεν είναι κάτι βέβαιο» είπε η Ελένα ενώ κάθησαν όλοι ξανά στο τραπέζι.

«Ναι, όμως κάτι συμβαίνει εδώ. Πείτε μου, σας παρακαλώ. Μπορεί να ήμασταν χώρια για τόσα χρόνια αλλά εξακολουθούμε να είμαστε αδερφές. Οικογένεια» είπε η Εύα κοιτώντας τις δύο τσιγγάνες.

Η Ελένα κοίταξε την Λιλιάνα λυπημένη, που της έγνεψε θετικά.

«Δεν θέλαμε να σου το πούμε την πρώτη μέρα που επέστρεψες. Θέλαμε να είναι όλα τέλεια την πρώτη μέρα που θα μας γνώριζε ο ανιψιός μας» είπε η Ελένα κοιτώντας την με το διαπεραστικό της βλέμμα.

«Ευχαριστώ πολύ γι' αυτό που θέλατε να κάνετε» είπε η Εύα στιγμιαία μετανιωμένη «μόνο που νιώθω ότι σας προβληματίζει κάτι πολύ πιο σημαντικό και δεν μου το λέτε» πρόσθεσε ανήσυχη «εάν συμβαίνει κάτι κακό πρέπει να μου το πείτε».

«Η Λιλιάνα είδε ένα όραμα» είπε η Ελένα.

Η Εύα γύρισε τρομαγμένη προς τη μικρή της αδερφή «Λιλιάνα» είπε πλησιάζοντάς την «μικρή μου, τι είδες;» ρώτησε και της ακούμπησε το χέρι.

Η Λιλιάνα την κοίταξε με το αθώο, αγνό βλέμμα της και είπε: «το κακό μάτι. Βασκανία».

Οικογένεια Νίκολαϊ

Ο Τρίσταν ξύπνησε το επόμενο πρωί χαρούμενος. Ένιωθε ευτυχισμένος που βρισκόταν σε αυτό το νέο μέρος, που έκρυβε τόσες μαγικές στιγμές και θα του χάριζε αναμνήσεις που δεν είχε ως τότε. Θα μεγάλωνε σε ένα σπίτι με οικογένεια και όχι μόνο. Μία οικογένεια ευλογημένη με τη δύναμη της μαγείας. Ήθελε να μάθει τα πάντα. Αν και μέχρι πρότινος του φαινόταν απίστευτο, εκείνο το πρωινό είχε αποφασίσει να περιθάλψει αυτή τη πραγματικότητα μαζί με τα υπόλοιπα που του είχαν δοθεί. Το μόνο πράγμα που του κατέστρεφε αυτή την παραμυθένια εικόνα ήταν η συζήτηση της προηγούμενης νύχτας. Όμως, γνώριζε πως τίποτα στη ζωή δεν κρύβει μόνο χαρούμενα γεγονότα. Οι θείες του έμοιαζαν τρομοκρατημένες από το όραμα, που είχε λάβει η Λιλιάνα. Απ' όσα είχε καταλάβει, η βασκανία πρόκειται για ένα είδος κακής μαγείας, ύπουλης, όπως την χαρακτήρισε η Ελένα. Η μητέρα του είπε πως είναι δυνατό να σε ματιάσει κάποιος άθελά του και να επηρεάσει αρνητικά την υγεία σου. Ο λόγος που γίνεται αυτό είναι συνήθως η ζήλια ή ο φθόνος. Το όραμα της Λιλιάνα παρουσίασε τη χειρότερη μορφή ματιάσματος. Η σκόπιμη βασκανία μπορεί να αποδυναμώσει μία ψυχή τόσο πολύ, που το θύμα μπορεί να πεθάνει. Ο Τρίσταν ήθελε να μάθει πολλά ακόμα για τη λειτουργία του ματιάσματος, όπως και γιατί κάποιος θα ήθελε να σκοτώσει έναν συνάνθρωπό του. Ένα βράδυ, όμως, δεν ήταν αρκετό. Ο Τρίσταν ξεκίνησε να ντύνεται με τα ρούχα που του είχε αγοράσει η θεία του, η Λιλιάνα, για να πάει σχολείο. Φόρεσε ένα φαρδύ μπεζ παντελόνι, το οποίο κράτησε στη μέση με μία δερμάτινη καφέ ζώνη. Στη συνέχεια, έβαλε ένα μπλε πουκάμισο, που η θεία του χαρακτήριζε ως πουκάμισο του ποιητή και ψηλές καφέ δερμάτινες μπότες. Κοιτούσε τον εαυτό του στον καθρέφτη, προσπαθώντας να συνηθίσει την αλλαγή του τρόπου ένδυσης. Δεν είχε καμία σχέση με τα ρούχα που φορούσε όλα αυτά τα χρόνια. Τη διαδικασία, όμως, διέκοψε ο ήχος μίας κιθάρας που ακουγόταν από κάτω. Ο Τρίσταν άνοιξε την πόρτα και άκουσε μία αντρική φωνή να σιγοτραγουδάει. Επιτάχυνε το βήμα του και βρέθηκε στα πρώτα σκαλιά του ισογείου, όπου έστρεψε το βλέμμα του στην κουζίνα.

«ΒΟΛΑΡΕ»

Οι γυναίκες του σπιτιού τραγουδούσαν παράλληλα με την αντρική φωνή.

Η μητέρα του και οι θείες ήταν χωρισμένες γύρω από τον πάγκο και ετοίμαζαν το πρωινό τους γεύμα καθώς κουνιόντουσαν στον ρυθμό της μουσικής. Φαινόντουσαν πραγματικά χαρούμενες. Διασκέδαζαν και τον Τρίσταν. Του φαινόταν ακόμη πιο διασκεδαστικό να βλέπει τρεις μεγάλες γυναίκες να χορεύουν και να τραγουδάνε σαν μικρά κοριτσάκια, ενώ προετοίμαζαν το τραπέζι. Ίσως, σκέφτηκε ο Τρίσταν, να ήταν κάτι που συνήθιζαν παλιότερα. Ανέμιζαν τις πολύχρωμες φούστες τους χορεύοντας σε τσιγγάνικους ρυθμούς και χαρίζοντας τσιγγάνικες τσιρίδες σε ταιριαστά σημεία. Ο Τρίσταν στεκόταν στην πόρτα της κουζίνας και γελούσε μαζί τους. Εκείνες δεν τον είχαν δει. Στο τελείωμα του τραγουδιού όμως αντιλήφθηκαν την παρουσία του και ξέσπασαν σε γέλια.

«Πόση ώρα στέκεσαι εκεί;» τον ρώτησε λαχανιασμένη η μητέρα του χαμογελώντας.

«Αρκετή» σχολίασε ο Τρίσταν, με το χαμόγελο σφραγισμένο στα χείλη «τι ήταν αυτό που ακούγατε;».

«Τι ακούγαμε;» είπε η Λιλιάνα εκστασιασμένη «είναι ντροπή να αποκαλείσαι τσιγγάνος, Τρίσταν, και να μην ξέρεις τι ακούγαμε» του είπε με σαρκαστικό τόνο.

«Πού να ξέρει το παιδί, Λιλιάνα;» είπε η Ελένα, ακουμπώντας ένα πιάτο με ψημένες φέτες ψωμιού στο τραπέζι. «Αυτοί ήταν οι Τζίπσι Κινγκς. Αγαπημένοι μας. Και το τραγούδι ήταν το βολάρε, που σημαίνει πετώ» τον ενημέρωσε ευγενικά η Ελένα.

Προφανώς, ήταν κάποια πολύ γνωστή μπάντα, την οποία ο Τρίσταν δεν γνώριζε αλλά δεν φάνηκε να τους προσβάλλει. Όμως, ο Τρίσταν ήταν σίγουρος πως δεν το ξεχνούσε ποτέ από εδώ και πέρα.

Την ώρα που καθαρίζανε το τραπέζι μαζί με την βοήθεια του Τρίσταν, η Ελένα εξαφανίστηκε από την κουζίνα για μερικά λεπτά και όταν γύρισε απευθύνθηκε στον ανιψιό της:

«Επέτρεψα στη Λιλιάνα να αναλάβει ολόκληρη την ένδυσή σου, με τον όρο ότι εγώ θα σου δώριζα ένα πολύ σημαντικό αγαθό που πρέπει να έχουν όλοι οι τσιγγάνοι» του είπε φανερώνοντας ένα χάρτινο κουτάκι που έκρυβε πίσω της «χρόνια πολλά, Τρίσταν» του είπε δίνοντάς του το δώρο του.

Ο Τρίσταν δεν μπορούσε να κρύψει τη χαρά του και την αγκάλιασε, λέγοντας «ευχαριστώ πολύ, θεία». Δεν σκέφτηκε πως μπορεί να γνώριζαν ότι είχε περάσει μόλις μία μέρα από τα γενέθλιά του. Πόσο μάλλον να του κάνουν και δώρο.

Καθώς άνοιγε το κουτί, η θεία του έλεγε:

«Είναι ένα ποσότι. Ένα μικρό πορτοφόλι που κρεμιέται στη ζώνη σου. Ίσως να έχεις ακούσει για τσιγγάνους στον φυσιολογικό κόσμο, που το χρησιμοποιούν για να κλέβουν. Αυτή όμως δεν ήταν η αρχική χρησιμότητά του. Σε αυτό βάζεις πράγματα, τα οποία μπορεί να χρειαστείς ανά πάσα στιγμή. Σου έχω βάλει ήδη μέσα ένα δωράκι» είπε η θεία Ελένα και έβγαλε από μέσα ένα στρογγυλό μεταλλικό αντικείμενο. Έμοιαζε με το στρογγυλό καθρεφτάκι που χρησιμοποιούσε η μητέρα του, για να φρεσκάρει το μακιγιάζ της. Μόνο που αυτό δεν άνοιγε και είχε δύο τρύπες εκ διαμέτρου αντίθετα, που θύμιζαν φλογέρα. «Είναι πούδρα λάμψης. Φυσάς από τη μία τρύπα και η σκόνη βγαίνει από την άλλη. Εάν ποτέ χρειαστεί να κρυφτείς ή να κερδίσεις χρόνο για να διαφύγεις, χρησιμοποίησέ το. Όποιος έχει ανοιχτά τα μάτια του εκείνη τη στιγμή τυφλώνεται για δευτερόλεπτα. Χρησιμοποίησε το σοφά σε στιγμή μεγάλης ανάγκης» τον συμβούλεψε.

Ο Τρίσταν κοίταξε το πορτοφόλι. Ήταν ένα μικρό, κυπαρισσί, δερμάτινο πορτοφόλι με χρυσά τελειώματα, το οποίο έκλεινε σαν φάκελος. Επίσης, παρατήρησε το περίγραμμα ενός τριγώνου που χρησίμευε ως κουμπί για να κλείνει. Όταν το κοίταξε καλύτερα, είδε ότι στις τρεις γωνίες, η μία πλευρά συνέχιζε κάποια εκατοστά μετά το σημείο που εφάπτονταν μεταξύ τους. Κάθε πλευρά είχε χαραγμένα, σε ίσα διαστήματα, περίεργα τσιγγάνικα σύμβολα.

«Τι είναι αυτό;» ρώτησε ο Τρίσταν.

«Αυτό είναι το σύμβολο του Ζη. Αυτό που σου έλεγα στη λίμνη του Λοχ Νις. Θυμάσαι;» είπε η μητέρα του.

Η πηγή της δύναμης των τσιγγάνων, θυμήθηκε ο Τρίσταν.

«Σε ευχαριστώ πάρα πολύ, θεία» είπε ο Τρίσταν φορώντας το στη ζώνη του.

«Όταν σου δώσουν το μαντήλι της φατρίας σου, θα το τυλίξεις πάνω από αυτό, γιατί δεν πρέπει να φαίνεται, εντάξει;» του είπε η Λιλιάνα, δείχνοντάς του ότι φοριόταν μπροστά και αριστερά και όχι στο πλάι, όπως το είχε βάλει εκείνος.

«Λοιπόν, έχουμε καθυστερήσει» τόνισε η μητέρα του «Τρίσταν, πάμε, γιατί έχουμε πολλά να κάνουμε».

Αφού χαιρέτησαν, βγήκανε από το βουρντάν και ανεβήκανε σε μία περίτεχνη καφέ άμαξα που βρισκόταν από την αντίθετη μεριά της εισόδου. Την άμαξα έσερνε ένα γεροδεμένο, βαρύ, μαύρο άλογο με λευκές πιτσιλιές στο τρίχωμά του.

«Θα σταματήσουμε λίγο από την Αποθήκη, για να πάρω κάτι βότανα που χρειάζομαι. Δεν θα αργήσουμε» του είπε τινάζοντας τα γκέμια.

«Γιατί είναι αλλού η αποθήκη;» ρώτησε ο Τρίσταν, που δεν είχε καταλάβει αυτό που είχε πει η Εύα.

Εκείνη χαμογέλασε διακριτικά. «Η Αποθήκη είναι κάτι σαν μαγαζί. Εκεί, βρίσκουμε όλα τα βότανα και τα μαντζούνια που χρειαζόμαστε.»

Ο Τρίσταν είχε πολλά να μάθει.

Κατά τη διάρκεια της διαδρομής, παρατηρούσε τον κόσμο. Οι χωμάτινοι δρόμοι ήταν γεμάτοι κόσμο, που κινούταν σε χαλαρούς ρυθμούς, για να φέρουν εις πέρας τις καθημερινές τους εργασίες. Η ευχάριστη διάθεση φαινόταν στα πρόσωπα, στα βουρντάν, στην ένδυση και στην κίνηση των ανθρώπων. Το έβλεπε πρώτη φορά. Εκεί που ήταν πριν, οι άνθρωποι έτρεχαν μονίμως αγχωμένοι και με νεύρα, για να προλάβουν τις υποχρεώσεις τους. Βρίσκονταν σε διαρκή πανικό. Στη Ρόμα, οι τσιγγάνοι ζούσαν ευχάριστα και ήρεμοι. Ένα φαινόμενο που ήταν μεταδοτικό κι ένιωθε και εκείνος πιο χαλαρός.

Εκείνη τη στιγμή είδε μία παρέα μικρών παιδιών που κυνηγιόντουσαν.

«Πιάστε τον. Σκοτώστε τον μάγο» φώναξε ένα μικρό καθώς άλλα δύο έπιασαν ένα μικρό και υποδύθηκαν πως το σκοτώνουν.

«Νικήσαμε» ξαναφώναξε «τσιγγάνοι υπεράνω όλων».

Το σκηνικό έκανε μεγάλη εντύπωση στον Τρίσταν. Για ποιο λόγο θα ήθελαν αυτά τα μικρά παιδιά να σκοτώσουν έναν μάγο; Κάποιον που, όπως τον είχε ενημερώσει η μητέρα του νωρίτερα, καταγόταν από αδελφική φυλή.

«Μαμά» της απευθύνθηκε καθώς εκείνη έστρεψε το βλέμμα της προς το μέρος που κοιτούσε και ο Τρίσταν «γιατί αυτά τα παιδάκια θέλουν να σκοτώνουν μάγους για παιχνίδι;» ρώτησε απορημένος.

«Τρίσταν» είπε η μητέρα με παρηγορητικό τόνο «όπως και στον φυσιολογικό κόσμο, έτσι κι εδώ, οι φυλές βρίσκονται πολύ συχνά σε αντιπαράθεση, ειδικά όταν κυβερνούν άνθρωποι, οι οποίοι αποσκοπούν πάντοτε σε προσωπικά συμφέροντα ή έχουν εθνικιστικό χαρακτήρα» είπε τραβώντας το δεξί χαλινάρι και το άλογο άλλαξε την κατεύθυνση της άμαξας προς τα δεξιά.

«Εθνικιστικό;» αναρωτήθηκε ο Τρίσταν δυνατά.

«Ναι» του απάντησε «άνθρωποι που θέλουν να πιστεύουν ότι η δική τους φυλή είναι ανώτερη από τις υπόλοιπες».

«Δηλαδή, όλοι οι τσιγγάνοι πιστεύουν ότι είναι ανώτεροι από τους μάγους;» θέλησε ο Τρίσταν να μάθει.

«Όχι ακριβώς, αγάπη μου» του απάντησε διστακτικά η μητέρα του «μεγαλώνοντας οι άνθρωποι αποκτούν τη δική τους γνώμη. Απλά, όταν όλα τα βιβλία της ιστορίας αναφέρουν τους πολέμους των φυλών και παρουσιάζουν πάντα τη δική τους φυλή ως θύμα και την αντίπαλη φυλή ως διαβολική, λογικό είναι να προδιαθέτονται όλοι αρνητικά. Είναι στο χέρι του καθενός να σχηματίσει δική του άποψη και να μην δέχεται όσα αναγράφονται στα βιβλία, που τα έγραψαν άνθρωποι πολλά χρόνια πριν» είπε τραβώντας τα γκέμια δυνατά. Έτσι, το πιτσιλωτό άλογο βρέθηκε σε στάση προσοχής. «Πάμε να πάρω κάτι βότανα που θέλω και μετά θα πάμε στο σχολείο» τον ενημέρωσε η μητέρα του.

Είχαν σταματήσει έξω από ένα λευκό κωνικό καραβάνι. Πάνω από την πόρτα βρισκόταν μία επιγραφή που έγραφε ΑΠΟΘΗΚΗ με πράσινα γράμματα. Οι δυο τους ανέβηκαν τα τέσσερα, λευκά, ξύλινα σκαλάκια και μπήκαν στο καραβάνι. Παντού υπήρχαν λευκά ράφια και ντουλάπια. Τη μονοτονία του χρώματος έσπαγαν τα διάφανα δοχεία και μπουκαλάκια που διατηρούσαν βότανα, ρίζες και άλλες φυτικές ή χημικές ουσίες. Η μυρωδιά των αποξηραμένων φυτών και ξένων ουσιών ζάλιζε λίγο τον Τρίσταν, αλλά καθώς περνούσαν τα λεπτά άρχιζε να το συνηθίζει.

«Κύριε Νίκολαϊ;» είπε η Εύα που στεκόταν μπροστά στον πάγκο, στο τέρμα του καραβανιού.

Ο Τρίσταν κοιτούσε την εμπριμέ κουρτίνα που διέκοπτε τη συνέχεια του τοίχου. Άκουγε κίνηση, ο ήχος έμοιαζε με βήματα που κατέβαιναν σκαλοπάτια. Σε μερικά δευτερόλεπτα εμφανίστηκε ένας κύριος, ο οποίος έμοιαζε λίγο μεγαλύτερος από τη μητέρα του. Είχε γκρίζα μαλλιά, τα οποία είχε βολέψει με μία χωρίστρα στο πλάι. Δεν ήταν άτακτα, διότι τα είχε χτενίσει πιθανότατα με προϊόν. Ήταν φρεσκοξυρισμένος και το λευκό πουκάμισο του ποιητή, που φορούσε, ήταν τέλεια τοποθετημένο μέσα από το μαύρο παντελόνι του.

«Μισό λεπτό να φορέσω τα γυαλιά μου» είπε βιαστικά «κάπου εδώ τα άφησα» είπε ψάχνοντας πίσω από τον πάγκο. «Δάφνη!!!» φώναξε ανοιγοκλείνοντας πολλά συρτάρια.

«Ναι;» ακούστηκε να φωνάζει ένα κορίτσι από το μέρος που ήρθε και ο κύριος Νίκολαϊ.

«Πού άφησα τα γυαλιά μου, βρε παιδί μου;» ρώτησε αγχωμένος ο κύριος Νίκολαϊ.

«Δεν ξέρω» φώναξε με χαλαρότητα η κοπέλα πίσω από την κουρτίνα, ίσως και με αδιαφορία.

«Μήπως είναι αυτά που κρέμονται από τον λαιμό σας;» αναρωτήθηκε η μητέρα του Τρίσταν.

«Α!» είπε με στόμφο ο κύριος Νίκολαϊ κοιτώντας το στήθος του. «Η πρωινή αφηρημάδα» είπε γελώντας «δεν έχουν φύγει ακόμα τα παιδιά για το σχολείο και είμαστε λίγο ανοργάνωτοι» είπε ισιώνοντας τα γυαλιά του πάνω στη σουβλερή του μύτη «πώς μπορώ να σας εξυπηρετήσω, λοιπόν;» ολοκλήρωσε χαμογελώντας.

«Θα ήθελα μία ρίζα ακονίτουμ ναπέλους, μία τριγονέλα και λίγο χόρτο επισκόπου» είπε η Εύα Μπάπτιστα που διάβαζε μία λίστα που είχε γράψει από το σπίτι.

«Μάλιστα, Εύα, επιστρέφω αμέσως» ο κύριος Νίκολαϊ τους προσπέρασε και κατευθύνθηκε προς την αντίθετη πλευρά του βουρντάν.

Καθώς χάζευε ο Τρίσταν κάθε γωνιά του καραβανιού, παρατήρησε κάτι τριχωτό πίσω από κάποια γυάλινα μπουκάλια. Ήταν μία μαύρη γάτα με λευκό στήθος και πατούσες.

Εκείνη τη στιγμή βγήκε πίσω από την κουρτίνα μία γυναίκα περίπου στην ηλικία της Εύας Μπάπτιστα. Η ενδυμασία της αποτελούταν από μωβ και λιλά χρώματα. Φαρδιά, μακριά φούστα και ένα μωβ μαντήλι στα κατάμαυρα μαλλιά της. Έντονα ήταν τα αμυγδαλωτά μαύρα μάτια της, με τα οποία κοίταξε τον Τρίσταν και τη μητέρα του όταν βγήκε. Ρίχνοντας μία δεύτερη ματιά.

«Αχ, παραλίγο να μη σε καταλάβω, Εύα» είπε χαμογελώντας η κυρία που βρισκόταν πλέον απέναντί τους.

«Πάει καιρός, Μαριάννα» είπε η μητέρα του Τρίσταν.

«Πολύς καιρός, καλέ. Έχω να σε δω από...» είπε σκεπτόμενη η Μαριάννα και διέκοψε τα λόγια της σαν να θυμήθηκε κάτι άσχημο.

«Ναι, από τότε καλή μου» είπε η μητέρα του Τρίσταν «αλλά κανείς μας δεν θέλει να τα θυμάται αυτά» συμβούλεψε η Εύα και χαμογέλασε, για να ελαφρύνει το κλίμα.

«Ναι, έχεις δίκιο Εύα, δεν πρέπει» συμφώνησε η Μαριάννα.

Ο Τρίσταν διέκρινε μυστικότητα στην ατμόσφαιρα σαν να αποφεύγανε να πούνε κάτι. Ίσως, επειδή ήταν εκείνος στον χώρο.

«Πες μου, πώς είναι η ζωή σου; Είχες και μία κόρη, έτσι δεν είναι;» ρώτησε η Εύα την κυρία Νίκολαϊ.

Εκείνη τη στιγμή βγήκε πίσω από την κουρτίνα ένα κορίτσι πιο κοντό από τον Τρίσταν και αρκετά αδύνατο με σταρένια επιδερμίδα, λεπτή μύτη και ροζ χείλια. Είχε ακριβώς τα ίδια έντονα αμυγδαλωτά μαύρα μάτια που είχε η κυρία Νίκολαϊ. Φορούσε μπλε με χακί χρώματα και το πορτοκαλί μαντήλι της κάλυπτε λίγα από τα ίσια μαύρα μαλλιά της. Τα μαλλιά της ήταν ανάκατα και το μαντήλι φορεμένο στραβά.

«Ναι» είπε η Μαριάννα κοιτώντας την κοπέλα που περπατούσε θυμωμένη προς το μέρος της. «Την Δάφνη».

«Μαμά, δεν μπορώ να τη φτιάξω αυτή την αηδία κι έχω αργήσει» είπε κοιτώντας τον Τρίσταν και τη μητέρα του και χαμήλωσε τον τόνο της φωνής της, ντροπιασμένη «γιατί δεν είπες ότι έχουμε κόσμο» μάλωσε τη μητέρα της.

«Δάφνη, να σου συστήσω την κυρία Μπάπτιστα» είπε η Μαριάννα καθώς χαιρετήθηκαν χαμογελώντας. «και συγγνώμη Εύα, ο νεαρός είναι ανιψιός σου;» είπε η Μαριάννα αβέβαιη.

«Όχι» είπε η Εύα, τραβώντας τον Τρίσταν από τον ώμο και βάζοντάς τον στην αγκαλιά της «είναι ο γιος μου, ο Τρίσταν».

Με τα λόγια αυτά, ο Τρίσταν χαμογέλασε και χαιρετήθηκαν με τη Δάφνη, αλλά η κυρία Νίκολαϊ παρέμενε ακίνητη και ανέκφραστη.

Συγχρόνως, πίσω από την κουρτίνα εμφανίστηκε ένα ακόμη άτομο. Ένα αγόρι πιο ψηλό από τον Τρίσταν με τα ίδια ματιά που είχαν οι άλλες δύο. Ψηλόλιγνος με γαμψή μύτη και λεπτά χείλη. Τα μαύρα ατημέλητα μαλλιά του κάλυπταν τα πυκνά φρύδια του. Οι κινήσεις του ήταν διακριτικές. Δεν τραβούσε τα βλέμματα, όπως η Δάφνη. Αθόρυβα σχεδόν, πλησίασε την παρέα.

«Κι ο γιος μου, ο Κάσπαρ» είπε η Μαριάννα σαν να επανερχόταν από την έκπληξη που την είχε καταβάλλει προηγουμένως.

«Γεια σας» είπε εμφανώς αμήχανος ο Κάσπαρ, ο οποίος με μία γρήγορη κίνηση αμηχανίας, μπέρδεψε ακόμη περισσότερο τα άτακτα, μαύρα μαλλιά του και αποχώρησε από την παρέα. Στάθηκε στην άκρη του πάγκου, όπου τύλιγε ένα μωβ μαντήλι γύρω από τη μέση του.

«Δεν θυμάμαι να είχες και γιο, Μαριάννα» είπε η Εύα, κοιτώντας τον Κάσπαρ, που δεν έδινε σημασία και συνέχιζε να ασχολείται με το μαντήλι του.

«Ναι» είπε η Μαριάννα χαμογελώντας «ο Κάσπαρ γεννήθηκε ένα χρόνο περίπου από τότε που έφυγες».

«Έτσι εξηγείται» σχολίασε η μητέρα του Τρίσταν «φαίνονται πολύ καλά παιδιά, πάντως. Πρέπει να είστε περήφανοι με τον άντρα σου».

«Ναι, ναι είναι πολύ καλά παιδιά» της απάντησε η Μαριάννα χαϊδεύοντας τα μαλλιά της Δάφνης.

Το ενδιαφέρον του Τρίσταν τραβούσε ανά διαστήματα το γατάκι που βρισκόταν πίσω από τα μπουκάλια και είχε αρχίσει να πλησιάζει τον Τρίσταν σιγά σιγά. Ήταν πολύ αστείο, λόγω του ότι ήταν μικρό, δεν μπορούσε να περπατήσει ακόμα σωστά και έμοιαζε μεθυσμένο. Χαμογελώντας λοιπόν ο Τρίσταν, θέλησε να το μοιραστεί και με τους υπόλοιπους. Σηκώνοντας όμως το βλέμμα του, εντόπισε πρώτα τη Δάφνη, η οποία κουνούσε το κεφάλι της δεξιά και αριστερά. Το πρόσωπό της είχε μία έκφραση που ο Τρίσταν δεν μπορούσε να ξεχωρίσει αν ήταν αηδίας ή τρόμου. Δίχως φωνή του έλεγε κάτι που ο Τρίσταν διάβαζε ως “ΜΗ-ΛΟΥ-ΣΤΕΙΣ”. Εκείνος έπιανε τα μαλλιά του προσπαθώντας να καταλάβει τι πρόβλημα έβλεπε στο κεφάλι του. Εκείνη συνέχιζε αδιάκοπα. Έπειτα από πολύ προσπάθεια και αγανάκτηση από μέρους της Δάφνης κατάλαβε ότι το στόμα της σχημάτιζε τις λέξεις "ΜΗΝ ΤΟ ΠΕΙΣ". Ο Τρίσταν παραξενεμένος έδειξε το γατάκι, για να βεβαιωθεί ότι ήταν σωστή η πληροφορία που μετά δυσκολίας μετέφερε.

Συνειδητοποιώντας την προσταγή της, αναρωτήθηκε για ποιο λόγο να μην το αναφέρει; Το γατάκι εξακολουθούσε να τον πλησιάζει φαινομενικά μεθυσμένο. Ήθελε πολύ να το μοιραστεί και να γελάσουν όλοι μαζί, αλλά η έκφραση της Δάφνης ήταν τρομακτική και δεν τολμούσε.

«Είστε έτοιμοι» φώναξε ο κύριος Νίκολαϊ που επέστρεψε στην παρέα τους με τα πράγματα, που είχε ζητήσει η Εύα.

Μονομιάς, εφόσον τα μάτια όλων ήταν στραμμένα στον κύριο Νίκολαϊ, η Δάφνη πετάχτηκε και άρπαξε το γατάκι ψιθυρίζοντας «πώς βρέθηκες εσύ εδώ;» και κρύβοντάς το στα ρούχα της έτρεξε πίσω από την κουρτίνα.

Η μητέρα της, την κοίταξε δικαιολογώντας την «παιδιά, ποτέ δεν ξέρεις τι σκέφτονται» είπε και η Εύα συμφώνησε χαμογελώντας.

«Ευχαριστούμε πολύ» είπε η κυρία Μπάπτιστα και ολοκλήρωσε τη συναλλαγή τους. «Θα τα ξαναπούμε, Μαριάννα» πρόσθεσε η μητέρα του Τρίσταν καθώς φεύγανε από το καραβάνι.

«Εννοείται, Εύα» είπε κοιτώντας και τους δύο.

«Καλημέρα και χάρηκα, Τρίσταν» ολοκλήρωσε ο κύριος Νίκολαϊ χαμογελώντας.

Όπως βγήκαν από την Αποθήκη, ο Τρίσταν δεν άντεχε να μην ρωτήσει για την παράξενη συμπεριφορά της κυρίας Μαριάννας εντός του βουρντάν.

«Γιατί έμεινε ξαφνιασμένη η κυρία Μαριάννα, όταν είπες πως είμαι γιος σου;» τη ρώτησε ανεβαίνοντας στην άμαξα.

Η μητέρα του Τρίσταν έμεινε σιωπηλή για μερικά δευτερόλεπτα δίχως να ξεκινά την άμαξα.

«Κάποια στιγμή θα το μάθεις, οπότε δεν υπάρχει λόγος να στο κρύβω υποθέτω» είπε η μητέρα του και γύρισε να τον κοιτάξει κατάματα.

Ο Τρίσταν ένιωθε να μετανιώνει που έθεσε την ερώτηση. Η σοβαρότητα στο πρόσωπο της μητέρας του, τον έκανε να αμφιβάλλει για το αν επιθυμούσε όντως να μάθει.

«Τη χρονιά που γεννήθηκες» είπε διστακτικά, «ήταν λίγο μετά τη δεύτερη μεγάλη μάχη των εθνών, τον εμφύλιο» και συνέχισε πιο δυνατά «είναι πολλά που δεν ξέρεις, γι' αυτό θα σου τα πω αναλυτικότερα κάποια άλλη στιγμή που θα έχουμε χρόνο. Ο προφήτης Βάκης οραματίστηκε ότι ήταν η χρονιά που ο κόσμος θα δεχόταν μία εξελιγμένη γενιά μαγικών πλασμάτων».

Ο Τρίσταν άκουγε με θαυμασμό όσα του έλεγε η μητέρα του. Πόσο πιο εξελιγμένες θα μπορούσαν να είναι αυτές οι δυνάμεις; Ήδη του φαίνονταν τρομερά όσα είχε μάθει.

«Όπως σου είπα, ο Έργκαντος πρόσταξε τους ακόλουθούς του να σκοτώσουν όλα τα νεογέννητα. Δεν ήθελε να υπάρξει ανώτερη δύναμη από τη δική του στον κόσμο. Ίσως ακόμη να ήξερε κάτι που εμείς δεν γνωρίζουμε» υπέθετε δυνατά η μητέρα του. «Τέλος πάντων, για τον ένα ή τον άλλο λόγο αυτό έγινε πραγματικότητα και γι' αυτό σε πήρα και εξαφανίστηκα από τη χώρα της Μπριτανέα» είπε η Εύα Μπάπτιστα τρομαγμένη, ξαναζώντας τις δυσκολίες της μαύρης περιόδου «δεν θα το άντεχα αν σου συνέβαινε κάτι κακό» ολοκλήρωσε χαϊδεύοντας τον στο πρόσωπο.

«Μη στενοχωριέσαι, μαμά» ο Τρίσταν δεν μπορούσε να βλέπει ανθρώπους στενοχωρημένους «όλα είναι εντάξει τώρα, έτσι;» τη ρώτησε.

«Ναι, αγάπη μου, ναι» του είπε αγκαλιάζοντάς τον.

Ο Τρίσταν αναλογίστηκε όσα του είπε η μητέρα του. Ήθελε ακόμα να μάθει περισσότερα για εκείνη την εποχή και αυτό τον κόσμο που γνώριζε ελάχιστα.

«Δηλαδή, ενοχλήθηκε που έφυγες, μαμά;» ρώτησε ο Τρίσταν, διότι αυτό είχε καταλάβει από τα λόγια της μητέρας του.

«Όχι. Φεύγοντας από τη Μπριτανέα, άφησα μόνο τις αδερφές μου να γνωρίζουν ότι ζω. Δεν ήθελα να γνωρίζει κανείς πως έχω εξαφανιστεί μαζί σου. Δεν μπορούσα να διακινδυνέψω να το μάθει κανένας πιστός της Νίβεους Μάνους και να μας κυνηγήσει. Έτσι, οι αδερφές μου, τους άφησαν όλους να πιστεύουν ότι δεν τα καταφέραμε να ξεφύγουμε» του είπε και τίναξε τα γκέμια, για να κινηθεί η άμαξα.

«Γι' αυτό σε κοιτούσε, έτσι;» ρώτησε πλημμυρισμένος με απορία ο Τρίσταν.

«Είναι το πιο πιθανό» είπε τραβώντας τα άλογα προς τα αριστερά.

Καθημερινά ο Τρίσταν αναγνώριζε πόσα είχε θυσιάσει η Εύα, για να τον προστατέψει. Να τον προφυλάξει από μία προφητεία που εμφανίστηκε λίγο πριν γεννηθεί. Μία προφητεία που μιλούσε για μεγάλες δυνάμεις που ο ίδιος δεν είχε ιδέα.

«Οι δυνάμεις μου, πότε θα εμφανιστούν; Πότε θα μάθουμε ποιο είναι το Ζη μέσα μου;» είπε ο Τρίσταν παρακινώντας την να συνεχίσει.

«Δεν ξέρω, γιε μου. Οι τσιγγάνοι χωρίζονται σε τρεις τάξεις ανάλογα με τις δυνάμεις τους. Εσύ όμως δεν ξέρω αν μπορείς να συγκαταλεχθείς σε αυτές» είπε τινάζοντας τα γκέμια ξανά «θα το δούμε τώρα. Εκεί που ξεκινάνε όλα. Στη Ντε λα Εσκουέλα Ντε Σαντόρ. Στο σχολείο των τσιγγάνων».

«Δηλαδή, ποιες τάξεις;» ρώτησε ο Τρίσταν, επιθυμώντας να ξέρει όσο περισσότερα γινόταν προτού να φτάσουν.

«Οι τσιγγάνοι μπορούν να γεννηθούν είτε με τη δύναμη της προμηνύας, όπως η θεία σου η Λιλιάνα, είτε με τη δύναμη της αυταπάτης, όπως η μαμά σου, είτε με τη δύναμη της τηλεκίνησης, όπως η θεία σου η Ελένα» είπε η Εύα χαμογελώντας που έβλεπε τον Τρίσταν να ενθουσιάζεται.

«Δηλαδή, αυτό που έκανε χθες η θεία Ελένα ήταν τηλεκίνηση;» ρώτησε ενθουσιασμένος.

Η μητέρα του Τρίσταν γέλασε δυνατά «όχι, όχι, αγάπη μου. Αυτό που έκανε η θεία σου με τη φούστα της είναι ένα χάρισμα που έχουν όλες οι τσιγγάνες. Με την κίνηση της φούστας τους μπορούν να διώξουν τα κακά πνεύματα. Είναι πολύ πιο τρομακτικό, όταν ένας τηλεκινητικός χρησιμοποιεί τη δύναμή του» είπε τραβώντας τα γκέμια πίσω, ακινητοποιώντας την άμαξα. «Φτάσαμε».

Ντε Λα Εσκουέλα Ντε Σαντόρ

Ο Τρίσταν κοίταξε το μεγαθήριο που βρισκόταν πλάι του. Ανάμεσα στην πυκνή βλάστηση και τα θεόρατα δέντρα, υψωνόταν το σχολείο των τσιγγάνων. Ένα τεράστιο, ορθογώνιο, καφέ καραβάνι με πράσινη σκεπή. Μονάχα η ρόδα του ήταν τόσο μεγάλη, όσο το καραβάνι που μένανε. Μπροστά υπήρχε ένα φυσικό μονοπάτι, που τα βράδια φωτιζόταν από είκοσι δύο φαναράκια, όπου κρέμονταν από ξύλινους πασσάλους. Στο τελείωμά του, ξεκινούσαν είκοσι ξύλινα σκαλοπάτια, που οδηγούσαν σε μία τεράστια δίφυλλη πόρτα. Πάνω από αυτή, υπήρχε μία ξύλινη πινακίδα, στην οποία ήταν σκαλισμένη η πρόταση "Ντε Λα Εσκουέλα Ντε Σαντόρ".

Έξω, ήταν σταματημένα αμέτρητα καραβάνια που άφηναν τσιγγάνους και τσιγγάνες κάθε ηλικίας, για να πάνε σχολείο. Ένας κοντός, μελαχρινός, κύριος με μουστάκι, στεκόταν στην είσοδο και χτυπούσε ένα χρυσό καμπανάκι ιδρωμένος.

«Όλοι στις αίθουσες παρακαλώ, έχετε αργήσει».

Ο Τρίσταν ακολούθησε τη μητέρα του στην είσοδο του σχολείου και σταμάτησαν δίπλα στον αγχωμένο κύριο.

«Πάντα αγχωμένος δίχως λόγο, έτσι Χόνκο;» του είπε η Εύα.

«Δεσποινίς Μπάπτιστα;» είπε γεμάτος χαρά ο εμφανώς ταλαιπωρημένος τσιγγάνος «επιζήσατε» σχολίασε κατάπληκτος «όλοι θα χαρούνε τόσο πολύ».

«Δεν είμαι δεσποινίς πια, Χόνκο, αν και σε ευχαριστώ για τα καλά σου λόγια. Κι εγώ χαίρομαι που γύρισα» είπε η μητέρα του Τρίσταν, κοιτώντας τον χώρο με προσμονή.

«Πάντα ευγενική, κυρία Μπάπτιστα. Πάντα ήσασταν πολύ καλή μαζί μου» της είπε σκουπίζοντας τον ιδρώτα από το μέτωπό του.

«Είσαι καλά, Χόνκο; Μου φαίνεσαι λίγο καταπονημένος» είπε η Εύα, κοιτώντας τον με ανησυχία.

«Όλα καλά. Μόνο ο σκύλος, ο Ζόρμπα, είναι λίγο κακοδιάθετος τελευταία και με ταλαιπωρεί. Κατά τα άλλα όμως, όλα ρόδινα» τη διαβεβαίωσε με σφιγμένο χαμόγελο.

«Τον θυμάμαι το Ζόρμπα, πολύ καλό σκυλί» του είπε ενώ ο Χόνκο κοιτούσε τριγύρω αμήχανα. Προφανώς, για να βεβαιωθεί πως όλοι οι μαθητές εισέρχονταν στο σχολείο. «Αν μπορεί κάποιος να τον κάνει καλά, Χόνκο, αυτός είσαι εσύ. Δεν ανησυχώ» είπε η Εύα, κοιτώντας την είσοδο «έχεις δουλειά όμως και σε καθυστερώ. Ο Διευθυντής Αριβάλντο;» τον ρώτησε ευγενικά.

«Στο γραφείο του, όπως πάντα, δεσποινίς Μπάπτιστα» είπε πιεσμένος ο μελαχρινός κύριος.

Ο Τρίσταν και η μητέρα του κατευθύνθηκαν στο εσωτερικό του καραβανιού καθώς άκουγαν τη φωνή του μικροκαμωμένου κυρίου της εισόδου να χάνεται.

«Γρήγορα στις αίθουσες, παιδιά».

Περπατούσαν σε έναν μακρόστενο διάδρομο που είχε πόρτες δεξιά κι αριστερά. Από την αρχή του καραβανιού, στους πλαϊνούς τοίχους, ξεκινούσαν φαρδιές, ξύλινες σκάλες που έληγαν στην άλλη άκρη. Αυτές οδηγούσαν στους άλλους ορόφους. Από το ταβάνι κρέμονταν τεράστιοι χρυσοί πολυέλαιοι με αναμμένα κεριά. Ο Τρίσταν και η μητέρα του, όμως, κατευθύνονταν στο ίδιο επίπεδο και πέρασαν από μία τεράστια ξύλινη πύλη, που οδηγούσε στο εστιατόριο του σχολείου. Εκεί, η αίθουσα ήταν γεμάτη στρογγυλά ξύλινα τραπέζια και σκαμπό. Οι τοίχοι ήταν φορτωμένοι με γιγαντιαίους πίνακες. Γύρω από αυτούς τους τοίχους συμπλήρωνε αναρριχώμενος κισσός και άλλα αντικείμενα διάσπαρτα, όπως πέταλα αλόγων και περίτεχνες κάρτες ταρώ. Στο τέλος της αίθουσας βρισκόταν μία πόρτα, την οποία άνοιξε η μητέρα του.

«Από εδώ» του είπε.

Πίσω από την πόρτα βρίσκονταν ξύλινα σκαλοπάτια, τα οποία συνέχιζαν κυκλικά στην κορυφή του καραβανιού. Ο Τρίσταν κατάλαβε ότι πήγαιναν στο πιο ψηλό δωμάτιο του κτιρίου, γιατί μετρούσε το τρίξιμο του ξύλου, που ακουγόταν με κάθε βήμα του και ο αριθμός είχε ξεπεράσει το τριακόσια. Κάποια στιγμή έχασε το μέτρημα. Βρέθηκαν σε έναν φαρδύ διάδρομο, που κινιόντουσαν ταχέως τσιγγάνοι και τσιγγάνες μεγαλύτερης ηλικίας. Με το πέρασμά τους, κάποιοι σταματούσαν την κίνησή τους και έγνεφαν δειλά στη μητέρα του, καλωσορίζοντας την. Όλοι έμοιαζαν έκπληκτοι. Μία συγκεκριμένη τσιγγάνα έριξε κατά λάθος από τα χέρια της τη στοίβα βιβλίων που μετέφερε. Αυτό που παρατήρησε, όμως, για τη συγκεκριμένη, ήταν ότι δεν έμοιαζε και πολύ χαρούμενη με τη θέα της Εύας.

«Γεια σου, Μαρόνα» είπε ειρωνικά η μητέρα του Τρίσταν, ενώ την είχαν προσπεράσει.

Η τσιγγάνα έμεινε αμίλητη, καθώς εκείνοι συνέχισαν την πορεία τους.

Στάθηκαν έξω από την τελευταία πόρτα του διαδρόμου. Η χρυσή πινακίδα, που ήταν βιδωμένη στην πόρτα, είχε χαραγμένο το όνομα του διευθυντή. "Διευθυντής Ηλία Αριβάλντο". Η Εύα Μπάπτιστα χτύπησε δύο φορές τη βαριά ξύλινη πόρτα.

«Παρακαλώ» ακούστηκε μία ευχάριστη φωνή από μέσα και η μητέρα του άνοιξε την πόρτα, για να μπουν μέσα στο γραφείο. Ο χώρος ήταν μικρός. Η περίμετρος της αίθουσας σχηματιζόταν από τεράστιες βιβλιοθήκες και ντουλάπια, που έκρυβαν τον τοίχο. Δεξιά και αριστερά τους ήταν δύο παλιές δερμάτινες πολυθρόνες που κοιτούσαν ένα ξύλινο γραφείο, που είχε το σχήμα μισοφέγγαρου. Πίσω από το γραφείο βρισκόταν ένας πολύ αδύνατος και ψηλός κύριος, ο οποίος κοιτούσε έξω από το πολύχρωμο, τεράστιο παράθυρο. Εκείνο, όπως και όλα τα άλλα, ήταν βιτρώ και δημιουργούσαν την εικόνα του ουράνιου τόξου εντός του γραφείου. Ο μυστήριος άνθρωπος γύρισε να τους κοιτάξει. Φορούσε ροζ βράκα, άσπρο στενό πουκάμισο με φραμπαλάδες και μαύρο γιλέκο. Δεν θύμιζε καθόλου τους υπόλοιπους άντρες της Ρόμα. Η επιδερμίδα του ήταν κατάλευκη και τα λιγοστά καστανά μαλλιά του ήταν πιασμένα σε ένα μικρό κότσο. Στο κεφάλι φορούσε ένα μωβ μαντήλι, από το οποίο κρέμονταν χρυσά κέρματα.

«Χαίρεται, διευθυντή Αριβάλντο» είπε με σεβασμό η μητέρα του Τρίσταν.

Ο Ηλία Αριβάλντο την κοιτούσε χαμογελώντας «δεσποινίδα Μπάπτιστα» είπε αφήνοντας ένα σύντομο αναστεναγμό σαν να άφηνε ένα μεγάλο βάρος ελεύθερο από μέσα του «χαίρομαι που οι προσευχές μου εισακούστηκαν και επιστρέψατε σώα. Δεν πίστεψα λέξη από τις φήμες που σας ήθελαν νεκρή» είπε και κοίταξε τον Τρίσταν «και όχι μόνη απ' όσο βλέπω» είπε ιδιαίτερα ευτυχής ο κατάλευκος διευθυντής.

«Ο Τρίσταν, ο γιος μου» είπε η Εύα, κοιτώντας τον Τρίσταν περήφανη.

«Αχ, δεσποινίδα Εύα, δεν χρειάζονται συστάσεις. Ο μικρός έχει όλα τα χαρακτηριστικά του γένους Μπάπτιστα. Πανέμορφα, μα συγχρόνως παμπόνηρα μάτια και αθώα αύρα. Μόνο ένα βλέμμα αρκεί, για να καταλάβεις ότι μπροστά σου βρίσκεται ένας νεαρός Μπάπτιστα» είπε ο διευθυντής Αριβάλντο, πλησιάζοντας τον Τρίσταν.

«Το όνομά σου θα το λες περήφανα, μικρέ Μπάπτιστα. Δεν ξέρω αν σου το έχουν πει, αλλά κατάγεσαι από μία οικογένεια ηρώων. Αν δεν ήταν οι αδερφές Μπάπτιστα ίσως να είχαν χαθεί πολλοί και πολλά στη δεύτερη μεγάλη μάχη των εθνών» είπε σουφρώνοντας τα ήδη σχιστά του μάτια ο Ηλία Αριβάλντο.

Το κακό ήταν ότι ο Τρίσταν δεν γνώριζε τίποτα. Ήταν καινούριος σε αυτόν τον κόσμο, που η μητέρα του κρατούσε κρυφό για τόσο καιρό.

«Αλλά ας μην σε καθυστερώ, νεαρέ τσιγγάνε, ε;» είπε ο κύριος Αριβάλντο γυρνώντας στην Εύα «να φανταστώ ότι δεν γνωρίζουμε την τάξη του ακόμα, ε;» ρώτησε καθώς έγνεψε η μητέρα του.

«Μαρόνα» φώναξε ο διευθυντής κοιτώντας την πόρτα και στη συνέχεια ακούστηκε μία πτώση βιβλίων από τον διάδρομο. «Ξέρω πως κρυφακούς, οπότε απλά μπες μέσα» τη διέταξε.

Η πόρτα άνοιξε και εμφανίστηκε η τσιγγάνα που προσπέρασαν κατά την είσοδό τους. Ο Τρίσταν την παρατήρησε καλύτερα αυτή τη φορά. Η ένδυση της αποτελούταν από γαλάζια και άσπρα χρώματα. Στο κεφάλι φορούσε ένα πορτοκαλί μαντήλι που έκρυβε τα λίγα, ίσια, καστανά μαλλιά της. Το πρόσωπό της ήταν λεπτό και το δέρμα της λευκό. Καθώς κοιτούσε από την πόρτα δάγκωνε αγχωμένη τα χείλη της.

«Πείτε μου, διευθυντά» είπε με χαμηλή ενοχλητική φωνή, καθώς τον κοιτούσε με τα στρογγυλά, καταγάλανα μάτια της.

«Θέλω να συνοδεύσεις τον νεαρό Μπάπτιστα στα μαθήματα. Δεν γνωρίζουμε την τάξη του, οπότε καταλαβαίνεις» είπε καθώς απάντησε χαμηλόφωνα η τσιγγάνα.

«Μάλιστα».

«Και για να μην αναρωτιέσαι» είπε ο διευθυντής Αριβάλντο «όχι, η δεσποινίς Μπάπτιστα δεν θα επιστρέψει στη θέση της ως καθηγήτρια αυταπάτης. Μπορείς να κρατήσεις το πόστο σου» είπε κοιτώντας τη μητέρα του Τρίσταν.

Η Μαρόνα έμοιαζε ιδιαίτερα χαρούμενη, ίσως και κακοπροαίρετα, πίστεψε ο Τρίσταν.

«Γιατί» συνέχισε ο διευθυντής Αριβάλντο «θα αναλάβει τη θέση της υποδιευθύντριας στο Εσκουέλα Ντε Σαντόρ».

Με τα λόγια αυτά, ξαναέπεσαν τα βιβλία της Μαρόνα.

«Κύριε Αριβάλντο» είπε ξαφνιασμένη η μητέρα του Τρίσταν.

«Ναι, Εύα» είπε κάθετα ο κύριος Αριβάλντο, κοιτώντας τη με τα ογκώδη μάτια του «είναι η θέση που σου αξίζει και δεν δέχομαι αντιρρήσεις».

Αυτό που έκανε εντύπωση στον Τρίσταν ήταν πως τα μάτια του διευθυντή Αριβάλντο ήταν μονίμως γουρλωμένα. Από τη λεπτότητα της μύτης του και των χειλιών του, ήταν επόμενο να παρατηρεί κανείς το παράξενο των ματιών του. Το μόνο ζεστό που είχε η εμφάνισή του, ήταν τα ροδαλά μήλα του προσώπου του.

«Τιμή μου» απάντησε η Εύα Μπάπτιστα.

«Λοιπόν, είναι ώρα να πηγαίνετε, Μαρόνα. Έχουμε κάποια σοβαρά θέματα να συζητήσουμε με την υποδιευθύντρια» είπε ο Ηλία Αριβάλντο, καθώς μάζευε τα βιβλία από το πάτωμα η Μαρόνα.

«Η καθηγήτρια Τίλδη θα σε καθοδηγήσει στα μαθήματα, εντάξει;» είπε ο κύριος Αριβάλντο, ενώ του άνοιξε την πόρτα η Μαρόνα Τίλδη και ο Τρίσταν κατευθύνθηκε προς τα εκεί.

«Θα σε δω αργότερα, γιε μου» του είπε η μητέρα του καθησυχαστικά.

«Καλή αρχή, Τρίσταν Μπάπτιστα» είπε έντονα ο Ηλία Αριβάλντο, κοιτώντας τον με τα μαύρα γουρλωμένα μάτια του.

Ο Τρίσταν έγλειψε το άνω χείλος του, όπως έκανε όταν αγχωνόταν. «Ευχαριστώ» του απάντησε πιέζοντας να βγάλει ένα χαμόγελο και ακολούθησε την καθηγήτρια Τίλδη στον διάδρομο έξω από το γραφείο του διευθυντή.

Η κίνηση που υπήρχε νωρίτερα στον διάδρομο, είχε πάψει. Η μόνη αναταραχή προερχόταν από την κυρία Τίλδη, η οποία χτυπούσε με δύναμη τα τακούνια της στο ξύλινο πάτωμα προκαλώντας το σώμα της να τινάζεται με κάθε βήμα. Ακολουθώντας διαφορετική διαδρομή από εκείνη που ακολούθησε η μητέρα του, για να φτάσουν στο γραφείο, βρέθηκαν σε έναν πολύχρωμο διάδρομο που φωτιζόταν από τον ήλιο.

«Πόσο χρονών είσαι, νεαρέ;» αναφώνησε η κυρία Τίλδη δίχως να γυρίσει να κοιτάξει τον Τρίσταν που περπατούσε πίσω της.

«Δεκαπέντε» της απάντησε.

«Μάλιστα» είπε η κυρία Τίλδη «είναι βέβαιο τότε ότι δεν είσαι προφητικό παιδί. Αν ήσουν θα είχες σίγουρα δεχθεί ένα προμήνυμα. Αυτή είναι η μοναδική τάξη τσιγγάνων που φανερώνεται η δύναμή τους από τα πρώτα χρόνια ζωής».

«Μα, εμένα λύθηκαν οι δυνάμεις μου πριν δύο μέρες» σχολίασε ο Τρίσταν.

«Σε παρακαλώ» τσίριξε η Μαρόνα Τίλδη, πιέζοντας το τύμπανο του Τρίσταν «δεν θα μου πεις εσύ».

Ο Τρίσταν θεώρησε πως συναναστρεφόταν με μία τρελή και ανασφαλή καθηγήτρια.

«Η δύναμη της προμηνύας είναι αλληλεξαρτώμενη. Όση ανάγκη έχει ένας τσιγγάνος να πληροφορηθεί για το μέλλον, άλλη τόση έχει και το μήνυμα να φτάσει στον παραλήπτη. Εάν ήσουν, πράγματι, τσιγγάνος προμηνύας, οι συσσωρευμένες, από τον χρόνο, πληροφορίες θα κατέστρεφαν πιθανότατα τον εγκέφαλό σου και τώρα δεν θα κάναμε αυτή τη συζήτηση» είπε η κυρία Τίλδη σαν χαλασμένη νότα.

Αν και ο τόνος της φωνής της έκανε ζημιά στην ακοή του Τρίσταν, κατάλαβε πως αυτό που έλεγε ουσιαστικά η δασκάλα αυταπάτης ήταν πως ακόμα και οι δυνάμεις που είχαν δοθεί στους τσιγγάνους της φυλής τους μπορούσαν να βλάψουν εάν δεν απορροφούνταν σωστά.

«Δες το σαν γραμματοκιβώτιο. Αν δεν το ανοίγεις να λάβεις τα γράμματα, αυτό κάποια στιγμή θα σπάσει» πρόσθεσε η κυρία Τίλδη.

Ο Τρίσταν την ακολουθούσε σιωπηλός αναγνωρίζοντας ότι όντως δεν είχε δει τίποτα στη ζωή του που να έμοιαζε με προμήνυμα. Και εφόσον η νοητική του υγεία ήταν ακέραια, σίγουρα δεν ήταν τσιγγάνος προμηνύας.

«Οπότε θα περάσουμε από τις τάξεις των αυταπατών και των τηλεκινητικών» τον πληροφόρησε αυστηρά.

Η καθηγήτρια Τίλδη άνοιξε μία δίφυλλη ξύλινη πόρτα, που σχημάτιζε γωνία στην κορυφή της. Μέσα στεκόντουσαν νεαροί τσιγγάνοι και τσιγγάνες διασκορπισμένοι σε ομάδες μέσα στον χώρο. Η κάθε ομάδα είχε διάφορα αντικείμενα, όπως μεταλλικές κανάτες, βιβλία, κηροπήγια κ.ά. που αιωρούνταν πάνω από τα κεφάλια τους. Χαρακτηριστικό όλων ήταν το μωβ μαντήλι. Κάποια αγόρια το φορούσαν στη μέση, κάποιοι άλλοι γύρω από τον λαιμό ενώ οι κοπέλες το είχαν τυλιγμένο με διάφορους τρόπους στο κεφάλι. Ο χώρος ήταν τρομερά ακατάστατος. Παντού υπήρχαν σκόρπια αντικείμενα, ακόμη και αυτά που βρίσκονταν στα ράφια ή ήταν τοποθετημένα στραβά ή ήταν πεσμένα.

«Ακόμη δέκα λεπτά, παιδιά. Συγκεντρωθείτε» είπε ένας κύριος που έμοιαζε με ιπποπόταμο, ο οποίος στεκόταν στο πλάι της αίθουσας,

Ο Τρίσταν ακολουθούσε την κυρία Τίλδη που περνούσε ανάμεσα από τις ομάδες που είχαν σχηματίσει τα παιδιά. Καθώς περνούσε, ο Τρίσταν παρατηρούσε τα παιδιά που βρίσκονταν στην αίθουσα. Άλλοι μεγαλύτεροι, άλλοι μικρότεροι, όλοι όμως τηλεκινητικοί. Διατηρούσαν ένα αντικείμενο στον αέρα για, απ' ό,τι φαινόταν, αρκετή ώρα. Κάποιοι δυσκολεύονταν αρκετά βέβαια και τα αντικείμενα τους βρίσκονταν μερικά εκατοστά πάνω από το έδαφος. Έναν από τους τσιγγάνους ο Τρίσταν τον αναγνώρισε. Ήταν ο Κάσπαρ, το παιδί που γνώρισε στην Αποθήκη νωρίτερα. Ήταν αφοσιωμένος σε ένα μικρό μπαούλο που διατηρούσε στον αέρα με τη σκέψη του. Συγκριτικά με τους υπόλοιπους, τα κατάφερνε αρκετά καλά.

«Κύριε Σόρτορι» είπε η κυρία Τίλδη, πλησιάζοντας τον δάσκαλο στην άκρη του δωματίου «εσύ περίμενε εδώ» γύρισε και είπε στον Τρίσταν, δείχνοντάς του βιαστικά ένα σημείο δίπλα σε μία βιβλιοθήκη.

Ο Τρίσταν δίχως αντίρρηση έκανε, όπως του είπε, στάθηκε μπρος από τη βιβλιοθήκη θαυμάζοντας τους υπόλοιπους μαθητές.

«Σας έφερα έναν νέο μαθητή, για να δούμε εάν είναι τηλεκινητικός» άκουγε ο Τρίσταν την κυρία Τίλδη να λέει στον κύριο Σορτόρι, ο οποίος την κοιτούσε αποχαυνωμένος.

«Αααα» ξαφνικά μία κραυγή γέμισε την ακοή του Τρίσταν. Η κοπέλα, που φώναξε κατατρομαγμένη, έδειχνε με φοβέρα κάτι πάνω από τον Τρίσταν. Ο τελευταίος ένιωσε ένα μούδιασμα στο σώμα του, αναγνωρίζοντας την αντίδραση ως κακό σημάδι και κοίταξε προς τα πάνω. Μία αρχαιοελληνική κεφαλή, έπεφτε με φόρα καταπάνω του. Τρομαγμένος ο Τρίσταν, συμπίεσε τα δόντια του και γονάτισε καλύπτοντας το κεφάλι του. Από στιγμή σε στιγμή περίμενε το βαρύ αντικείμενο να τον χτυπήσει και να βρεθεί σίγουρα λιπόθυμος, αν όχι κάτι χειρότερο, στο ξύλινο πάτωμα. Τα δευτερόλεπτα περνούσαν, αλλά ο Τρίσταν δεν ένιωθε αλλαγή, ούτε πόνο κι ούτε φωνές. Με αργές κινήσεις αφαίρεσε τα χέρια από το κεφάλι του και παρατήρησε ότι κανείς δεν τον κοιτούσε και όλα έμοιαζαν φυσιολογικά. Ο Τρίσταν στεκόταν άναυδος. Είχε μόλις βιώσει ένα δυνατό συναίσθημα φόβου για κάτι, το οποίο έμοιαζε να μην είχε συμβεί ποτέ.

«Ευχαριστούμε, κύριε Σορτόρι. Καλό μάθημα» είπε η κυρία Τίλδη γυρνώντας προς τον Τρίσταν «πάμε, μικρέ. Όπως το περίμενα» είπε χτυπώντας τα τακούνια της στο πάτωμα, στον δρόμο για την έξοδο «πρέπει να έχεις τη δύναμη της αυταπάτης, όπως και η μητέρα σου, άλλωστε».

«Μα πως...» σχολίασε ο Τρίσταν ακολουθώντας την κυρία Τίλδη. Ενώ αποχωρούσαν από την αίθουσα, ο

Τρίσταν ξανακοιτούσε το σημείο που στεκόταν, για να επαληθεύσει ότι το περιστατικό δεν είχε λάβει τόπο, ότι το αγαλμάτινο ομοίωμα ήταν ανέπαφο. Κι όντως η αρχαία κεφαλή βρισκόταν στην αρχική της θέση.

«Μην τυραννάς το μυαλό σου άδικα, μικρέ Μπάπτιστα. Η δύναμη της τηλεκίνησης είναι υποκινούμενη από φόβο και για να το διαπιστώσουμε έπρεπε πραγματικά να τρομάξεις. Με συγχωρείς για την απάνθρωπη μέθοδο, αλλά ο χρόνος μας πιέζει. Στην ηλικία που είσαι θα έπρεπε ήδη να γνωρίζεις το χάρισμα σου και να εκπαιδεύεσαι βάσει αυτού» δήλωσε η Μαρόνα Τίλδη διασχίζοντας τον διάδρομο.

«Ναι, αλλά είδα να πέφτει ένα άγαλμα...» τόνισε ο Τρίσταν αναζητώντας μία απάντηση.

«Ναι. Μόλις βίωσες το μεγαλείο της αυταπάτης. Για να είμαι ειλικρινής, οι τσιγγάνοι που κατέχουν αυτή τη δύναμη είναι ιδιαίτερα χαρισματικοί. Θαρρώ πως τους έχει ευλογήσει το Ζη» είπε η Μαρόνα Τίλδη, καθώς το πρόσωπό της έμοιαζε να αναβοσβήνει από λαχτάρα.

«Νομίζω πως και οι άλλες δυνάμεις ακούγονται το ίδιο άξιες» είπε ο Τρίσταν εκφράζοντας την άποψη του.

Η κυρία Τίλδη πάγωσε και γύρισε επί τόπου να αντικρίσει τον Τρίσταν. Ξεχώρισε τον δείκτη της από τα υπόλοιπα δάχτυλα, που ήταν κλεισμένα σφιχτά στην παλάμη της, και κουνώντας ρυθμικά μπρος και πίσω το χέρι της, είπε:

«Καμία δύναμη δεν είναι ισάξια της αυταπάτης, ανόητε Μπάπτιστα. Να το θυμάσαι αυτό» η κίνηση του δαχτύλου της προκαλούσε τον Τρίσταν να αλληθωρίσει ανά δευτερόλεπτο. «Η αυταπάτη δεν έχει όρια, ειδικά όταν κάποιος εθελοτυφλεί και ο νους του δεν είναι συγκροτημένος. Μη πιστεύεις τίποτα απ' όσα ακούς και τα μισά απ' όσα βλέπεις. Να το θυμάσαι αυτό. Μπορεί κάποια μέρα να σου σώσει τη ζωή» είπε η κυρία Τίλδη και επέστρεψε στην πορεία τους προς την αίθουσα αυταπάτης.

Του Τρίσταν, του φάνηκε υπερβολική η στάση της. Ήταν μία γυναίκα φανατισμένη με το χάρισμά της, ψηλομύτα και ρατσίστρια προφανώς.

Η κυρία Τίλδη τον οδήγησε σε μία τεράστια αίθουσα γεμάτη καθρέφτες δαπέδου. Οι μαθητές ήταν χωρισμένοι σε πηγαδάκια που μιλούσαν και γελούσαν.

«Γιατί δεν ασκείστε;» ρώτησε επικριτικά η κυρία Τίλδη, ενώ τα πηγαδάκια διαλύθηκαν άτακτα και κάθε παιδί βρέθηκε μπροστά από έναν καθρέφτη. Σε αυτή την αίθουσα ο Τρίσταν αναγνώρισε ένα ακόμη μέλος της οικογένειας Νίκολαϊ. Την κόρη τους, τη Δάφνη, η οποία επίσης βρέθηκε μπροστά σε έναν καθρέφτη. «Έχω πει επανειλημμένως, όταν καθυστερώ να μην χάνετε πολύτιμο χρόνο κουτσομπολεύοντας και να εξασκείστε μέχρι να επιστρέψω».

Οι μαθητές περίμεναν ακίνητοι, ενώ η κυρία Τίλδη και ο Τρίσταν στάθηκαν ανάμεσά τους στο κέντρο της αίθουσας.

«Κακομαθημένα...» μουρμούρισε η καθηγήτρια Τίλδη χωρίς να ακουστεί το υπόλοιπο της σκέψης της.

«Να σας γνωρίσω τον νέο σας συμμαθητή, που μόλις έφτασε στο Ντε λα Εσκουέλα ντε Σαντόρι» είπε κοιτώντας τον με μισό μάτι. «Τον Τρίσταν Μπάπτιστα» είπε η καθηγήτρια της αυταπάτης και όλα τα βλέμματα στράφηκαν πάνω του, πράγμα που έκανε τον Τρίσταν να αισθάνεται αμήχανα. «Ο Τρίσταν είναι σαν κι εσάς. Είναι τσιγγάνος της αυταπάτης» ανέφερε η κυρία Τίλδη κοιτώντας δεξιά και αριστερά τους μαθητές «είναι παρθένος ακόμα στο μαγικό κόσμο και οι δυνάμεις του δεν έχουν εμφανιστεί, οπότε δεν θα ανεχτώ εξυπνάδες και χαζές κοροϊδίες την ώρα του μαθήματος. Καταλαβαίνετε τι εννοώ» είπε η κυρία Τίλδη και αυτομάτως χασκογέλασε ένα παιδί με γκρίζα μαλλιά και με πρόσωπο γεμάτο φακίδες, στην άκρη της αίθουσας. «Κατάλαβες, Βάνι Μπολάνι;» είπε τρυπώντας τον με το βλέμμα της.

«Λοιπόν, ας ξεκινήσουμε» πρόσταξε η Μαρόνα Τίλδη.

Καθόλη τη διάρκεια του μαθήματος, ο Τρίσταν κοιτούσε μέσα στον σκαλιστό χρυσό καθρέφτη, όπως και οι υπόλοιποι μαθητές προσπαθώντας να δει αυτό που φανταζόταν, σύμφωνα με τις οδηγίες της κυρία Τίλδη. Όμως, το είδωλό του παρέμενε στην επιφάνεια του καθρέφτη, πιστό. Ανέλπιδος κοίταξε τριγύρω, για να δει την πορεία των υπόλοιπων τσιγγάνων. Μερικοί φαινόντουσαν πολύ προχωρημένοι. Μέσα στους καθρέφτες έβλεπε να διαδραματίζονται ολόκληρες ιστορίες. Στον καθρέφτη μίας τσιγγάνας πραγματωνόταν μία σκηνή από το λυκόφως, με τη μόνη διαφορά ότι στον ρόλο της πρωταγωνίστριας βρισκόταν η ίδια. Στον μπροστινό καθρέφτη βρισκόταν η κόρη του αποθηκάριου, η Δάφνη. Αν και στεκόταν εκείνη μπροστά από τον καθρέφτη, το είδωλό της ήταν εξαφανισμένο.

«Πώς το κάνεις αυτό;» αναφώνησε ενθουσιασμένος ο Τρίσταν.

Η Δάφνη γύρισε να τον κοιτάξει χαμογελώντας σεμνά.

«Αυτό;» είπε εμφανώς απογοητευμένη «είναι από τις πιο απλές τεχνικές αυταπάτης».

Ο Τρίσταν την κοιτούσε προσπαθώντας να καταλάβει. Ο ίδιος, δεν καταλάβαινε το παραμικρό για τη δύναμη αυτή, που υποτίθεται ότι κατείχε. Ήλπιζε πως η νεαρή τσιγγάνα θα συνέχιζε την πρότασή της, για να διαφωτιστεί και ο ίδιος.

«Όλοι σε αυτή την αίθουσα μπορούν να γίνουν αόρατοι χρησιμοποιώντας τη δύναμη της αυταπάτης. Είναι το πρώτο πράγμα που μαθαίνουμε από μικρά και με βάση αυτό αναγνωρίζουν οι γονείς μας ότι είμαστε τσιγγάνοι αυταπάτης» είπε κοιτώντας τον με τα τεράστια αμυγδαλωτά της μάτια. «Εγώ από τότε, το μόνο που έχω καταφέρει να κάνω, εκτός από το να γίνομαι αόρατη, είναι αυτό» είπε η Δάφνη και γύρισε το βλέμμα της στον καθρέφτη.

Ο Τρίσταν κοιτούσε τον καθρέφτη με ανυπομονησία, θέλοντας να δει τι άλλο μπορούσε να κάνει με αυτή τη δύναμη.

Ξαφνικά, εμφανίστηκαν στον καθρέφτη πολλά φωτεινά στρογγυλά φωτάκια. Ροζ, κίτρινα, μπλε, κόκκινα και πράσινα. Μία γιορτή χρωμάτων. Αυτά άρχισαν να κινούνται γύρω της σαν πετούμενα πλασματάκια αφήνοντας πίσω τους ουρές. Φωτεινά κατάλοιπα του χρώματός τους.

Ο Τρίσταν τα κοιτούσε μαγεμένος. Ήταν όλα τόσο ζωντανά.

«Όπως ανέφερε και η δεσποινίς Νίκολαϊ, Τρίσταν» είπε η κυρία Τίλδη πλησιάζοντάς τον «το πρώτο πράγμα που πρέπει να κάνεις είναι να καταφέρεις να γίνεις αόρατος» συνέχισε, τοποθετώντας τον μπροστά από τον καθρέφτη του. «Πάρε μία βαθιά ανάσα, λοιπόν, συγκεντρώσου και φαντάσου τον εαυτό σου να εξαϋλώνεται, να εξαφανίζεται» είπε και ο Τρίσταν υπάκουσε προσπαθώντας «υπάρχουν κάποιες μαγικές λέξεις που μας βοηθάνε να ενεργοποιήσουμε το Ζη. Η λέξη εσπέχισμο βοηθάει τους αρχάριους της τάξης μας. Σημαίνει αυταπάτη» τον συμβούλεψε η καθηγήτρια και στη συνέχεια απομακρύνθηκε, για να εξετάσει τους υπόλοιπους μαθητές.

Ο Τρίσταν έκλεισε τα μάτια του και πήρε μία βαθιά ανάσα. Ήθελε τόσο πολύ να φτάσει σε αυτό το στάδιο, πρώτον επειδή ήταν ήδη αρκετά μεγάλος σε ηλικία και έπρεπε να καλύψει τον χαμένο χρόνο. Και δεύτερον, για να χαρίσει ένα ευχάριστο νέο στην οικογένειά του, στο τέλος της ημέρας. Από τις πολλές ανάσες, όμως, ένιωθε το κεφάλι του να μουδιάζει και σκέφτηκε ότι ίσως αυτή να είναι η σωματική κατάσταση, με την οποία μπορούσε να επικαλεστεί το χάρισμά του. Ελπίζοντας, λοιπόν, είπε:

«Εσπέχισμο» και φαντάστηκε τον εαυτό του να χάνεται, να εξατμίζεται μπροστά από τον καθρέφτη. Προσπαθούσε να νιώσει κάθε κύτταρο του σώματός του να διασπάται σε μόρια, μετά σε άτομα και στη συνέχεια σε αόρατη ενέργεια. Πήρε δύο ανάσες. Ένιωθε διαφορετικός. Πιστεύοντας στις ικανότητές του, άνοιξε τα μάτια του, για να επιβεβαιώσει το ελπιδοφόρο συναίσθημά του. Δυστυχώς, όμως, το είδωλό του στεκόταν ακόμη απέναντί του. Ακέραιο στην επιφάνεια του καθρέφτη.

«Χαχαχα» γκάριξε ένα αγόρι μέσα στην αίθουσα.

Αναζητώντας το πρόσωπο, ο Τρίσταν αντιλήφθηκε πως το γέλιο ερχόταν από το ίδιο παιδί που είχε κάνει την παρατήρηση νωρίτερα η δασκάλα. Τον Βάνι Μπολάνι.

«Μην απογοητεύεσαι, Τρίσταν» είπε πλησιάζοντάς τον ξανά η κυρία Τίλδη «μερικές φορές και τα πιο απλά πράγματα θέλουν εξάσκηση, για να γίνεις ένας ισχυρός τσιγγάνος» ύστερα τον κοίταξε μέσα από τον καθρέφτη «μην τα παρατάς, λοιπόν» είπε, καθώς η μορφή της εξαφανίστηκε από το κάδρο του καθρέφτη «υπομονή και πίστη χρειάζεσαι, όπως όλοι» είπε προχωρώντας προς το κέντρο της αίθουσας. «Βάλτε τα δυνατά σας, παιδιά, λίγα λεπτά έχουν μείνει μέχρι το τέλος του μαθήματος. Είστε τσιγγάνοι αυταπάτης και ό,τι πιστεύετε μπορεί να γίνει πραγματικότητα» είπε επιχειρώντας να εμψυχώσει όλα τα παιδιά.

«Κι εσύ, Βάνι, έχεις τιμωρία μετά το τέλος των μαθημάτων. Μην πεις ότι δεν σε προειδοποίησα» είπε τσιρίζοντας και ο Βάνι δεν ήταν τόσο χαρούμενος πια.

Από τότε και μέχρι τα τελευταία λεπτά του μαθήματος, ο Τρίσταν προσπαθούσε να φέρει τον εαυτό του σε αόρατη κατάσταση. Δίχως επιτυχία.

«Το μάθημα τελείωσε για σήμερα, παιδιά. Θα σας ξαναδώ όλους αύριο. Καλημέρα» δήλωσε η κυρία Τίλδη με τη λεπτή φωνή της. «Δάφνη, είναι η πρώτη μέρα του νεαρού Μπάπτιστα στη ντε λα Εσκουέλα ντε Σαντόρ και επειδή έχετε τα ίδια μαθήματα, θα ήθελα να τον καθοδηγήσεις σήμερα».

«Μάλιστα, κυρία Τίλδη» της απάντησε η Δάφνη και αφού πήρε τη δερμάτινη τσάντα της, κινήθηκε προς το μέρος του Τρίσταν. «Έλα, Τρίσταν, τώρα έχουμε μάθημα αρχαίων συμβόλων» του είπε χαμογελαστά.

«Εντάξει» της απάντησε ο Τρίσταν «και ευχαριστώ για σήμερα» της είπε νιώθοντας υποχρεωμένος για τη βοήθειά της.

«Μην το συζητάς, ούτως ή άλλως κάθε μέρα τα ίδια πράγματα κάνουμε. Με εσένα σήμερα σπάει η ρουτίνα και αποκτά ένα ενδιαφέρον η μέρα» είπε σαρκαστικά η Δάφνη και αποχώρησαν από την αίθουσα.

Ολόκληρη τη μέρα, την πέρασε με τη Δάφνη. Του εξηγούσε τυχόν απορίες και περί τίνος πρόκειται το κάθε μάθημα, το οποίο θα παρακολουθούσαν. Ήταν πολύ ευγενική και φιλική. Ενώ είχε αρκετές γνώσεις για το σχολείο και τον μαγικό κόσμο, η μαγεία και η δύναμη του Ζη δεν έδειχναν να την ενδιαφέρουν στο παραμικρό.

«Πιστεύω ότι οι μαγικές δυνάμεις είναι υπερεκτιμημένες» είπε γεμίζοντας το αριστερό της μάγουλο με μία μπουκιά από τσουρέκι «νομίζω ότι είναι πιο σημαντικό να καλλιεργούμε την ψυχή μας και να γινόμαστε ανώτεροι πνευματικά» συνέχισε μασουλώντας, έτσι που η μπάλα μέσα στο μάγουλό της κινούταν πάνω κάτω. «Άνθρωπος αγράμματος, ξύλο απελέκητο λέγανε οι αρχαίοι Έλληνες και συμφωνώ μαζί τους» είπε η Δάφνη καταπίνοντας. Χτύπησε η καμπάνα που σήμαινε ότι έπρεπε να επιστρέψουν όλοι στις αίθουσες για μάθημα και η συζήτηση διακόπηκε.

«Πάμε. Αριθμολογία, τώρα» είπε η Δάφνη.

Πλησίαζε απόγευμα και ο Τρίσταν δεν είχε δει πουθενά τη μητέρα του. Βρίσκονταν στο τέλος της ώρας του τελευταίου μαθήματος. Διδάσκονταν για τη σωστή σύνταξη των ξορκιών. Ήταν το αγαπημένο μάθημα του Τρίσταν, μέχρι στιγμής, γιατί του θύμιζε πολύ γλώσσα και ποιήματα. Αποτελούταν κατά κύριο λόγο από ζευγαρωτές ομοιοκαταληξίες, πράγμα που απολάμβανε και στον φυσιολογικό κόσμο. Ο Τρίσταν ένιωθε πλέον κάπως κουρασμένος. Ο εγκέφαλός του είχε λάβει τόσες πληροφορίες, που για πρώτη μέρα δεν ήξερε πόσες ακόμη θα μπορούσε να απορροφήσει.

Προχωρώντας προς την έξοδο του σχολείου, ο Τρίσταν και η Δάφνη περπατούσαν πίσω από μία παρέα μαθητών, που βιάζονταν να βγουν πρώτοι από το κτίριο. Προφανώς, για να πάνε σπίτια τους.

«Μάλλον η μαμά σου θα σε περιμένει έξω» απάντησε η Δάφνη στον Τρίσταν που μοιράστηκε μαζί της την ανησυχία του.

«Αααα» ακούστηκε μία μακριά κραυγή από την έξοδο του σχολείου. Πιθανόν από τα παιδιά που προηγούνταν του Τρίσταν και της Δάφνης. Οι τελευταίοι επιτάχυναν προς την έξοδο.

Με την έξοδό τους, είδαν τη μητέρα του Τρίσταν πάνω από ένα ξαπλωμένο κορμί.

«Μην πλησιάζετε» πρόσταξε σε έντονο τόνο η κυρία Μπάπτιστα.

Ο Τρίσταν αντιλήφθηκε πως ο άνθρωπος που βρισκόταν ανάσκελα στο έδαφος ήταν ο κύριος Χόνκο, ο άνθρωπος που καλούσε εκείνο το πρωινό όλα τα παιδιά για μάθημα. Μόνο που δεν ήταν πλέον υγιής και γεμάτος ζωή. Το μελαχρινό του δέρμα και τα σκούρα χείλη του είχαν ασπρίσει και έμοιαζαν ξηρά. Τα μάτια του, αν και ανοιχτά έμοιαζαν ανέκφραστα, ψεύτικα.

Η κυρία Μπάπτιστα άπλωσε την ανοιχτή παλάμη της πάνω από το πρόσωπό του και σιγοψιθύριζε ένα ξόρκι συγκεντρωμένη και αφοσιωμένη. Το σώμα του κυρίου Χόνκο τιναζόταν και σπαρταρούσε ταχύτατα.

«Τι κάνει;» ψιθύρισε ο Τρίσταν πάνω απ' τον ώμο του στη Δάφνη.

«Δεν ξέρω. Μοιάζει με ξεμάτιασμα» του απάντησε χαμηλόφωνα.

Πλέον είχε μαζευτεί σχεδόν όλο το σχολείο στην είσοδο, μαζί και καθηγητές και κάποιοι γονείς. Όλοι κοιτούσαν με αγωνία. Ο φόβος ήταν χαραγμένος στα πρόσωπα μανάδων και παιδιών. Κάποιοι γονείς άρπαζαν τα παιδιά τους στις αγκαλιές τους με σκοπό να τα προστατέψουν. Σταδιακά, το σώμα του κυρίου Χόνκο σταμάτησε να πάλλεται και η Εύα Μπάπτιστα αφαίρεσε το χέρι της από το κεφάλι του. Ο φύλακας δεν ήταν χλωμός πλέον αλλά ούτε είχε ζωντανέψει. Θύμιζε έναν άνθρωπο, ο οποίος βρισκόταν σε κωματώδη κατάσταση.

«Κάντε στην άκρη να περάσουν οι ντραμπάρνι» ακούστηκε μία φωνή μέσα από το πλήθος.

Δύο γυναίκες και ένας άντρας εμφανίστηκαν τρέχοντας μέσα από το πλήθος κουβαλώντας ένα ξύλινο φορείο. Πάνω στο αριστερό τους στήθος είχαν ραμμένο ένα σύμβολο. Ένας κύκλος που στο εσωτερικό του είχε μία λευκή ανθρώπινη φιγούρα.

«Κάντε χώρο» τόνισε η μία ντραμπάρνι, ενώ οι άλλοι δύο τοποθετούσαν το φορείο δίπλα στον κύριο Χόνκο.

«Τι έγινε εδώ;» ρώτησε αυστηρά η προλαλήσασα ντραμπάρνι.

«Το κακό μάτι» είπε επιφυλακτικά η κυρία Μπάπτιστα. Με τα λόγια αυτά πάγωσε το κοινό που στεκόταν τριγύρω, ενώ συγχρόνως ακούστηκαν έκπληκτες αντιδράσεις.

«Μάλιστα» της απάντησε έντονα η ντραμπάρνι και συνέχισε με αγωνία έντρομη «έχετε πραγματοποιήσει τη βασική διαδικασία του ξεματιάσματος;».

Σε εκείνη τη φάση η Εύα Μπάπτιστα κοίταξε γύρω της. Όλα τα βλέμματα ήταν στραμμένα πάνω της. Δεν μίλησε όμως και έγειρε προς τη ντραμπάρνι και της ψιθύρισε στο αυτί.

Στον Τρίσταν, όλα έμοιαζαν να κινούνται πιο αργά. Εκεί που τοποθετούσαν εν τάχει τον κύριο Χόνκο στο φορείο και δεν δίνανε ιδιαίτερη σημασία στη μητέρα του, η αρχηγός των ντραμπάρνι γούρλωσε τα μάτια της και διέκοψε την πράξη της. Καθώς απομακρυνόταν από το αυτί της η κυρία Μπάπτιστα, η ντραμπάρνι την κοίταξε περιδεής. Ανοιγόκλεισε τα βλέφαρα της δύο φορές και γρήγορα συνήλθε. Έπιασε τη μητέρα του Τρίσταν συγκαταβατικά από τον ώμο και διέταξε:

«Αμέσως στο Θεραπευτικό Καραβάνι!» και μονομιάς σήκωσαν το φορείο, που είχε ασφαλισμένο πάνω του τον κύριο Χόνκο και απομακρύνθηκαν.

Ματόχαντρα

Με την αποχώρηση των ντραμπάρνι, οι περισσότεροι ενήλικες πλησίασαν τη μητέρα του Τρίσταν και την πολιορκούσαν με ερωτήσεις:

«Δεσποινίς Μπάπτιστα, τι συνέβη;»

«Εύα, ήταν όντως το κακό μάτι;»

«Πρέπει να ανησυχήσουμε, κυρία Μπάπτιστα;»

«Παρακαλώ πολύ» είπε ο διευθυντής Αριβάλντο, ο οποίος εμφανίστηκε μέσα από τις πύλες του σχολείου «η υποδιευθύντρια δεν είναι σε θέση να σας απαντήσει. Θα σας παρακαλέσω να επιστρέψετε όλοι στα σπίτια σας και θα ενημερωθείτε για τη σοβαρότητα της κατάστασης από τους αρμόδιους το ξημέρωμα» είπε ο διευθυντής, σαρώνοντας το κοινό με το βλέμμα του. «Καλό σας βράδυ».

Όλοι σιγά-σιγά διασπάστηκαν και σκορπίστηκαν εκτός του σχολικού χώρου. Η Δάφνη ακολούθησε τον αδερφό της και τη μητέρα τους στην αμαξά τους, ενώ η Εύα Μπάπτιστα πήρε τον Τρίσταν από το μπράτσο και μπήκαν στο σχολείο με τον κύριο Αριβάλντο.

«Περίμενέ με εδώ» του είπε η μητέρα και προχώρησε λίγο πιο μέσα με τον διευθυντή, όπου ανοίξανε και ψιθυριστό διάλογο.

Ο Τρίσταν προσπαθούσε να ακούσει τη συζήτησή τους, μα ήταν αδύνατο. Έβλεπε τη μητέρα να μιλάει προβληματισμένη και τον Στεφάν Αριβάλντο να κουνά το κεφάλι του καταφατικά, λαμβάνοντας κάθε πληροφορία με αφοσίωση. Μετά από λίγα λεπτά άρχισαν να κατευθύνονται προς το μέρος του.

«Θα ζητήσω μία επείγουσα συνάντηση με τον Ρέι Μπάρο. Θα σας περιμένω στο σπίτι του αρχηγού σε μία ώρα, Εύα» της είπε, ενώ είχαν φτάσει δίπλα στον Τρίσταν «να προσέχετε σας παρακαλώ» τη συμβούλεψε και ακολούθησε τον διάδρομο στο βάθος του σχολείου.

Ο Τρίσταν και η μητέρα του βγήκαν από το κτίριο και επιβιβάστηκαν στην άμαξά τους.

«Μαμά, τι έγινε προηγουμένως; Τι έπαθε ο φύλακας Χόνκο;» τη ρώτησε, εφόσον είχαν βρεθεί μόνοι τους.

«Δεν είναι τίποτα σίγουρο ακόμη, γιε μου, οπότε μην αναφέρεις τίποτα σε κανέναν» διευκρίνισε η μητέρα του «αυτό που είχε υποστεί ο κύριος Χόνκο ήταν ένα πολύ άσχημο είδος βασκανίας. Ένα πάρα πολύ κακό μάτι» είπε τινάζοντας τα γκέμια.

«Πέθανε;» ρώτησε διστακτικά ο Τρίσταν.

«Όχι» του απάντησε η Εύα πεζά «εάν είχα αργήσει λίγο παραπάνω, θα μπορούσε».

«Τι εννοείς;» ρώτησε ανίδεος.

«Έπρεπε να το είχα καταλάβει νωρίτερα. Είχε όλα τα σημάδια. Ο αγαπημένος του σύντροφος ήταν βαριά άρρωστος, ο ίδιος δεν φαινόταν και πολύ καλά. Ήταν όλα σημάδια ματιάσματος» είπε η Εύα στον εαυτό της εκνευρισμένη.

«Δεν σε καταλαβαίνω, μαμά» της τόνισε ο Τρίσταν, επιχειρώντας να την επαναφέρει στην κουβέντα τους.

«Έχεις δίκιο, Τρίσταν» είπε κάνοντας μία παύση, για να διατάξει τη σκέψη της. «Όταν κάποιος ματιάζεται, δεν φαίνεται εξαρχής. Είναι σαν το κρύωμα, πρώτα ο ιός προσβάλλει τον οργανισμό σου και με το πέρασμα του χρόνου εμφανίζεται. Όσο κάποιος είναι φορέας του κακού ματιού μπορεί να επηρεάσει και τους γύρω του μέχρι ενός βαθμού. Το γεγονός ότι ο κύριος Χόνκο δεν ήταν καλά σήμερα και το ίδιο και ο σκύλος του, ήταν σημάδια ότι πρόκειται για βασκανία».

«Μου είπατε χθες όμως, ότι αν ξεματιάσεις κάποιον γίνεται καλύτερα, έτσι δεν είναι;» τη ρώτησε ο Τρίσταν.

«Ναι, αυτό ισχύει για το ακούσιο μάτιασμα που προκαλείται από φθόνο ή ζήλια. Σε αυτή την περίπτωση, το μάτι ήταν πολύ χειρότερο. Η βασκανία τέτοιας ισχύος έγινε με πραγματική κακία, ίσως με διαβολικές προθέσεις» είπε η μητέρα του Τρίσταν και έφερε την άμαξα σε προσοχή έξω από το σπίτι τους.

«Πιστεύεις, δηλαδή, ότι κάποιος άνθρωπος ήθελε να σκοτώσει τον κύριο Χόνκο;» ρώτησε με αμφιβολία ο νεαρός Μπάπτιστα.

«Άνθρωπος» είπε και συνέχισε χαμηλόφωνα η κυρία Μπάπτιστα «μπορεί και δαίμονας».

«Δαίμονας;» είπε ο Τρίσταν, φτάνοντας τη φωνή του στο υψηλότερο επίπεδο.

«Δεν είναι βέβαιο ακόμη, Τρίσταν, αλλά θέλω να έχεις τον νου σου. Αν αυτό είναι αλήθεια πρέπει να είμαστε ιδιαίτερα προσεκτικοί. Ειδικά εσύ, λόγω του μυστικού μας» δήλωσε η Εύα, ψιθυρίζοντας τα τελευταία λόγια.

«Μα, γιατί;» παραπονέθηκε ο Τρίσταν «αφού μπορεί να μην είμαι ένα από τα παιδιά του Βάκη» της τόνισε.

«Δεν το γνωρίζουμε αυτό ακόμη, γιε μου. Μέχρι να φανερωθεί η δύναμή σου, όλα είναι πιθανά» είπε η κυρία Μπάπτιστα, κατεβαίνοντας από την άμαξα «Πάμε γρήγορα μέσα».

Οι δύο τους κατευθύνθηκαν ταχέως προς το σπίτι και μπήκαν μέσα.

«Λιλιάνα, Ελένα, γρήγορα» φώναξε προχωρώντας προς το σαλόνι η Εύα. Στα επόμενα δευτερόλεπτα έφτασαν στο καθιστικό αλαφιασμένες οι θείες του Τρίσταν.

«Τι συνέβη;» ρώτησε η Ελένα, βγάζοντας τη λευκή ποδιά που φορούσε προφανώς, επειδή μαγείρευε, και με αυτή σκούπισε τα ίχνη αλευριού, που ήταν πασαλειμμένο το πρόσωπό της.

«Το προμήνυμα της Λιλιάνα μάλλον» δίστασε λίγο «είναι έγκυρο» είπε με ανήσυχο βλέμμα και τόνο η Εύα κοιτώντας τις αδερφές της.

«Τι εννοείς, Εύα;» είπε η Λιλιάνα τρομαγμένη «έγινε κάτι που να το επιβεβαιώνει;» πρόσθεσε η Λιλιάνα αναζητώντας έναν λόγο, για να διαψεύσει το ειλικρινές μήνυμα της αδερφής της.

«Ο κύριος Χόνκο, στο σχολείο» είπε η Εύα, πιάνοντας τις αδερφές της από τα χέρια «φοβερό μάτιασμα. Σίγουρα από πολύ σκοτεινή πηγή» ανέφερε ψυχραίνοντας το κλίμα μονομιάς. Οι αδερφές της την κοιτούσαν με απορία.

«Και τώρα;» ρώτησε η μεγαλύτερη αδερφή «έχουν ενημερώσει τον Ρέι Μπάρο;» είπε η Ελένα.

«Το έχει αναλάβει ο διευθυντής Αριβάλντο» της απάντησε η Εύα, αφήνοντας το χέρι της Ελένα και πιάνοντας τη Λιλιάνα από τους ώμους της είπε «μας περιμένουν, Λιλιάνα, στο σπίτι του Αρχηγού. Πρέπει να τους πεις όσα μας είπες».

Η Λιλιάνα στεκόταν ακούνητη σαν λούτρινη κούκλα.

«Δεν καταλαβαίνω γιατί το είδα μόνο εγώ. Γιατί όχι και οι υπόλοιπες ντραμπάρντι;» παραπονέθηκε η Λιλιάνα.

Η Ελένα την τράβηξε προς το μέρος της, για να βρεθούν αντικριστά.

«Λιλιάνα, άκουσέ με. Όλα συμβαίνουν για κάποιο λόγο. Μην τρομάζεις τώρα, είμαστε και εμείς μαζί σου» της είπε ταρακουνώντας την «πήγαινε με την Εύα και μην ανησυχείς. Όλα θα πάνε καλά. Θα βρεθεί μία λύση».

Η Λιλιάνα έγνεψε το κεφάλι της και κοίταξε τη μητέρα του Τρίσταν.

«Πάμε» της είπε με δυναμικό τόνο. Η συμπεριφορά της έμοιαζε σαν να είχε συνέλθει από υπνωτισμό.

«Ελένα, ο Τρίσταν...» ξεκίνησε να λέει η Εύα.

«Μην ανησυχείς. Είμαι εγώ εδώ» είπε η Ελένα, καθησυχάζοντας τη μητέρα του Τρίσταν.

Καθισμένος πλάι στο παράθυρο, ο Τρίσταν είδε τη μητέρα του και τη μικρότερη θεία του να φεύγουν με μανία από το οπτικό του πεδίο.

Μέσα στα επόμενα λεπτά, ο Τρίσταν βρισκόταν στο τραπέζι της κουζίνας απέναντι από τη θεία του, την Ελένα. Τρώγανε το βραδινό τους με συντροφιά την επιβλητική σιωπή. Όλα φαίνονταν τόσο πρωτόγνωρα στον Τρίσταν! Όταν είχε φτάσει σε αυτό τον κόσμο, το μόνο που σκεφτόταν ήταν τα θετικά που είχε η μαγεία και το πόσο όμορφα θα περνούσε αφού επιτέλους βρισκόταν στο πραγματικό του σπίτι. Καθόλου δεν είχε υπολογίσει τους κινδύνους και τη σοβαρότητα της μαγείας. Και πόσο μάλλον τη διαβολική μαγεία. Αν και ήξερε μέσα του ότι έπρεπε να νιώθει ασφαλής στο σπίτι του, τα συμβάντα εκείνης της ημέρας τον έκαναν να νιώθει κάπως ανάστατος. Ακόμη περισσότερο όμως τον ανησυχούσε το γεγονός ότι δεν γνώριζε τίποτα από μαγεία, δυνάμεις, όντα, ούτε καν τι είδους τσιγγάνος ήταν. Αν ήταν στη θέση του κύριου Χόνκο αυτός σήμερα, δεν θα είχε τρόπο να αντιμετωπίσει τον εγκληματία. Θα ήταν ένας εύκολος στόχος.

«Δεν είναι καλό;» ρώτησε η Ελένα, κοιτώντας το πιάτο του Τρίσταν που ήταν σχεδόν γεμάτο.

«Όχι, όχι» της απάντησε ο Τρίσταν, μη θέλοντας να δώσει λανθασμένη εντύπωση στη θεία του εξαιτίας της ανησυχίας του «απλά σκεφτόμουν αυτά που έχουν συμβεί» είπε σκεπτόμενος αν πρέπει να μοιραστεί τις ανησυχίες του με την Ελένα. Το δικό του πρόβλημα, όμως, έμοιαζε μικρό μπροστά σε όσα είχαν πραγματωθεί εκείνη τη μέρα ή, σύμφωνα με τα λόγια του διευθυντή Αριβάλντο, όσα είχαν περάσει εκείνες τόσα χρόνια.

«Ό,τι και να συμβαίνει, Τρίσταν, να ξέρεις ότι για εμάς πάντα πρώτα έρχεται η οικογένεια. Κι αν κάποια στιγμή σε απασχολεί κάτι να ξέρεις ότι εκτός από τη μητέρα σου, είμαστε και εγώ και η Λιλιάνα που σε αγαπάμε επίσης πάρα πολύ και θέλουμε να σου σταθούμε όσο μπορούμε» διευκρίνισε η θεία του, μαζεύοντας το άδειο πιάτο της από το τραπέζι.

Με αυτά τα λόγια ο Τρίσταν πήρε το θάρρος και της εκμυστηρεύτηκε τα άγχη του και ολοκλήρωσε με την πρόταση «...Δεν μπορώ να αναπληρώσω τον χρόνο που έχω χάσει μόνο στο σχολείο. Θέλω να μου μάθεις όσα μπορείς για τη μαγεία. Θέλω εάν συμβεί κάτι, να μπορώ να υπερασπιστώ τους ανθρώπους που αγαπώ και τον εαυτό μου».

Η θεία του, μετά από αρκετή σκέψη και ατελείωτη σιωπή, του απάντησε:

«Θα ξεκινήσουμε με τα βασικά. Μην νομίζεις ότι θα είναι εύκολο, αλλά σίγουρα θα καλύψουμε κάποιο κενό» είπε παίρνοντας και το πιάτο του Τρίσταν που είχε σχεδόν αδειάσει «όμως, πρέπει να είσαι συγκεντρωμένος και να ρίχνεις πολύ δουλειά, γι' αυτό θα κάνουμε μία συμφωνία» του είπε κοιτώντας τον με τα παμπόνηρα μάτια της. «Δεν θα σε ανησυχεί το κακό μάτι. Για να έχεις το αποτέλεσμα που θες, θα πρέπει να είσαι αφοσιωμένος, εργατικός και πάνω απ' όλα να μην βάζεις τον εαυτό σου σε κίνδυνο».

«Σύμφωνοι» απάντησε ο Τρίσταν, ενώ τα σαρκώδη χείλη του σχημάτισαν ένα ψεύτικο πλατύ χαμόγελο.

«Όχι, έτσι» είπε κοροϊδευτικά η θεία του, στραβώνοντας το στόμα της «λες και δεν είσαι κλασικός ψεύτης του γένους Μπάπτιστα εσύ. Νομίζεις πως είμαι από άλλο σόι εγώ, ε;» είπε η θεία Ελένα αλήτικα, ενώ ο Τρίσταν την κοιτούσε με σηκωμένα φρύδια. «Άφησε εμάς να ανακαλύψουμε τι συμβαίνει. Τον λόγο σου δώσε μου» πρόσθεσε η θεία Ελένα.

«Εντάξει» απάντησε ο Τρίσταν δύστροπα. Δεν ήξερε πως θα κατεύναζε την περιέργεια που τον κυρίευε συχνά, αλλά συμφώνησε, για να επιτύχει έναν άλλο σκοπό. Ίσως και σημαντικότερο.

«Σύμφωνοι» ξεκαθάρισε η θεία Ελένα «μάθημα πρώτο. Πήγαινε για ύπνο. Για να αντεπεξέλθεις σε τέτοιο πρόγραμμα θα πρέπει να ξεκουράζεσαι σωστά» του είπε με αυστηρό τόνο.

Ο Τρίσταν ικανοποιημένος από την απάντηση της θείας του, πήγε για ύπνο χωρίς διαμαρτυρία. Ανεβαίνοντας στο δωμάτιό του, παρήλαυναν μες το νου του οι αναμνήσεις που είχε από το ορφανοτροφείο και τη ζωή του πριν τη Ρόμα και τον μαγικό κόσμο. Πόσο απλά και παιδικά του φαίνονταν πλέον! Τόσος κόσμος, που ζούσε στη γη, δεν είχε την παραμικρή ιδέα για ό,τι συνέβαινε στην πραγματικότητα. Πόσο άσχημη ήταν η άγνοια! Τώρα πια, η ιδέα του να τον περιτριγυρίζει κίνδυνος και να μην το γνωρίζει, ήταν ανατριχιαστική. Δεν θα άντεχε πια, να μην μπορεί να δράσει για τη διασφάλιση του εαυτού του και των ανθρώπων που αγαπούσε.

Βρισκόταν ήδη στο δωμάτιό του και πήγε να κλείσει τις κουρτίνες του παραθύρου, για να μην τον ενοχλήσει το πρωινό φως. Άρπαξε τις κουρτίνες και προτού καταφέρει να τις κλείσει, το βλέμμα του κράτησε μία ασυνήθιστη λάμψη από το γειτονικό καραβάνι. Είχε ξεκινήσει μπόρα και η ορατότητα δεν ήταν πολύ διαυγής. Υπέθεσε πως ήταν κεραυνός και έπιασε πάλι τις κουρτίνες, για να τις κλείσει. Ξανά όμως στα μάτια του έλαμψε φως, που δεν ήταν λευκό. Δεν ήταν αστραπή. Εστίασε με μεγαλύτερη προσοχή. Από τον τελευταίο όροφο και το παράθυρο που βρισκόταν αντίκρυ σε αυτό του Τρίσταν, έφεγγε κατά διαστήματα πράσινο φως. Καθώς παρατηρούσε διέκρινε μία γυναίκα σκελετωμένη, αδύνατη σαν σκιάχτρο, με λίγα ξανθά μαλλιά ως τη μέση, μάτια σαν κουμπότρυπες και μύτη γαμψή σαν παπαγάλου. Εμφανώς ατημέλητη, ντυμένη με κουρέλια, έριχνε διάφορα υλικά μέσα σε ένα χάλκινο καζάνι. Με κάθε στοιχείο που πρόσθετε, ο Τρίσταν τυφλωνόταν από την πράσινη λάμψη, αλλά δεν μπορούσε να αντισταθεί στο κρυφό κοίταγμα. Η περιέργεια ξύπνησε απότομα μέσα του και δεν τον άφηνε σε ησυχία. Η απόκοσμη λιγνή φιγούρα, μετά από μία συνέχεια κινήσεων πάνω από το καζάνι, έψελνε, όπως υπέθεσε ο Τρίσταν, κάποιο ξόρκι. Πήρε ένα ψαλίδι και έκοψε μία τούφα από τα λιγοστά μαλλιά της και την άφησε να πέσει στο καζάνι. Στα επόμενα δευτερόλεπτα, γεννήθηκε πυκνός ατμός μέσα απ' το σκεύος και άρχισε να ξεχειλίζει. Η μυστήρια γειτόνισσα του Τρίσταν πήρε ένα ραβδί που ήταν ακουμπισμένο στο τραπεζάκι της και το σημάδεψε στον ατμό. Με δύο ανάλαφρες κινήσεις κατηύθυνε τον λευκό καπνό εκτός του καζανιού. Τον άπλωνε μπροστά της με διαδοχικές κινήσεις, από το πάτωμα μέχρι το ύψος της. Το αποτέλεσμα δεν άργησε πολύ να φανεί. Με μία απότομη κίνηση των σκελετωμένων χεριών της, προκάλεσε μία δυνατή πράσινη λάμψη, που επέβαλε στα μάτια του Τρίσταν να κλείσουν στιγμιαία. Όταν κατάφερε να τα ξανανοίξει, είδε κάτι φρικτό. Απέναντι από τη μυστήρια γειτόνισσα στεκόταν μία γυμνή γυναίκα, που το σώμα της και τα μαλλιά της έμοιαζαν να είναι καλυμμένα με πίσσα, ενώ τα χέρια της ήταν μυτερά και μεγάλα, εμφανώς δυσανάλογα με το υπόλοιπο σώμα. Όσο την παρατηρούσε ο Τρίσταν, έφτανε στο συμπέρασμα ότι έμοιαζε ολοένα και περισσότερο στη γειτόνισσά του. Έτριψε τα μάτια του, για να βεβαιωθεί ότι όσα έβλεπε ήταν όντως πραγματικά. Ανοίγοντας ξανά τα βλέφαρά του, είδε το παράξενο πλάσμα να τον κοιτάει κατάματα και να τον δείχνει με το τεράστιο σουβλερό δείκτη του χεριού της. Στα επόμενα δευτερόλεπτα, ο Τρίσταν τράβηξε τις κουρτίνες και από τη σχισμή των κουρτινών είδε τη γειτόνισσα να προσπαθεί να κοιτάξει από το παράθυρο. Μ' ένα τεράστιο σάλτο, έσβησε το φως και πήδηξε στο κρεβάτι του. Αναρωτιόταν αν τον είχε δει λόγω της βροχής και ταυτόχρονα ευχόταν να μην είχε προλάβει το φως του δωματίου του αναμμένο. Κατάλαβε πως αυτό που μόλις είχε δει, ίσως δεν έπρεπε να το γνωρίζει. Έχωνε τη μύτη του σε ξένα και άγνωστα πράγματα. Το δίδυμο πλάσμα έμοιαζε να ενημερώνει τη γειτόνισσα για την παρουσία του. Προσπάθησε να καθησυχάσει τον εαυτό του, επαναλαμβάνοντας στη σκέψη του ότι όλα ήταν μια χαρά και δεν έκανε κάτι κακό. Στη συνέχεια, αντικατέστησε αυτή τη σκέψη του με τη σκηνή που έζησε στο προαύλιο του σχολείου με τον κύριο Χόνκο. Η μητέρα του και η Λιλιάνα δεν είχαν επιστρέψει ακόμη και ο ίδιος ήθελε πολύ να μάθει τι συνέβη. Έξω, η βροχή δυνάμωνε κι ο Τρίσταν κοιμήθηκε ανήσυχος.

Την επόμενη μέρα βρίσκονταν όλοι στο σπίτι. Ο Τρίσταν πληροφορήθηκε, όπως και όλοι οι τσιγγάνοι, πως έπρεπε για προληπτικούς λόγους να κυκλοφορούν με ματόχαντρα. Αυτά ήταν πολύ μικρές γαλάζιες πέτρες που στο κέντρο τους είχαν μία μαύρη βούλα. Θύμιζαν γαλανό μάτι και τα φορούσαν γύρω από τον λαιμό. Όπως έμαθε ο Τρίσταν από τη θεία του, την Ελένα, τα ανοιχτόχρωμα μάτια προκαλούν ισχυρότερη βασκανία. Τα ματόχαντρα μοιάζουν σε αυτά, ούτως ώστε να απορροφούν την αρνητική τους δύναμη. Όλοι ήταν ιδιαίτερα προσεκτικοί και όλοι ήταν ύποπτοι. Την πρωτιά στο νου του Τρίσταν κρατούσε η τρομακτική γυναίκα, που έμενε στο διπλανό καραβάνι. Σκέφτηκε για μερικά λεπτά να μοιραστεί όσα είχε δει το προηγούμενο βράδυ με την οικογένειά του, αλλά η πεποίθηση ότι αν δεν έδινε συνέχεια στο θέμα, θα έπαυε να ισχύει κιόλας, νίκησε στην εσωτερική του διαμάχη. Προσπαθούσε να μην το σκέφτεται ιδιαίτερα και απασχολούσε συνέχεια το μυαλό του με τη μόρφωση και την αναζήτηση της τσιγγάνικης ταυτότητάς του.

Αργότερα, την ίδια μέρα βρισκόταν στο προαύλιο του Ντε λα Εσκουέλα ντε Σαντόρι και απολάμβανε μπισκότα βουτύρου καθώς και τσάι με γεύση τζίντζερ, που του είχε δώσει η μητέρα του στην αρχή του διαλείμματος. Όλη την ημέρα είχε την παρέα της Δάφνης, όπως και την προηγούμενη, η οποία δεν ήταν και τόσο ευχάριστη μετά τα γεγονότα με τον κύριο Χόνκο.

«Ο πατέρας μας δεν μας αφήνει να πηγαίνουμε πουθενά μετά τα χθεσινά» είπε μασουλώντας λίγο μπισκότο. «Λέει ότι είναι επικίνδυνο να κυκλοφορούμε πλέον στη Ρώμα και ότι είναι καλύτερο να μένουμε σπίτι» είπε εκνευρισμένη η φίλη του.

«Γιατί, πού ήθελες να πας και το λες έτσι;» ρώτησε ο Τρίσταν πίνοντας μία γουλιά από το ζεστό τσάι του.

«Ήθελα να πάμε στον αγώνα ποδοσφαίρου, Τζίπσις εναντίον Γουόρλαντ» είπε με ενθουσιασμό «αλλά θα το δούμε από το σπίτι. Μπορείς να έρθεις, αν θέλεις».

«Ευχαριστώ πολύ, αν και δεν έχω ιδέα από αυτές τις ομάδες» την ενημέρωσε. Την προσοχή του, όμως, τράβηξε ο αδερφός της, ο Κάσπαρ, που διέσχιζε το προαύλιο κάπως νευρικά, αγχωμένος. Λίγο πριν την είσοδο του σχολείου, παρατήρησε μία παρέα κοριτσιών που χαχανίζανε από τα κουτσομπολιά. Πίσω τους βρισκόταν μία παρέα αγοριών. Οι μάγκες του σχολείου, όπως τους είχε περιγράψει η Δάφνη. Στη συνέχεια, ακολούθησε μία σειρά αναπάντεχων γεγονότων. Την ώρα που πλησίαζε ο Κάσπαρ προς το μέρος των κοριτσιών, ένας από την αλητοπαρέα, ο οποίος πρέπει να ήταν τηλεκινητικός, χρησιμοποίησε τη δύναμή του, για να ανασηκώσει τη φούστα της κοπέλας, που βρισκόταν πιο κοντά στον Κάσπαρ.

«Ποιος το έκανε αυτό;» ρώτησε η τσιγγάνα με ερυθρό πρόσωπο από την ντροπή και τον θυμό.

«Ο Κάσπαρ, ο τηλεκινητικός το έκανε, τον είδα» φώναξε ένας μέσα από την παρέα των αγοριών.

Ο Κάσπαρ σήκωσε το βλέμμα του δίχως να έχει αντιληφθεί το πρόβλημα.

«Μπράβο, πολύ έξυπνο, Κάσπαρ» είπε το κορίτσι με ειρωνικό τρόπο, θέλοντας να τον μειώσει και προτού προλάβει να δικαιολογηθεί, η κοριτσοπαρέα είχε αποχωρήσει.

Μη δίνοντας σημασία, ο Κάσπαρ απέκτησε το αγχωμένο ύφος ξανά και συνέχισε τον δρόμο που είχε πάρει.

«Το είδες αυτό;» ρώτησε ο Τρίσταν απότομα.

«Ναι» είπε αδιάφορα η Δάφνη, που προφανώς σκεφτόταν ότι δεν θα πήγαινε στον αγώνα.

«Και δεν θες να κάνεις κάτι;» είπε ο Τρίσταν, υπολογίζοντας στην αδελφική αλληλεγγύη, που υπέθετε πως είχαν.

«Αφού είναι χαζό το αγοράκι, τι θες να κάνω;» είπε η Δάφνη και σηκώθηκε από το παγκάκι.

Ο Τρίσταν κράτησε το βλέμμα του σε αυτόν που αναγνώριζε ως αρχηγό της παρέας. Ένα αγόρι ψηλό, πολύ μελαχρινό και γεροδεμένο για την ηλικία του, μεγάλη μύτη και χέρια σαν κουπιά. Καθόταν ανάμεσα σε δύο-τρεις άλλους, οι οποίοι τον επευφημούσαν για το κόλπο του και γελούσαν όλοι μαζί. Κοιτώντας καλύτερα, ο Τρίσταν αναγνώρισε τον έναν από την παρέα ως τον Βάνη Μπολάνη. Τον τσιγγάνο που είχε τιμωρήσει η κυρία Τίλδη, επειδή γέλασε με την ανεπιτυχή προσπάθεια του Τρίσταν στο μάθημα αυταπάτης. Πρώτη φορά, όμως, έβλεπε τον επικεφαλή τους.

«Ποιος είναι αυτός;» ρώτησε τη Δάφνη.

«Είναι ο γιος του Ρέι Μπάρο» του είπε μασουλώντας «είναι ο Πακίτο Πάκι, ο γιος του Αντόνιο Πάκι».

«Είναι πάντα τόσο κακός;» ρώτησε ο Τρίσταν θυμωμένος που τους έβλεπε να γελάνε εις βάρος του Κάσπαρ.

«Μμμ...ναι» είπε η Δάφνη καταπίνοντας «επειδή ο μπαμπάς του είναι ο Ρέι Μπάρο, νομίζει ότι μπορεί να κάνει ό,τι θέλει, σε όποιον θέλει. Και βασικά το κάνει, αυτό είναι το κακό».

«Καλά και γιατί δεν τον τιμωρεί κανείς;» ρώτησε ενοχλημένος ο Τρίσταν.

«Είναι πολύ απλή η απάντηση. Γιατί κανείς δεν θέλει να έρθει σε αντιπαράθεση με τον Ρέι Μπάρο. Είναι πολύ σημαντική θέση για έναν τσιγγάνο, Τρίσταν, και όποιος δεν τα έχει καλά μαζί του, ας πούμε, καλύτερα θα ήταν να αλλάξει φυλή» είπε η Δάφνη εμφανώς συμβιβασμένη, πράγμα που εκνεύριζε τον Τρίσταν ακόμη περισσότερο.

«Λοιπόν, το βράδυ σε περιμένω σπίτι να δούμε τον αγώνα. Μην αργήσεις» του είπε και ακολούθησε τον δρόμο για την είσοδο του σχολείου.

Ο Τρίσταν ένιωθε ενοχλημένος από τη συμπεριφορά των παιδιών που κατηγόρησαν τον Κάσπαρ. Ενοχλημένος από την άμεση αποδοχή της κατηγορίας από τις τσιγγάνες. Την απάθεια του Κάσπαρ και την αδιαφορία της Δάφνης. Αν ήταν στο ορφανοτροφείο, σίγουρα θα είχε αντιδράσει. Εκεί, όμως, συνειδητοποίησε ότι ένιωθε ανασφαλής, ήταν αδύναμος εξαιτίας της άγνοιας που είχε για τις δυνάμεις του.

Καθώς η σκέψη αυτή τον τυραννούσε, κατευθύνθηκε προς την αίθουσα διδασκαλίας. Αν και η ώρα για να συνεχιστεί το μάθημα δεν είχε φτάσει, εκείνος ήθελε να εξασκηθεί. Ήθελε να φτάσει το επίπεδο των υπολοίπων, όσο το δυνατόν το συντομότερο. Ήθελε να έχει τη δυνατότητα να αντιδράσει, αν ποτέ βρισκόταν παρών σε τέτοιο περιστατικό. Φτάνοντας έξω από την αίθουσα, άκουσε μία ελαφριά και ύποπτη συνομιλία και ως γνωστόν, έγλειψε το άνω χείλος του και όρθωσε το αυτί.

«Δεν ήταν δαίμονας σας λέω, κύριε Αριβάλντο. Γιατί δεν με ακούτε;» είπε η κυρία Τίλδη μετά μανίας «Έψαξα ολόκληρη τη βιβλιοθήκη. Δεν υπάρχει δαίμονας κατώτερου βαθμού, που να μπορεί να ματιάσει και όλοι αυτοί που μπορούν είναι αποκλεισμένοι στον υπόκοσμο».

«Και τι υπαινίσσεσαι, Μαρόνα, ότι τον μάτιασε ο σκύλος του, ο Ζόρμπα;» ρώτησε περίεργος ο κύριος Αριβάλντο.

«Όχι, κύριε Αριβάλντο. Ένας μάγος» είπε η κυρία Τίλδη συνωμοτικά.

«ΜΑΓΟΣ;» αναφώνησε ο διευθυντής με απιστία στη φωνή «μα αυτό είναι παρατραβηγμένο. Μία τέτοια κίνηση θα κατέρριπτε τη συνθήκη ειρήνης. Θα πρόσβαλλε τον λαό μας και όσους πέθαναν στον πόλεμο πριν δεκαπέντε χρόνια» ψιθύρισε έξαλλος ο διευθυντής.

«Σας λέω τον είδα. Φορούσε κόκκινη κάπα. Ήταν μάγος της φωτιάς» συμπλήρωσε με την ψιλή φωνή της η κυρία Τίλδη.

«Μαρόνα, έχουμε κι άλλα στοιχεία για τους ισχυρισμούς σου;» είπε σχεδόν τρομοκρατημένος ο κύριος Αριβάλντο.

«Τι κάνεις, νεαρέ;» είπε μία φωνή που ακούστηκε πολύ πιο δυνατά και καθαρά από τις προηγούμενες.

Ο Τρίσταν αναπήδησε και γύρισε να αντικρίσει τον κύριο Σορτόρι που στεκόταν πίσω του.

«Εμ...» έγλειψε το χείλος του «ήρθα να εξασκηθώ

λίγο πριν ξεκινήσει το μάθημα» είπε προσπαθώντας να διατηρήσει ψύχραιμη τη φωνή του.

Ο κύριος Σορτόρι τον κοιτούσε με το ένα φρύδι σηκωμένο. Ευτυχώς, όμως, παράλληλα βγήκαν από την αίθουσα ο κύριος Αριβάλντο με την κυρία Τίλδη.

«Θα συνεχίσουμε τη συζήτησή μας αργότερα, Μαρόνα» είπε και αντιλήφθηκε τον Τρίσταν δίπλα του «α, γεια σου νεαρέ Μπάπτιστα, πώς είναι τα πράγματα μέχρι στιγμής;».

«Καλά, κύριε Αριβάλντο, προσπαθώ» είπε χαμογελώντας ο Τρίσταν.

«Πάντα καλά, πάντα» ανέφερε ο διευθυντής και ενημέρωσε τον κύριο Σορτόρι «Μπορείτε να ενημερώσετε τους μαθητές να μπουν στις τάξεις τους, σας παρακαλώ;».

«Μάλιστα» έγνεψε ο κύριος Σορτόρι και αποχώρησε.

«Καλό μάθημα, κυρία Τίλδη» είπε ο διευθυντής Αριβάλντο κοιτώντας την καθηγήτρια αυταπάτης «και Τρίσταν, συνέχισε την καλή προσπάθεια».

Όπως απομακρυνόταν ο διευθυντής του Σαντόρι, ο Τρίσταν ακολούθησε την κυρία Τίλδη εντός της αιθούσης, για να ξεκινήσει το μάθημα.

Και εκείνο το μάθημα ήταν ατυχές. Ούτε ο Τρίσταν ούτε η Δάφνη είχαν πρόοδο από την τελευταία φορά. Όμως, ο Τρίσταν έπρεπε να βιαστεί για το μάθημα με τη θεία Ελένα.

Τον περίμενε στη σοφίτα του βουρντάν καθισμένη σε μία παλιά, σκισμένη πολυθρόνα. Είχε στην αγκαλιά της ένα χοντρό βιβλίο που έμοιαζε αρχαίο. Το φως του ήλιου χτυπούσε πάνω στο πρόσωπό της. Τα χρυσά κέρματα του μαντηλιού έλαμπαν σαν ηλιαχτίδες, ενώ το καστανό σπαστό μαλλί της εμφάνιζε ανταύγειες. Κοιτούσε το βιβλίο και το χάιδευε στοργικά. Με την είσοδό του, ο Τρίσταν κατάλαβε πως τη διέκοψε από κάποια βαθυστόχαστη σκέψη.

«Συγγνώμη που άργησα» είπε ο Τρίσταν, κλείνοντας την πόρτα πίσω του.

Η θεία του τον κοίταξε χαμογελώντας και είπε σχεδόν από μέσα της «Δεν πειράζει» και καθαρίζοντας τον λαιμό της συνέχισε «Τρίσταν, ξέρεις τι είναι αυτό;» τον ρώτησε σηκώνοντας το παχύ βιβλίο με τα δύο της χέρια.

Εκείνος εστίασε στο αρχαίο βιβλίο. Ήταν ταλαιπωρημένο με σκληρό, πράσινο εξώφυλλο και φθαρμένα, καφέ δερμάτινα προστατευτικά στις γωνίες. Στο κέντρο του εξωφύλλου είχε ένα χρυσό σύμβολο. Το ίδιο με το κουμπί στο ποσότι του Τρίσταν. Το σύμβολο Ζη.

«Λέγεται το Βιβλίο των Σκιών. Πιο απλά, βιβλίο με ξόρκια. Είναι το οικογενειακό μας κειμήλιο και παραδίδεται από γενιά σε γενιά, διαφυλάσσοντας τις γνώσεις και τη σοφία όλων των Μπάπτιστα τσιγγάνων που πάτησαν στη γη» είπε η Ελένα, χαϊδεύοντας το σκληρό εξώφυλλο.

«Ήταν πάντα τόσο μεγάλο;» ρώτησε ο Τρίσταν.

«Όχι» είπε η θεία του ανοίγοντάς το «αν παρατηρήσεις τα γράμματα μέσα στο βιβλίο είναι διαφορετικά» πρόσθεσε ξεφυλλίζοντάς το. «Κάθε τσιγγάνος που το κληρονομούσε, πρόσθετε στοιχεία και ξόρκια που μάθαινε και ο ίδιος κατά τη διάρκεια της ζωής του» είπε η Ελένα.

Ο Τρίσταν το κοιτούσε με δέος. Αναρωτιόταν αν θα γινόταν ποτέ τόσο άξιος, ώστε να γράψει κι εκείνος κάτι μέσα για τις επόμενες γενιές.

«Εδώ μέσα, θα βρεις τα πάντα για να φτιάχνεις φίλτρα, να επικαλείσαι πνεύματα, κύκλους, κατάρες, γρουσουζιές, μαγεία, εξόντωση δαιμόνων και πολλά ακόμα» του είπε γυρνώντας στην αρχή του βιβλίου. Σήμερα, θα σου μάθω ένα από τα πιο συνηθισμένα ξόρκια μαγείας. Ένα, που ζητάνε συνέχεια οι άνθρωποι του φυσιολογικού κόσμου» είπε δείχνοντας τη σελίδα του βιβλίου στον ανιψιό της.

Στο αριστερό φύλλο έβλεπε μία παλιά ζωγραφιά. Αυτή αναπαριστούσε μία μεγάλη σε μέγεθος τσιγγάνα, που κρατούσε στις παλάμες της ένα μενταγιόν. Στο άλλο φύλλο ήταν γραμμένη η διαδικασία που έπρεπε να ακολουθήσει κανείς.

«Οι άνθρωποι, σαν εγωιστικά πλάσματα που είναι, θέλουν πάντοτε η επιθυμία τους να γίνεται πραγματικότητα» είπε κοιτώντας τον με τα σοβαρά και έντονα βαμμένα μάτια της. «Έτσι, ζητούσαν τη βοήθεια τσιγγάνων και μάγων, για να μαγέψουν ανθρώπους και στο τέλος να αποκτήσουν το επιθυμητό αποτέλεσμα. Το αντικείμενο του σκοπού τους μπορεί να ήταν επαγγελματικό, για να κλείσει μία συμφωνία, έρωτας ή φιλία και στη συνέχεια ακόμα χειρότερα πράγματα, όπως κακοτυχία, πνευματική αστάθεια και αργότερα ίσως και θάνατος».

Ο Τρίσταν την κοιτούσε ακούνητος με άπλετο ενδιαφέρον.

«Θα σου μάθω για τη γρουσουζιά» είπε βάζοντας το βιβλίο στα πόδια του.

Ο Τρίσταν διάβαζε αυτά που έγραφε το βιβλίο και παράλληλα άκουγε.

«Η γρουσουζιά είχε την τιμητική της στα αρχαία χρόνια, γιατί ήταν ένα ξόρκι που πολλοί αργούσαν να ανιχνεύσουν. Ήταν ένα ξόρκι με εξασφαλισμένη επιτυχία» του είπε και γύρισε σελίδα στο βιβλίο. «Το βασικό στοιχείο αυτού του ξορκιού είναι να έχεις ένα προσωπικό αντικείμενο του θύματος. Γρουσουζεύεις και περιμένεις να έχει το επακόλουθο που θέλεις. Αργά ή γρήγορα, αναλόγως με τη συχνότητα που το θύμα χρησιμοποιεί αυτό το αντικείμενο, αποκτάς το επιθυμητό αποτέλεσμα. Για παράδειγμα» συνέχισε γυρίζοντας σελίδα ξανά «έχεις ακούσει για το διαμάντι της Ελπίδας, Τρίσταν, ή αλλιώς, γνωστό ως το μπλε της Γαλλίας;» τον ρώτησε, δείχνοντάς του ένα πανέμορφο μπλε διαμάντι στη δεξιά σελίδα.

Ο Τρίσταν κούνησε το κεφάλι του αρνητικά.

«Μία από τις πιο διάσημες γρουσουζιές πραγματοποιήθηκε στο διαμάντι της Ελπίδας. Τον 17ο αιώνα, η Μαντάμ ντε Μοντεσπάν, η ερωμένη του βασιλιά Λουδοβίκου του ΙΔ΄, είχε στην κατοχή της αυτό το διαμάντι, το οποίο, όπως καταλαβαίνεις, λάτρευε. Ήταν πολύ σπάνιο και πανέμορφο. Πάνω από 100 χρόνια αργότερα, ο βασιλιάς Ερρίκος ο XVI έδωσε την πέτρα της Ελπίδας στην Μαρία Αντουανέτα. Εκείνη, στη συνέχεια, το δάνεισε στη φίλη της, την πριγκίπισσα του Λαμπάλ. Στη ροή της ιστορίας μαθαίνουμε ότι, όχι μόνο και οι δύο τους εκτελέστηκαν, αλλά πως κάθε μετέπειτα ιδιοκτήτης του διαμαντιού της Ελπίδας είχε υποστεί τραγικό θάνατο» είπε η θεία του χαμογελώντας πονηρά.

«Αυτό δεν αποδεικνύει τίποτα, θεία» παρατήρησε έντονα ο Τρίσταν σκεπτόμενος πως ήταν πιθανή συγκυρία.

«Μην βιάζεσαι, δύσπιστε» είπε η θεία του, χαρίζοντάς του μία σφαλιάρα γρήγορα στο σβέρκο «και εσύ σαν όλο μας το σόι. Δεν πιστεύεις τίποτα».

Ο Τρίσταν έτριβε το σβέρκο του, που είχε τσούξει, γελώντας με την αντίδρασή της.

Εκείνη γύρισε σελίδα, για να δει ο Τρίσταν μία ζωγραφιά δύο γυναικών του 17^{ου} αιώνα να κρατιούνται χέρι-χέρι, καθισμένες σε μία πολυθρόνα η καθεμία.

«Αυτή είναι η Μαντάμ ντε Μοντεσπάν» είπε δείχνοντας τη μία στα αριστερά και αυτή η Μπερναντέτ Μπαπτίστ» δείχνοντας μία γυναίκα με ζαφειρένια μάτια σαν αυτά του Τρίσταν.

«Μπαπτίστ, όπως Μπάπτιστα. Είναι η προ, προ, προ, προ γιαγιά σου, Τρίσταν. Εκείνη έχει γράψει αυτό εδώ το κομμάτι» του είπε, δείχνοντας στο Βιβλίο των Σκιών.

Ο Τρίσταν άρχισε να πιστεύει πως το μάθημα με τη θεία του ήταν πολύ πιο εποικοδομητικό από το μάθημα της κυρίας Τίλδης. Ένιωθε σίγουρος για την πρόοδό του.

Εκείνο το βράδυ, όμως, κι η Δάφνη ήταν βέβαιη για την πρόοδο, που είχαν κάνει οι Τζίπσις τον τελευταίο καιρό.

Μπαίνοντας στο σπίτι, ο Τρίσταν άκουσε μία τσιρίδα που προφήτευε πόνο και τρόμο. Κι ακόμη δεν μπορούσε να καταλάβει αν προερχόταν από κάποια γάτα ή άλλο ζώο ή τέρας.

«Τι έκανε έτσι, Δάφνη;» ρώτησε ο Τρίσταν αγριεμένος.

Η Δάφνη τον κοίταξε με την άκρη του ματιού της χαμογελαστή «η μαμά μου, μάλλον βάλαμε γκολ».

Το βουρντάν, στο οποίο διέμεναν οι τσιγγάνοι Νίκολαϊ, πλημμύριζε από κόκκινα, ροζ και καφέ χρώματα. Μπαίνοντας στο σπίτι, υπήρχε ένας στενός διάδρομος που στο βάθος βρισκόταν μία ξύλινη σκάλα. Δεξιά ο τοίχος είχε άπειρες κορνίζες με προγόνους της οικογένειας Νίκολαϊ. Αριστερά, ανάμεσα στους κόκκινους, βαριά διακοσμημένους τοίχους, υπήρχαν δύο ξύλινες πόρτες. Εκείνοι μπήκαν στην πρώτη. Ο κρυστάλλινος πολυέλαιος στο ταβάνι φώτιζε το σαλόνι, που βρίσκονταν οι γονείς του Κάσπαρ και της Δάφνης. Εκείνοι ήταν προσκολλημένοι στη γυάλινη σφαίρα, όπου προβαλλόταν ο αγώνας.

«Έλα, Τρίσταν, κάθισε» είπε ο πατέρας Νίκολαϊ, δίχως να αποσύρει το βλέμμα του από τον αγώνα.

Τα έπιπλα ήταν κατά κύριο λόγο χαμηλά και έμοιαζαν να βυθίζονται στα περσικά χαλιά. Οι καναπέδες ήταν τεράστιοι και γεμάτοι μαξιλάρια και ριχτάρια κεντημένα με χρυσή κλωστή. Πίσω από το σαλόνι, βρισκόταν η κουζίνα και τα δύο χώριζε ένας ξύλινος πάγκος, τον οποίο έκρυβαν αποξηραμένα βότανα και λουλούδια.

Απ' όσα έμαθε εκείνο το βράδυ από τη Δάφνη και τους γονείς της, οι Τζίπσις ήταν η εθνική ομάδα των τσιγγάνων, ενώ η Γουόρλαντ των μάγων. Ο ανταγωνισμός ήταν μεγάλος αφού και τα δύο έθνη βρίσκονταν σε μόνιμη αντιπαράθεση, λόγω της ομοιότητάς τους. Αυτό, όμως, που έκανε εντύπωση στον Τρίσταν ήταν ότι η κυρία Νίκολαϊ απέφευγε να τον κοιτάζει και να του μιλάει. Ίσως τα νέα για τη μητέρα του, να την είχαν σοκάρει περισσότερο απ' όσο νόμιζε. Μετά από ένα ομόφωνο:

«ΓΚΟΟΟΟΛ»

Ο Τρίσταν ζήτησε κατευθύνσεις, για να πάει στο μπάνιο. Ο αγώνας είχε ημίχρονο και σκέφτηκε να το εκμεταλλευτεί. Παρά την παράξενη αντιμετώπιση της κυρίας Νίκολαϊ, περνούσε πολύ όμορφα. Στον δρόμο για το μπάνιο, που ήταν στον πάνω όροφο, τον είχε ενημερώσει η Δάφνη ότι θα δει μία πόρτα με ένα «Κ» κρεμασμένο, που είναι το δωμάτιο του Κάσπαρ. Μετά από αυτό στα δεξιά του, ήταν το μπάνιο. Όπως και έγινε. Με τη μόνη διαφορά, ότι κάτω από την πόρτα του Κάσπαρ ανέδυε πυκνός λευκός καπνός. Ο Τρίσταν αναρωτήθηκε τι έκανε ο Κάσπαρ μόνος του μέσα στο δωμάτιο. Όλο το βράδυ δεν είχε εμφανιστεί κι η Δάφνη του είχε πει πως ήταν οικογενειακό ενδιαφέρον οι αγώνες. Κανείς τους δεν έχανε παιχνίδι, οικογενειακώς παρακολουθούσαν αγώνες από πολύ μικρά. Και ήταν παράξενο που ο Κάσπαρ το έχανε. Ακούμπησε το αυτί του στην πόρτα μαλακά και άκουσε τον Κάσπαρ να λέει μία λέξη που τελείωνε σε «...ους» στη συνέχεια, ακολούθησε ένας μεγάλος κρότος, μαζί με την κραυγή του Κάσπαρ.

Ο Τρίσταν τρόμαξε και άνοιξε την πόρτα. Καπνός είχε πλημμυρίσει το μπλε δωμάτιό του και ο Κάσπαρ προσπαθούσε βήχοντας να σηκωθεί από το πάτωμα. Ο Τρίσταν όρμησε προς το μέρος του και τον βοήθησε να σηκωθεί απ' το ξύλινο πάτωμα.

«Κλείσε την πόρτα γρήγορα» του είπε ο Κάσπαρ, προσπαθώντας να ανασάνει.

Κλείνοντας την πόρτα του δωματίου του, ο Τρίσταν γύρισε να τον κοιτάξει. Με μία κίνηση του χεριού του, ο Κάσπαρ, χρησιμοποιώντας τη δύναμή του, άνοιξε τα δύο τετράγωνα παράθυρα του δωματίου.

«Φύσα άνεμε,

Φύσα αγέρι,

Πάρε την κάπνα σε άλλα μέρη»

ψιθύρισε ο Κάσπαρ, ενώ ακούγονταν βήματα να πλησιάζουν ταχέως.

Αμέσως ένα κύμα ισχυρού ανέμου μπήκε από το ένα παράθυρο και παρασύροντας τον πυκνό καπνό, βγήκε από το άλλο καθαρίζοντας την ατμόσφαιρα του δωματίου. Πλέον ήταν αντιληπτά τα παλιά ξύλινα έπιπλα στο μπλε δωμάτιο.

«Μην μιλήσεις» του είπε και τηλεκινητικά πάλι ο Κάσπαρ έκλεισε τα παράθυρα.

«Κάσπαρ, είσαι καλά;» φώναξε η μητέρα του, καθώς μπήκανε όλοι στο δωμάτιο.

«Ναι» είπε ενοχλημένος ο Κάσπαρ «έπεσα κατά λάθος από το κρεβάτι μου. Πώς κάνετε έτσι;».

«Από το κρεβάτι σου;» είπε παραξενεμένος ο κύριος Νίκολαϊ «μα, ακούστηκε ένας πολύ δυνατός κρότος. Σαν, σαν τι να σου πω; Πρόσκρουση πύρινης σφαίρας» πρόσθεσε αγωνιώντας.

«Όχι, μια χαρά είμαι, μην με πρήζετε» τους είπε και έκατσε στο μονό κρεβάτι του.

«Αφού είναι χαζό το αγοράκι. Απορώ γιατί ασχολείστε;» είπε η Δάφνη και βγήκε από το δωμάτιο «ελάτε τελείωσε το ημίχρονο».

Με αυτά τα λόγια, βγήκαν όλοι από το δωμάτιο κι ο Τρίσταν μαζί. «Δεν μπορώ να καταλάβω, Μαριάννα, πως είναι δυνατόν ολόκληρος μαντράχαλος να πέσει από το κρεβάτι» σχολίαζε ο κύριος Νίκολαϊ φεύγοντας για το σαλόνι, όπου παρακολούθησαν τη συνέχεια του αγώνα.

Ο Τρίσταν δεν κράτησε τη σιωπή του για πολύ. Με τη λήξη του αγώνα, που νίκησαν οι Τζίπσις δύο προς ένα, χάρη σ' ένα πέναλτι που κέρδισαν το τελευταίο λεπτό, ο Τρίσταν ρώτησε τη Δάφνη:

«Γιατί δεν είδε κι ο Κάσπαρ τον αγώνα μαζί μας, Δάφνη;» τη ρώτησε ανοίγοντας την πόρτα του.

«Τι να σου πω;» είπε η Δάφνη «δεν ξέρω. Τελευταία είναι συνέχεια στο δωμάτιό του και ή διαβάζει ή κάνει ξόρκια. Είναι χαζό το αγοράκι».

«Γιατί τον λες χαζό όλη την ώρα;» ρώτησε ο Τρίσταν, υπονοώντας να σταματήσει.

«Αφού είναι» του απάντησε, χαμογελώντας ύποπτα και μαζί είδανε ότι η μητέρα του Τρίσταν είχε φτάσει με την άμαξα. «Καλά θα μιλήσουμε αύριο. Καληνύχτα».

Στον γυρισμό ο Τρίσταν δεν μπορούσε να βγάλει από το μυαλό του το συμβάν στο δωμάτιο του Κάσπαρ. Όλη η συμπεριφορά του και η ανάγκη να κρύψει από τους δικούς του αυτό που έκανε ήταν τόσο μεγάλη, που έκανε τον Τρίσταν να αναρωτιέται αν αυτό που έκανε είχε καλές προθέσεις. Κρίνοντας σύμφωνα με αυτά που ήξερε από τη ζωή του, το μόνο που μπορούσε να σκεφτεί, ήταν πως είχε κάποια σχέση με τα παιδιά που τον ενοχλούσαν στο σχολείο. Αν κι ο ίδιος πίστευε πως ο εκφοβισμός και η κοροϊδία απέναντι στον Κάσπαρ έπρεπε να σταματήσει, φοβόταν γι' αυτό που ετοίμαζε. Είχε καταλάβει ότι ο Κάσπαρ, αν και δεν το έδειχνε, ήταν πολύ ισχυρός τσιγγάνος και όταν τέτοιοι άνθρωποι φτάνουν στα όριά τους, μπορεί να γίνουν πολύ επικίνδυνοι. Έτσι, άρχισε να ξυπνάει το προστατευτικό συναίσθημα μέσα του. Πίστευε πως πάνω απ' όλα, ο Κάσπαρ ίσως να είχε αποκλείσει τον κόσμο γύρω του. Τα παιδιά στο σχολείο τον κορόιδευαν, ακόμα και η αδερφή του τον αποκαλούσε χαζό και κανείς δεν ασχολιόταν λίγο μαζί του, για να δουν μήπως κρύβεται κάτι βαθύτερο πίσω από το τείχος που είχε υψώσει. Του θύμιζε κατά έναν τρόπο τον εαυτό του, σε μικρότερη ηλικία, όταν πήγαινε από το ένα ορφανοτροφείο στο άλλο σαν επισκέπτης. Τότε δεν ήθελε να γνωρίζει κόσμο ούτε και να μιλάει σε κανέναν, γιατί θεωρούσε πως δεν είχε νόημα. Κανείς δεν θα τον καταλάβαινε. Εκείνη την εποχή, του είχε εξηγήσει η μητέρα του πως απομονώνοντας τον εαυτό του, ο μόνος που έβγαινε χαμένος ήταν ο ίδιος. Οι άνθρωποι γύρω του θα συνέχιζαν τη ζωή τους κανονικά σαν να μην υπήρχε. Του είπε πως στη ζωή, για να αποκτήσεις πράγματα και να καλλιεργηθείς, πρέπει να δώσεις και κάτι από τον εαυτό σου. Έτσι, είχε παρομοιάσει και τη φιλία, μ' ένα λουλούδι και συνέχισε, λέγοντας ότι αν δεν του προσφέρεις νερό, ήλιο, φροντίδα αυτό θα μαραθεί και θα πεθάνει. Ενώ, αν το κάνεις θα αισθάνεσαι χρήσιμος, θα μάθεις τι σημαίνει να ενδιαφέρεσαι και ως αντάλλαγμα, εκείνο θα παραμένει όμορφο, χαρίζοντάς σου χάρμα οφθαλμών και χαλαρωτικό άρωμα. Πρέπει να αγαπάς τους ανθρώπους που είναι κοντά σου και να δίνεις στοιχεία της προσωπικότητάς σου, για να λάβεις κι εσύ με τη σειρά σου. Είναι μία αλληλοεξαρτώμενη σχέση, η οποία κρύβει δώρα σημαντικά και παντοτινά. Ο Τρίσταν, με το πέρασμα του χρόνου, κατάλαβε πως είχε δίκιο. Αν και άλλαζαν οι άνθρωποι γύρω του με ταχείς ρυθμούς, έμαθε να εκτιμάει την ανθρώπινη σχέση και να κερδίζει από αυτήν, μαθαίνοντας στην πορεία να γίνεται καλύτερος άνθρωπος. Να προσφέρει, για να κερδίσει ένα χαμόγελο ή να παίξει ένα ωραίο παιχνίδι, ακόμα και να μάθει κάτι που δεν ήξερε. Κατάλαβε ότι τόσα χρόνια δεν είχε την ευκαιρία να επενδύσει σε φιλίες, αλλά όσα είχε μάθει πιάνανε τόπο εκείνη τη στιγμή. Μπορούσε πλέον να αναγνωρίσει ότι ένας φίλος του είχε πρόβλημα και ήθελε να τον βοηθήσει. Γιατί, όπως είχε πει η μητέρα του, θα ερχόταν η μέρα που θα έκανε φίλους παντοτινούς, αλλά πρώτα θα έπρεπε να δώσει κάτι απ' τον εαυτό του, για να κερδίσει τη φιλία τους. Πλέον είχε την ευκαιρία να χτίσει κάτι παντοτινό.

Φλέγων

Μετά από μερικές μέρες, βρισκόταν στην τάξη της κυρίας Τίλδη, όπου για μία ακόμη φορά επιχειρούσε να πραγματοποιήσει μία αυταπάτη. Η μέρα είχε ξεκινήσει με φωνές από την καθηγήτρια, γιατί ήταν κουρασμένη από τη χθεσινή νύχτα, όπως τους είπε. Όντας ξενυχτισμένη δεν θα ανεχόταν φωνές και αταξίες.

«Θέλει συγκέντρωση και θέληση» είπε η καθηγήτρια αυταπάτης, σέρνοντας τα τακούνια της στο ξύλινο δάπεδο. «Πρέπει να πιστέψετε στους εαυτούς σας» συμβούλευε η Μαρόνα Τίλδη περιφερόμενη στην αίθουσα.

Η Δάφνη πίσω από τον Τρίσταν φυσούσε και ξεφυσούσε αγανακτισμένη.

«Με νεύρα και απογοήτευση, κανείς δεν τα κατάφερε, δεσποινίς Νίκολαϊ» είπε η κυρία Τίλδη με εκνευριστική ηρεμία, πράγμα που δεν συνήθιζε.

Κι ενώ άλλοι εξαφανίζονταν ή μεταμόρφωναν τους εαυτούς τους σε μυθικά πλάσματα, με λιγοστό ενδιαφέρον, ο Τρίσταν κοιτούσε έξω από το παράθυρο απελπισμένος. Πριν όμως προλάβει να βυθιστεί στις σκέψεις του, κάποιος χτύπησε την πόρτα της αίθουσας.

«Παρακαλώ» φώναξε η κυρία Τίλδη με αδύναμη φωνή, καθώς όλοι οι τσιγγάνοι έπαψαν να εξασκούνται.

Με την εμφάνιση του διευθυντή Αριβάλντο κυριάρχησε σιωπή.

«Συνεχίστε, παιδιά» ο χλωμός διευθυντής έκλεισε την πόρτα της αίθουσας «παρακαλώ, δεν θέλω να σας διακόψω» είπε ο διευθυντής, ενώ τον πλησίαζε η κυρία Τίλδη. Οι μαθητές συνέχισαν δυσανασχετώντας.

Οι δύο τους σιγοψιθύριζαν στην άκρη της αίθουσας, πράγμα που έκανε τον Τρίσταν να αναρωτιέται μήπως η επίσκεψη του κυρίου Αριβάλντο είχε σχέση με την κουβέντα, που είχε ακούσει προ ολίγων ημερών. Σκεφτόταν ότι μπορεί ο κύριος Αριβάλντο να είχε νεότερα για το περιστατικό του κυρίου Χόνκο ή για την υποψία ότι πίσω απ' όλα κρύβεται ένας μάγος. Δεν μπορούσε, όμως, να ακούσει την παραμικρή λέξη.

Μετά από κάνα δύο λεπτά, ο διευθυντής του Ντε Λα Εσκουέλα ντε Σαντόρι αποχώρησε και όλοι οι μαθητές σταμάτησαν την άσκηση, επιθυμώντας να ακούσουν την αιτία πίσω από την επίσκεψη του διευθυντή.

«Δεν σας αφορά, παιδιά» είπε ενοχλημένη η κυρία Τίλδη και εμφανώς κουρασμένη κατευθύνθηκε προς την έδρα της. Έτσι, τα παιδιά συνέχισαν ακάθεκτα τις προσπάθειές τους, για να δημιουργήσουν απλές αυταπάτες. Με το τέλος του μαθήματος, καθώς ο Τρίσταν πλησίαζε την έξοδο της αίθουσας ακούστηκε:

«Τρίσταν Μπάπτιστα» είπε με την ενοχλητική της, αλλά αυτή τη φορά σιγανή, φωνή η κυρία Τίλδη «σε θέλω ένα λεπτό» πρόσθεσε.

Ο Τρίσταν επισκέφθηκε την έδρα της αναλογιζόμενος τα γεγονότα που είχε βιώσει με τη Μαρόνα Τίλδη και τον διευθυντή Αριβάλντο. Δεν πίστευε πως τον ήθελε γι' αυτό, πιο πιθανό σκέφτηκε πως ήταν να του μιλήσει για τη μηδενική του πρόοδο.

«Πείτε μου, κυρία» είπε λουστράροντας το πάνω χείλος του.

«Μιλήσαμε με τον διευθυντή του σχολείου» ανάφερε εκείνη και ο Τρίσταν γούρλωσε τα μάτια υποψιασμένος για τη μακρινή συζήτηση, που μόλις είχαν. «Μη δίνεις τόση αξία στον εαυτό σου, Μπάπτιστα, δεν μιλούσαμε για σένα τόση ώρα» είπε αγανακτισμένη «του είπα πως χρειάζεσαι μεγαλύτερη προσοχή, πιθανότατα ιδιαίτερα μαθήματα, μιας και δεν έχεις την παραμικρή βελτίωση και ευτυχώς, ο ίδιος προσφέρθηκε να σε αναλάβει» είπε ξεφυλλίζοντας κάτι βιβλία στο γραφείο της «σε περιμένει μετά το τέλος των μαθημάτων».

Ο Τρίσταν έμεινε σιωπηλός. Δεν περίμενε ότι ο ίδιος ο διευθυντής θα ασχολούταν με το πρόβλημά του. Πίστευε πως έχοντας αυτή τη θέση θα είχε σοβαρότερα θέματα να τον απασχολούν.

«Άντε πήγαινε. Τελειώσαμε» του είπε τινάζοντας το χέρι της προς την πόρτα και έπειτα άρπαξε την ευκαιρία του ελεύθερου χεριού, για να στηρίξει το κεφάλι της.

Βγαίνοντας από την αίθουσα, είδε ότι τον περίμενε η Δάφνη γεμάτη ανυπομονησία.

«Όλα εντάξει, Τρίσταν;» ρώτησε, ενώ περπατούσαν κατά μήκος του διαδρόμου «τι σε ήθελε η κυρία Τίλδη».

Εξηγώντας της, ο Τρίσταν πρόσθεσε «μάλλον το πρόβλημά μου είναι πιο σοβαρό απ' όσο νομίζαμε».

«Όχι, μην το βλέπεις έτσι. Είναι αυτό που χρειάζεσαι μάλλον και θα δεις ότι όλα σύντομα θα καλυτερέψουν με τα ιδιαίτερα μαθήματα. Μακάρι να μου έκαναν κι εμένα, γιατί απ' ό,τι φαίνεται δεν θα καλυτερέψω ποτέ» είπε προσπαθώντας να αποδώσει κάποιο ίχνος αισιοδοξίας μέσα στην απογοήτευσή της.

Ο Τρίσταν καταλάβαινε καλύτερα απ' όλους πώς ένιωθε η Δάφνη. Ίσως, αυτή η αδυναμία μέσα τους, όσον αφορά στις μαγικές τους ικανότητες, να τους έφερνε πιο κοντά εντέλει.

«Περνάμε μία δύσκολη δοκιμασία εμείς και σε καταλαβαίνω» της είπε συμπονετικά ο Τρίσταν «γι' αυτό ό,τι μαθαίνω θα έρχομαι να σου το δείχνω κι εσένα, εντάξει;».

«Αχ ναι, Τρίσταν» απάντησε όλο χαρά η Δάφνη. Τα αμυγδαλωτά, καστανά της μάτια έμοιαζαν να σπινθηρίζουν. «Τέλεια ιδέα, γιατί αυτή την κυρία Τίλδη, δεν την αντέχω καθόλου και πολύ φοβάμαι ότι δεν θα περάσω το μάθημά της» ολοκλήρωσε προβληματισμένη η Δάφνη.

«Μην ανησυχείς, θα το περάσουμε μαζί» της είπε ο Τρίσταν «γι' αυτό είναι οι φίλοι, άλλωστε» και με αυτή την πρόταση χαμογέλασαν και οι δύο.

Η μέρα πέρασε αρκετά γρήγορα και ο Τρίσταν βρέθηκε έξω από την αίθουσα του διευθυντή Στεφάν Αριβάλντο, όπου κοιτούσε τη χρυσή επιγραφή. Διστακτικά, χτύπησε την πόρτα.

«Παρακαλώ» ακούστηκε η φωνή του διευθυντή και ο Τρίσταν άνοιξε την πόρτα.

Βλέποντάς τον, το πρόσωπο του διευθυντή έλαμψε από χαρά «Ω, έλα μικρέ Μπάπτιστα, έλα κάθισε, σε περίμενα» είπε ο κύριος Αριβάλντο καθώς μάζευε αγωνιωδώς το γραφείο του.

Ο Τρίσταν διέσχισε το αχνά φωτισμένο γραφείο του διευθυντή και κάθισε στη δερμάτινη πολυθρόνα. Απέναντι από τον φυσικά χλωμό διευθυντή.

«Καταλαβαίνω πως σε έχει ενημερώσει η Μαρόνα, ότι από εδώ και πέρα θα εξετάζουμε μαζί το θέμα της δύναμής σου» είπε κοιτώντας τον στα μάτια σαν να προσπαθεί να ανακαλύψει αυτά που σκεφτόταν. «Δεν θέλω να σε προβληματίζει αυτή η απόφαση. Όλα γίνονται προς όφελός σου. Είναι πολύ σημαντικό σε αυτή την ηλικία να έχει ανακαλύψει ένας τσιγγάνος πώς λειτουργεί η δύναμη του Ζη μέσα του, έτσι ώστε να μπορέσει να την καλλιεργήσει και στη συνέχεια να την εξελίξει. Είναι πολύ σημαντικό για εμένα, όπως και για όλους τους καθηγητές, να δίνουμε την απαραίτητη προσοχή στους μαθητές μας. Και φυσικά να δείχνουμε και το αντίστοιχο ενδιαφέρον σε κάθε περίπτωση ξεχωριστά» είπε ο διευθυντής, φέρνοντας τον εαυτό του σε παύση, πάνω από την έδρα. «Γι' αυτό, λοιπόν, κι εγώ δεν μπορούσα να επιτρέψω να αφεθεί το πρόβλημά σου στην τύχη του».

Εκείνη τη στιγμή, ο Τρίσταν άρπαξε την ευκαιρία, για να ρωτήσει:

«Κύριε Αριβάλντο, πιστεύετε πως θα υπήρχε πρόβλημα να παρακολουθήσει το μάθημα και η Δάφνη μαζί μας;»

«Η δεσποινίς Νίκολαϊ;» ρώτησε με απορία ο διευθυντής, ανασηκώνοντας τα λεπτά του φρύδια και φανερώνοντας με αυτό τον τρόπο ότι δεν συμμεριζόταν όσα έλεγε ο Τρίσταν.

«Ναι» επιβεβαίωσε ο Τρίσταν «έχει και εκείνη πρόβλημα με την εξέλιξη του Ζη» τον πληροφόρησε.

Ο διευθυντής χαμήλωσε το πρόσωπό του σκεπτόμενος και στη συνέχεια σήκωσε μονάχα το βλέμμα του.

«Κοίταξε, Τρίσταν, εγώ δεν συνηθίζω να αναλαμβάνω μαθητές για προσωπική εξάσκηση. Έκανα αυτή την εξαίρεση, πρώτον από τον σεβασμό που τρέφω για τη μητέρα σου και δεύτερον επειδή η περίπτωσή σου είναι τόσο λεπτή. Από την άλλη, βέβαια, το πρόβλημα της δεσποινίδος Νίκολαϊ δεν έχει σχέση με την ανάπτυξη του Ζη μέσα της. Αυτό που πρέπει να κάνει είναι να ξεπεράσει τον φόβο που έχει απέναντι σ' αυτό» είπε ο κύριος Αριβάλντο, σουφρώνοντας τα χείλη του. «Είναι κάτι, το οποίο πρέπει να δουλέψει μόνη της, σε αντίθεση με εσένα, Τρίσταν» είπε ο διευθυντής, ακουμπώντας τα δάχτυλά του στην έδρα, που είχε σχήμα ημισελήνου.

Ο Τρίσταν έμεινε κατάπληκτος. Γιατί η Δάφνη να φοβόταν; Τι ήταν αυτό που την εμπόδιζε να εξελιχθεί; Αναρωτιόταν αν η Δάφνη γνώριζε όσα έλεγε ο διευθυντής και πάρα ταύτα το έκρυβε ή αν η πληροφορία αυτή δεν είχε περάσει καν απ' το μυαλό της.

«Σαφώς, δεν θα σου κρύψω πως είναι μεγάλη μου χαρά να σε αναλάβω» είπε, ενώ το βλέμμα του συνέχιζε να λάμπει με ενθουσιασμό. «Βλέπεις δεν είναι κάθε μέρα που κάποιος γνωρίζει ένα από τα παιδιά του προφήτη».

Ο Τρίσταν πάγωσε στα τελευταία λόγια του διευθυντή Αριβάλντο. Αυτό ήταν μυστικό και υποτίθεται ότι δεν το γνώριζε κανείς.

«Τι εννοείται, κύριε Αριβάλντο;» ρώτησε ο Τρίσταν προσποιούμενος τον ανήξερο.

«Έλα τώρα, Τρίσταν» είπε μηδίζοντας «δεν θέλει πολύ σκέψη, για να καταλάβει κανείς ότι η μητέρα σου εξαφανίστηκε πριν από δεκαπέντε χρόνια, επειδή πίστευε πως είσαι παιδί του Βάκη» είπε παγώνοντας το βλέμμα του, όπως και η καρδιά του Τρίσταν εκείνη τη στιγμή.

Η ροή των σκέψεων του διευθυντή ήταν σωστή. Σύμφωνα με αυτά που είχε πληροφορηθεί και ο ίδιος, ήταν μία αλληλουχία καταστάσεων, που μπορούσε να συνδέσει ο οποιοσδήποτε.

«Μην ανησυχείς» είπε αποσύροντας τα δάχτυλά του από την έδρα «το μυστικό σου είναι ασφαλές» τον διαβεβαίωσε.

Ο Τρίσταν δεν ήταν σίγουρος για την επόμενη κίνησή του. Το ένστικτό του δεν του φανέρωνε τις προθέσεις του διευθυντή. Σκέφτηκε, όμως, πως το τελευταίο διάστημα με την κυρία Τίλδη δεν έφτανε σε καμία εξέλιξη. Υπέθεσε πως επαληθεύοντας στον διευθυντή του Ντε Λα Εσκουέλα ντε Σαντόρι τις υποθέσεις του, ίσως να μπορούσε να τον βοηθήσει στον δρόμο για την αναζήτηση της δύναμής του.

«Εμ, δεν είναι σίγουρο, κύριε Αριβάλντο, η μαμά μου είπε...» ο Τρίσταν προσπάθησε να εξηγήσει στον διευθυντή ότι μέχρι να εμφανιστεί η δύναμή του, τίποτα δεν ήταν σίγουρο, όπως του είχε εξηγήσει και η μητέρα του, άλλωστε. Ο διευθυντής Αριβάλντο όμως τον διέκοψε αμέσως.

«Ανοησίες. Το νιώθω στην αύρα σου, το βλέπω στα μάτια σου. Είσαι ένα από τα παιδιά του προφήτη Βάκη και θα το ανακαλύψουμε εδώ, μαζί» είπε και σηκώθηκε από την έδρα του.

Ο Τρίσταν θεώρησε ότι δεν υπήρχε λόγος να φέρει αντίρρηση, εφόσον ο διευθυντής ήταν ξεκάθαρα πεπεισμένος ότι είναι πράγματι Βακιανός και παρέμεινε στη θέση του.

Παράλληλα, ο διευθυντής Αριβάλντο κινήθηκε προς τη μεγάλη ξύλινη ντουλάπα που βρισκόταν στην άλλη άκρη του γραφείου. Άνοιξε το ένα φύλλο και αφού φόρτωσε την αγκαλιά του με διάφορα δοχεία, βιβλία και κεριά, τα ακούμπησε σε ένα στρογγυλό τραπέζι στο κέντρο του δωματίου. Αφού είχε στρώσει στο τραπέζι ένα κόκκινο τραπεζομάντηλο κεντημένο με χρυσή κλωστή, στη συνέχεια τοποθετούσε εκεί κεριά διαφόρων χρωμάτων και μεγεθών. Καθώς ο Τρίσταν περίμενε, του κίνησε το ενδιαφέρον ένα από τα βιβλία που είχε πριν στην αγκαλιά του. Ένα που ξεχώριζε μέσα στην πληθώρα. Ένα που αναγνώρισε ως το Βιβλίο Σκιών του κύριου Αριβάλντο. Δεν έμοιαζε καθόλου με της οικογένειάς του. Αυτό είχε λευκό δερμάτινο εξώφυλλο και οι γωνίες του ήταν χρυσές. Κοιτώντας το καλύτερα, παρατήρησε πως το σύμβολο στο εξώφυλλο δεν ήταν το τριγωνικό του Ζη, αλλά ένα χρυσό αποτύπωμα αριστερού χεριού.

«Για αρχή, λέω να κάνουμε ένα ξόρκι, για να μάθουμε από πού πηγάζει η δύναμή σου» είπε ξεφυλλίζοντας το λευκό χοντρό βιβλίο. «Θα διαβάσω το χέρι σου, Τρίσταν. Με μία μέθοδο που ονομάζουμε χειρομαντεία. Γνωρίζεις για αυτή την πρακτική;» τον ρώτησε ο διευθυντής.

Ο Τρίσταν θυμήθηκε ένα από τα μαθήματα της θείας Ελένα, όπου είχε αναφέρει το διάβασμα της παλάμης.

«Ναι, είναι από τις αρχαιότερες μεθόδους, που ανακάλυψαν οι τσιγγάνοι, για να βλέπουν το μέλλον ενός ανθρώπου. Πριν ανακαλύψουν τη χρήση της κρυστάλλινης σφαίρας ή το διάβασμα των φύλλων τσαγιού, ήταν ο μόνος τρόπος, για να προβλέψεις το μέλλον» ανέφερε ο Τρίσταν.

«Πολύ σωστά. Η χειρομαντεία είναι μία πολύ δύσκολη τέχνη. Πολύ λίγοι τσιγγάνοι είναι αρκετά δυνατοί, ούτως ώστε να πραγματοποιήσουν μία επιτυχημένη ανάγνωση παλάμης και γι' αυτό ο λαός μας κατέτρεξε και σε άλλους τρόπους για την αποκάλυψη του μέλλοντος» είπε τοποθετώντας δύο σκαμπό αντικριστά στο τραπέζι που είχε τελειοποιήσει. «Έλα» του είπε.

Ο Τρίσταν έκατσε σε ένα μαξιλάρι στο πάτωμα, απέναντι από τον διευθυντή. Δεξιά και αριστερά στο τραπέζι υπήρχαν χρωματιστά κεριά. Όλα διαφορετικού ύψους, πάχους και σχήματος. Μπροστά από τον κύριο Αριβάλντο υπήρχαν τρία πήλινα βαζάκια και μία λεπτή, μεταλλική ράβδος σε μέγεθος μολυβιού.

«Δώσε μου το αριστερό σου χέρι, μικρέ Μπάπτιστα» είπε ο κύριος Αριβάλντο και ο Τρίσταν υπάκουσε.

Με το ένα χέρι κρατούσε την παλάμη του Τρίσταν ανοιχτή και με το άλλο έπιασε τη ράβδρο σαν μολύβι. Βουτώντας τη μυτερή πλευρά της ράβδου στο πρώτο βαζάκι, ο Τρίσταν είδε χρυσή μπογιά να στάζει από την άκρη της. Ο διευθυντής Αριβάλντο άρχισε να τραβάει γραμμές στην παλάμη του Τρίσταν, άλλες λεπτές, άλλες χοντρές. Σταθερά και υπομονετικά σχεδίαζε στη λευκή παλάμη. «Χρυσός σαν τη ζωή» σχολίασε ο διευθυντής, διευκρινίζοντας τον τρόπο, με τον οποίο ξεχώριζε τις γραμμές της ζωής. «Θα ζήσεις σε βάθος χρόνου, Τρίσταν, πολλές καμπύλες βλέπω, που σημαίνει ότι η ζωή σου θα είναι ασταθής μέχρι μεγάλη ηλικία» του είπε.

Το δεύτερο βαζάκι είχε ασημένια μπογιά, με την οποία τόνιζε νούμερα που σχηματίζονταν από τις γραμμές του χεριού του. «Η τύχη είναι ένα πολύ μεγάλο ποσόν στη ζωή ενός τσιγγάνου, Τρίσταν». Εκείνος, ποτέ του δεν είχε παρατηρήσει όλα αυτά τα νούμερα μέσα στις ρυτίδες του χεριού του «πράγμα που εσύ δεν έχεις πολύ, μέτρια για τσιγγάνο, θα έλεγα» είπε με φυσικό τρόπο ο διευθυντής. Το τελευταίο βαζάκι είχε χάλκινο χρώμα. «Το Ζη στη ζωή σου» σχεδιάζοντας σύμβολα στην παλάμη του Τρίσταν, ο κύριος Αριβάλντο έμενε σιωπηλός. Είχε σταθεί αρκετή ώρα πάνω από το ανοιχτό χέρι και ανάμεσα από κάθε σύμβολο σούφρωνε τα χείλη σκεπτόμενος. Μετά από κάμποση ώρα, ενώ συνέχιζε την ανακάλυψη συμβόλων, σχολίασε «δεν καταλαβαίνω, πολύ μυστήριο».

Δίχως να κατανοεί ο Τρίσταν, τον ρώτησε τι συνέβαινε.

«Τα περισσότερα από αυτά τα σύμβολα δεν τα αναγνωρίζω» είπε ο διευθυντής, τρίβοντας το μέτωπό του «υπάρχουν κάποια τσιγγάνικα, κάποια μαγισσιακά και τα υπόλοιπα δεν...» και σώπασε ο κύριος Αριβάλντο.

«Τι είναι, διευθυντή Αριβάλντο;» ρώτησε ο Τρίσταν αγωνιωδώς, μήπως και μάθει τίποτα περισσότερο για τον εαυτό του.

«Θα πρέπει να το ερευνήσω, Τρίσταν. Θα ψάξω στα βιβλία μου και θα σου πω μόλις έχω κάποια απάντηση. Πάντως είμαστε σε καλό δρόμο» του είπε κοιτώντας τον με χαμόγελο στο βλέμμα.

Ο Τρίσταν κοίταξε το χέρι του. Η παλάμη του έλαμπε από τα μεταλλικά χρώματα που είχε απλώσει ο κύριος Αριβάλντο. Θα μπορούσε, σκέφτηκε, να ήταν έργο τέχνης, εάν αυτό βρισκόταν σε καμβά. Εκείνο όμως που τον ταλαιπωρούσε, ήταν πως ποτέ δεν έφτανε στις απαντήσεις που έψαχνε. Όποια μέθοδο κι αν ακολουθούσε, πάντα έψαχνε απαντήσεις.

Ενώ ο Τρίσταν ετοιμαζόταν για την αναχώρησή του, σκέφτηκε να ρωτήσει τον κύριο Αριβάλντο για τη γειτόνισσά του. Έμοιαζε να γνωρίζει τόσα περί μαγείας, που σίγουρα θα γνώριζε τι γινόταν εκείνο το βράδυ μέσα στο φρικιαστικό σπίτι. Ήταν βέβαιος πως θα ήξερε τι ήταν αυτό πλάσμα που επικαλέστηκε. Δεν ήθελε να ρωτήσει κάποια από τις γυναίκες του σπιτιού του, γιατί έτσι θα τους έδειχνε ότι ασχολούταν με τη βασκανία, ενώ εκείνες ήθελαν να είναι επικεντρωμένος στη μελέτη. Αλλά έπρεπε να συζητήσει τη μυστήρια συμπεριφορά της γειτόνισσας με κάποιον. Έπρεπε να βεβαιωθεί ότι δεν θα τους βλάψει.

«Διευθυντή Αριβάλντο, μπορώ να σας ρωτήσω κάτι και να μου υποσχεθείτε να μείνει μεταξύ μας;» ρώτησε ο Τρίσταν, γλείφοντας το πάνω χείλος του.

«Φυσικά, αγόρι μου. Μην το συζητάς. Μπορείς να έρχεσαι σε μένα για ο,τιδήποτε σε απασχολεί, γι' αυτό είμαι εδώ» του απάντησε κοιτώντας τον μες τα μάτια.

Ο Τρίσταν, στη συνέχεια, του περιέγραψε όσα είχε δει από το παράθυρό του. Του τα είπε όλα αναλυτικά, δίχως να παραλείψει καμία λεπτομέρεια. Δεν ήθελε να του δώσει ημιτελή εικόνα και να διακινδυνέψει την εγκυρότητα της απάντησης του διευθυντή.

«Τρίσταν, αυτό που μου περιγράφεις είναι τρομερό» σχολίασε ο διευθυντής με έντονο τόνο και ακόμη πιο γουρλωμένα μάτια, απ' ό,τι συνήθως. «Αν η Τσοβεξάνι κάνει αυτό που φαντάζομαι, είναι ένα ξόρκι που έχει απαγορευτεί εδώ και χρόνια απ' όλες τις φυλές της Μπριτανέα» είπε εμφανώς ενοχλημένος ο διευθυντής.

«Τι κάνει, κύριε Αριβάλντο; Τι εννοείτε;» ρώτησε ο Τρίσταν, κοιτώντας τον τρομοκρατημένος με τα ζαφειρένια μάτια του.

«Επικαλείται ένα χομούνκουλους» του είπε κοιτώντας τον με τα γουρλωτά του μάτια. «Είναι αποτέλεσμα ενός συνδυασμού μαγείας και αλχημείας. Τα χομούνκουλους απαγορεύτηκαν πριν χρόνια, γιατί υπήρξαν περιστατικά, όπου αυτά τα πλάσματα απέκτησαν δική τους θέληση και κάνανε κακό και στους δημιουργούς τους και στους υπόλοιπους ανθρώπους» τόνισε βιαστικά ο κύριος Αριβάλντο.

«Τρίσταν, δεν θέλω να μιλήσεις σε κανέναν γι' αυτό. Πρέπει να το ερευνήσουμε άμεσα. Πρέπει να το μάθει ο Ρέι Μπάρο». Τον κοίταξε με ακραία σοβαρότητα. «Είναι πολύ επικίνδυνο και πρέπει να το καταλάβεις αυτό. Δεν πρέπει να το μάθει κανείς άλλος, γιατί αν καταλάβει η Τσοβεξάνι ότι την υποψιαζόμαστε, πίστεψέ με έχει τον τρόπο να εξαφανιστεί. Μπορεί να κάνει κακό σε εσένα και στην οικογένειά σου. Σε όλους μας, προφανέστατα» είπε παίρνοντας το γούνινο παλτό από την καρέκλα του. «Οι Τσοβεξάνι δεν έχουν τις ίδιες ικανότητες με εμάς, Τρίσταν. Δεν έχεις διδαχτεί καθόλου για τις δυνατότητες και τη μαγεία των μάγων, γι' αυτό δεν θέλω σε καμία περίπτωση να έρθεις σε επαφή μαζί της. Πρέπει να μου το υποσχεθείς» είπε καθώς ετοίμαζε τα πράγματά του να φύγει.

«Μάλιστα» του απάντησε ο Τρίσταν σχετικά ανήσυχος.

Είχαν περάσει τρεις μήνες. Στη Σαντόρι είχε χιονίσει και όλα τα βουρντάν ήταν καλυμμένα με παχύ χιόνι. Η πρασινάδα είχε εξαφανιστεί και το μόνο πράγμα που διέκοπτε το ατελείωτο του λευκού, ήταν τα λασπωμένα μονοπάτια. Οι αλλαγές, όμως, επικράτησαν μόνο στα καιρικά φαινόμενα. Η μυστήρια γυναίκα του διπλανού καραβανιού δεν είχε εμφανιστεί ξανά στο απέναντι παράθυρο και δεν είχε παρουσιάσει την παραμικρή ενόχληση. Δεν είχε πραγματοποιηθεί παρόμοιο περιστατικό με του κυρίου Χόνκο, αλλά κατά καιρούς εμφανίζονταν διάφοροι τσιγγάνοι με διαφορετικές εκδοχές για τη λύση του μυστηρίου. Οι πιο ελαφρόμυαλοι ισχυρίζονταν ότι πρόκειται για προσωπική διαμάχη του κυρίου Χόνκο και πως αυτό ήταν αποτέλεσμα εκδίκησης. Εκείνοι που ήταν πιστοί στις δυνάμεις των ντραμπάρντι ήθελαν να πιστεύουν ότι όντως πρόκειται για διαβολική πράξη. Κι ακόμη υπήρχαν και τσιγγάνοι, που θεωρούσαν πως ολόκληρο το γεγονός ήταν στημένο από τους εύπορους της χώρας, για να συγκαλύψουν μία ατασθαλία της κυβέρνησης. Όλοι όμως κυκλοφορούσαν με ένα ματόχαντρο γύρω από τον λαιμό τους. Η θεία του, η Λιλιάνα, περνούσε ατελείωτες ώρες πάνω από την κρυστάλλινη σφαίρα της, αναζητώντας πληροφορίες και πολλές φορές έλειπε από το τραπέζι του φαγητού. Η οικογένεια του Τρίσταν το συζητούσε καθημερινά και όλες τις ώρες. Τις περισσότερες φορές κρυφά από τον Τρίσταν. Ήθελαν να τον προστατέψουν από τις κακουχίες του κόσμου. Το είχε καταλάβει από την τελευταία φορά, που προσπάθησε να το αναφέρει στη μητέρα του και του απάντησε:

«Σταμάτα τώρα, Τρίσταν. Προς το παρόν το μόνο που πρέπει να σε ενδιαφέρει εσένα είναι το σχολείο και η μόρφωσή σου».

Κάθε βράδυ και τα σαββατοκύριακα η μεγαλύτερη θεία του, τον εκπαίδευε στον δρόμο της μαγείας, για να μην υστερεί από τα υπόλοιπα παιδιά, πράγμα που, τελικά, κούραζε πολύ τον Τρίσταν. Όχι τόσο, όμως, όσο το μάθημα με τον κύριο Αριβάλντο. Μετά από τόσο καιρό, ο Τρίσταν ένιωθε βέβαιος πως δεν ήταν τσιγγάνος αυταπάτης, μιας και δεν είχε καταφέρει να εξαφανίσει ούτε το μικρό του δάχτυλο, πράγμα που πίστευε πολύ και ο διευθυντής, ο οποίος φαινόταν να έχει βρεθεί σε αδιέξοδο, το οποίο δεν παραδεχόταν. Κάτι που φαινόταν λογικό στον Τρίσταν, εφόσον είχε τη θέση του διευθυντή και δεν μπορούσε να παραδεχτεί καμία αποτυχία στον τομέα της μάθησης. Έτσι, δεν του είχε αναφέρει τίποτα νεότερο, ούτε για τα σύμβολα της χειρομαντείας ούτε και για την Τσοβεξάνι. Του είχε πει πως θα του αναφέρει κάτι, μονάχα εάν χρειαστεί και είναι αναμφισβήτητα σίγουρο. Διαφορετικά, έλεγε πως δεν υπήρχε λόγος να του φορτώνει το μυαλό με περιττές πληροφορίες. Μία κατάσταση που τον έκανε να νιώθει αβοήθητος, στο έλεος τρίτων, στο σκοτάδι. Πράγμα που δεν συμπαθούσε ιδιαίτερα. Κατά τη γνώμη του, η άγνοια και η περιέργεια είχαν μισαλλόδοξη σχέση.

«Μην ανησυχείς, Τρίσταν. Θα καταλήξουμε να είμαστε απλά, δύο πολύ μορφωμένοι τσιγγάνοι» τον κορόιδευε η Δάφνη το Σάββατο το πρωί, που κάνανε βόλτα στο παγωμένο κέντρο της Σαντόρι. Σχεδόν κάθε φόρα που έβλεπε τη Δάφνη, ο Τρίσταν, θυμόταν τα λόγια του διευθυντή. Θυμόταν πως η Δάφνη για κάποιο λόγο φοβόταν να χρησιμοποιήσει τη δύναμή της, αλλά πότε δεν θεωρούσε πως η στιγμή ήταν κατάλληλη να τη ρωτήσει.

«Πάρε παράδειγμα εμένα, που τόσα χρόνια μπορώ να δημιουργήσω μονάχα δύο οφθαλμαπάτες, ενώ ο Κάσπαρ, αν και αδερφός μου, έχει πολύ εξελιγμένη τηλεκινητική δύναμη. Λες να είναι γονιδιακό το θέμα και πρέπει να αρχίσω να κατηγορώ τους γονείς μου;» είπε στον εαυτό της, ενώ χάζευε κάτι κολιέ που πουλούσε ένας πλανόδιος στην αγορά.

Αν και είχε γνωρίσει αρκετά παιδιά πλέον στην ντε λα Εσκουέλα ντε Σαντόρι, ο Τρίσταν ταίριαξε περισσότερο με τη Δάφνη και ήταν πολύ συχνά μαζί. Μερικές φορές ακολουθούσε και ο Κάσπαρ αλλά δεν συμμετείχε και πολύ στην παρέα. Πολλοί τον θεωρούσαν ψηλομύτη και σνομπ, αλλά η Δάφνη του είχε εξηγήσει ότι έχει πρόβλημα εμπιστοσύνης και δεν ανοίγεται εύκολα σε άλλους ανθρώπους. Ο Τρίσταν θεωρούσε πως ήταν αρκετά παράξενος. Πολλές φορές κλεινόταν στο δωμάτιό του και δεν μιλούσε σε κανέναν. Ήταν πολύ λίγες οι φορές που τον είχε ακούσει να μιλάει. Ούτε την περασμένη εβδομάδα, όταν ο Πακίτο Πάκι τον είχε κατηγορήσει για άσκηση μαγείας εκτός μαθήματος, πράγμα που επιτρεπόταν μόνο εν παρουσία ενός ενήλικα. Απλά δέχτηκε την τιμωρία. Χωρίς αντίρρηση.

«Δεν ξέρω, Δάφνη. Το μόνο που ξέρω είναι ότι δεν μπορώ να πηγαίνω κάθε μέρα στο γραφείο του κυρίου Αριβάλντο και να μην μπορώ να εξαφανίσω ούτε το σπυράκι που έχω στο κούτελο» διαδήλωσε ο Τρίσταν.

«Α!» θυμήθηκε η Δάφνη, τυλίγοντας το πορτοκαλί σάλι καλύτερα γύρω απ' τους ώμους της. «Θέλω να περάσουμε από το σχολείο, γιατί νομίζω πως ξέχασα το βιβλίο των μαθηματικών μου εκεί, χθες» είπε και επανήλθε στην προηγούμενη συζήτηση. «Ποιο σπυράκι;» και υψώθηκε στις μύτες των ποδιών της, για να πλησιάσει το κεφάλι του Τρίσταν «δεν βλέπω τίποτα» είπε η Δάφνη, σουφρώνοντας τα αμυγδαλωτά μάτια της.

«Έτσι το είπα, δεν έχω σπυράκι» είπε ενοχλημένος ο Τρίσταν σηκώνοντας τη μελί τούφα που έκρυβε το κούτελό του και την έσπρωξε προς το φυσιολογικό της ύψος.

«Και τι σκέφτεσαι να κάνεις, δηλαδή;» τον ρώτησε η Δάφνη, επιστρέφοντας στην έρευνα αγοράς και σέρνοντας την πυκνή φούστα της στο χιόνι.

«Δεν ξέρω ακόμη» είπε ο Τρίσταν, χαζεύοντας το βουνό πίσω από τη Σαντόρι και αμέσως μία εικόνα τρύπωσε στο μυαλό του. Θυμήθηκε την ημέρα που έφτασε στη Ρόμα και την πινακίδα που έδειχνε τον δρόμο για τις τρεις μοίρες. «Το βρήκα» είπε κατενθουσιασμένος «θα πάω στις τρεις Μοίρες. Εκείνες σίγουρα θα ξέρουν το μέλλον μου».

«Τι;» τσίριξε η Δάφνη σε τέτοιο τόνο, που μέχρι και ο πλανόδιος κάλυψε τα αυτιά του. «Είσαι σοβαρός; Απαγορεύεται να πας στις Μοίρες. Το λέει ο νόμος, είναι παράνομο. Όχι, δεν συμφωνώ» είπε η Δάφνη, προχωρώντας παρακάτω στον δρόμο, δίχως να σταματάει να χαζέψει εμπόρευμα κι ο Τρίσταν την ακολούθησε.

«Σιγά» της είπε με ελαφρότητα «ο νόμος αυτός βγήκε, επειδή ήθελαν ησυχία οι ίδιες. Δεν ήθελαν να τις ενοχλούν ξανά και ξανά οι ίδιοι με χαζές απορίες. Εμένα δεν με επισκεφτήκανε στη γέννησή μου, οπότε δικαιούμαι μία ακρόαση» τεκμηρίωσε ο Τρίσταν.

«Εγώ δεν συμφωνώ» είπε ξανά η Δάφνη «οι νόμοι έχουν θεσπιστεί για κάποιο λόγο. Θα είσαι παράνομος αν πας και το ξέρεις. Δεν θα έχεις τη συνείδηση σου καθαρή» τον συμβούλεψε ενοχλημένη.

«Είσαι υπερβολική, Δάφνη, απλά βλέπουμε το θέμα διαφορετικά» είπε ο Τρίσταν, θέλοντας να ολοκληρώσει το θέμα. Εκνευρισμένος που δεν συμφωνούσε μαζί του.

«Λογική είμαι, όχι υπερβολική, Τρίσταν...» ξεκίνησε να λέει η Δάφνη αλλά τους διέκοψε ένα δυνατό χλιμίντρισμα, που ακολούθησε τον κοφτερό ήχο ενός μαστιγώματος.

Ο Τρίσταν αντιλήφθηκε ότι στέκονταν δίπλα σε ένα τεράστιο κλουβί. Τόσο μεγάλο όσο ένα από τα καραβάνια της Ρόμα. Γύρω από αυτό είχαν συσσωρευτεί δεκάδες τσιγγάνοι και παρακολουθούσαν, σχολιάζοντας σιγανά. Ο Τρίσταν και η Δάφνη γλίστρησαν μέσα στον όχλο, μέχρι να βρεθούν στην πρώτη γραμμή. Τέσσερις τσιγγάνοι κρατούσαν γερά με χοντρά σχοινιά έναν πανέμορφο πήγασο. Το τρίχωμά του ήταν χρυσό, ενώ η ουρά και η χαίτη του ήταν καφέ. Ήταν ψηλό και βαρύ ζώο. Έμοιαζε να αντιστέκεται στη θέληση των τσιγγάνων. Με κάθε κίνησή του εμφανίζονταν, όλο και περισσότερο, οι φλέβες στα δυνατά πόδια του και στο στιβαρό λαιμό του. Οι οπλές του, που χτυπούσαν το λασπωμένο έδαφος, έβγαζαν βαρύγδουπο ήχο.

«Τιθασεύστε επιτέλους το κτήνος, άχρηστοι» γκάριξε η ίδια φωνή που ακούστηκε προηγουμένως.

Ο αγαλματένιος πήγασος κινούταν συνέχεια και αμυντικά χλιμιντρίζοντας. Έμοιαζε εκνευρισμένος, το βλέμμα του φαινόταν οργισμένο.

Οι παρευρισκόμενοι συνεννοήθηκαν πως ένας από τους τέσσερις τσιγγάνους έπρεπε να το καβαλήσει. Έτσι, ο ένας πλησίασε πονηρά τον πανέμορφο πήγασο από το πλάι. Οι υπόλοιποι έκαναν τα πάντα, για να του κρατήσουν την προσοχή. Σφύριζαν και τραβούσαν με όλη τους τη δύναμη. Κάποιοι λίγο πιο πίσω κουνούσαν τα χέρια τους και την ώρα που ο πήγασος δεν κοιτούσε, ο υποψήφιος χίμηξε στη ράχη του. Το πανέμορφο πλάσμα, όμως, στάθηκε στα δύο μπροστινά του πόδια και κλώτσησε τον κουτοπόνηρο τσιγγάνο με τις πίσω οπλές του, χλιμιντρίζοντας.

Δέος είχε κατακτήσει το πλήθος.

«Ένας ξανθός πήγασος» είπε ο Τρίσταν, θαυμάζοντας το μαγικό πλάσμα που έβλεπε για πρώτη φορά στη ζωή του «δεν είναι πανέμορφος; Έχεις ξαναδεί κάτι τέτοιο;» συμπλήρωσε, ζητώντας τη γνώμη της Δάφνης.

«Απίστευτο είναι σίγουρα. Αυτός δεν είναι ένας συνηθισμένος πήγασος, Τρίσταν. Πήγασοι υπάρχουν πολλοί σαν τον δικό μας, τον Μπάξταλο. Αυτός δεν είναι ένας κοινός πήγασος σαν αυτούς που βλέπεις στη Ρόμα. Είναι ο πήγασος του Ήλιου, ένας από τους πιο δυσεύρετους στον κόσμο» είπε η Δάφνη μαγεμένη.

«Τι; Του Ήλιου; Όπως λέμε του θεού Ήλιου από την ελληνική μυθολογία; Ένα από τα άλογα που έσερναν την άμαξά του και τον Ήλιο καθημερινά;» ρώτησε με τρέλα στη φωνή.

«Όχι, έτσι ακριβώς. Όπως βλέπεις, ο πήγασος είναι εδώ και ο ήλιος κινείται, εσύ αναφέρεσαι στην παραμυθένια εκδοχή. Αλλά ναι, σε γενικές γραμμές είναι από τα σπανιότερα είδη που υπάρχουν» τον ενημέρωσε η Δάφνη, ενώ συνέχιζαν να κοιτάνε ξαφνιασμένοι, όπως και οι υπόλοιποι τσιγγάνοι που βρίσκονταν εκεί.

Οι τσιγγάνοι, που βρίσκονταν εντός του πελώριου κελιού, προσπαθούσαν ένας-ένας να καβαλήσουν το άγριο, όπως αναφέρανε συνέχεια, πλάσμα δίχως επιτυχία. Η ώρα περνούσε, μα κανείς δεν έφευγε.

«Φτάνει πια. Δεν εξημερώνεται αυτό το κτήνος» είπε απογοητευμένος ο ίδιος τσιγγάνος που μιλούσε πριν «θανατώστε το».

«Αχ, όχι!» ακούστηκαν τα λόγια της Δάφνης από απόσταση, καθώς ο Τρίσταν πλησίαζε ταχέως την είσοδο του κελιού. Ένιωθε πως έπρεπε να το δει από κοντά.

Ενώ πέντε τσιγγάνοι βαστούσαν με μανία τον πήγασο που αντιστεκόταν, άλλοι δύο πλησίαζαν προσεκτικά, έχοντας στα χέρια τους κοφτερά δόρατα. Ο πανέμορφος πήγασος, έχοντας μάλλον αντιληφθεί τον κίνδυνο, πάλευε με τα σχοινιά προσπαθώντας να απελευθερωθεί. Η αγωνία για την τύχη του πανέμορφου ζώου κυρίευε τον Τρίσταν με ραγδαία ταχύτητα. Του ήταν αδύνατο να πιστέψει πως με τέτοια ευκολία και για έναν τόσο άδικο λόγο θα του στερούσαν την ελευθερία και τη ζωή του. Το πλάσμα κουνούσε το ογκώδες κεφάλι του δεξιά και αριστερά. Παρατηρώντας τα μάτια του πήγασου, ο Τρίσταν αισθάνθηκε πως ήταν φοβισμένο, ότι χρειαζόταν βοήθεια.

Οι τσιγγάνοι έγειραν τα κορμιά τους πίσω, στοχεύοντας το τρομαγμένο πλάσμα. Δίχως δεύτερη σκέψη ο Τρίσταν όρμησε, σπρώχνοντας την ψηλή πόρτα και βρέθηκε ανάμεσά τους. Πίσω του, άκουγε τα τρομοκρατημένα βήματα του μυθικού πλάσματος και μπροστά του στέκονταν πολλοί, που σύντομα θα χαρακτηρίζονταν ως δολοφόνοι.

«ΜΗ!» φώναξε ο Τρίσταν τρομαγμένος, προκαλώντας αίσθημα φόβου και θαυμασμού στο κοινό και παράλληλα τους σκοπευτές να παγώσουν στη θέση τους.

«Φύγε από 'κει, ανόητε» βρόντηξε ο θηριοδαμαστής και συνέχισε πλησιάζοντας «είσαι τρελός; Πες μου. Θέλεις να πεθάνεις;».

«Όχι» είπε ο Τρίσταν αβέβαιος. Κρατούσε τα χέρια του υψωμένα, δημιουργώντας μία ανθρώπινη ασπίδα.

«Φύγε από 'κει, αγόρι μου. Δεν έχω χρόνο για χάσιμο» είπε ο θηριοδαμαστής, πλησιάζοντάς τον «πρέπει να πουλήσω».

Ο Τρίσταν στεκόταν ακίνητος. Δεν γνώρισε τι να πει, για να σταματήσει τη θανατηφόρα διαταγή του.

«Δεν καταλαβαίνεις, νεαρέ; Φύγε, αλλιώς δεν θα είμαι εγώ υπεύθυνος για ο,τιδήποτε σου συμβεί. Το ζώο έχει άρρωστο μυαλό, δεν το καταλαβαίνεις;» τον απείλησε.

«Όχι» απάντησε ο Τρίσταν σκεπτόμενος την απερίσκεπτη πράξη του, που τον έφερε σε αυτή τη δύσκολη θέση.

«Τι όχι; Το κτήνος πρέπει να θανατωθεί» είπε εμφανίζοντας φλέβες στο κούτελο «εκτός αν» συνέχισε αλλάζοντας ύφος, ενώ τα μάτια του γυάλιζαν «έχεις χρήματα να το αγοράσεις» είπε με ζήλο στη φωνή.

Ο Τρίσταν στεκόταν ακίνητος. Όλοι τον κοιτούσαν, αμέτοχοι. Όλοι τον παρατηρούσαν στη σιωπή. Ακόμα και ο πήγασος είχε σταματήσει και το μόνο που ο Τρίσταν άκουγε ξεκάθαρα, ήταν η ανάσα του μεγαλόσωμου πλάσματος στο σβέρκο του.

«Μην είσαι άδικος, θηριοδαμαστή» ακούστηκε μία γυναικεία φωνή από την είσοδο του κελιού «το ζώο, σου είναι άχρηστο εσένα. Αφού είστε όλοι ανίκανοι να το καβαλήσετε».

Τα λόγια αυτά προκάλεσαν συνεχόμενο σούσουρο στο πλήθος εκτός του κελιού, ενώ ο Τρίσταν και οι τσιγγάνοι γύρω του προσπαθούσαν να δουν σε ποια ανήκε η φωνή.

Μέσα από το πλήθος εμφανίστηκε μία σκελετωμένη γυναίκα. Τα μαλλιά της ήταν ξανθά σαν πράσα, η μύτη της μυτερή και οι γωνίες του προσώπου έντονες. Λες και είχε να φάει μήνες. Τα μάτια έμοιαζαν να είχαν βυθιστεί στο πρόσωπό της και τα χείλια σαν να είχαν απορροφηθεί. Αν και ρακένδυτη, όλοι της έδωσαν σημασία.

Κοιτώντας την καλύτερα, καθώς πλησίαζε, ο Τρίσταν αναγνώρισε στο πρόσωπο της γυναίκας, τη μυστήρια γειτόνισσά του. Η απόκοσμη και αινιγματική γυναίκα είχε να εμφανιστεί από το βράδυ που την είχε δει ο Τρίσταν να δημιουργεί εκείνο το πράγμα. Η γυναίκα που είχε χαρακτηριστεί επικίνδυνη από τον διευθυντή Αριβάλντο. Εκείνη που ήταν ύποπτη για τη βασκανία στον κύριο Χόνκο.

«Και τι προτείνεις, Τσοβεξάνι;» είπε φανερώνοντας απέχθεια και τρόμο στη φωνή.

Ο Τρίσταν άκουγε για πρώτη φορά το όνομά της που φανέρωνε τρομερή αποστροφή.

«Αν το αγόρι καταφέρει να δαμάσει τον πήγασο, τότε χάρισμά του» είπε κοιτώντας τον θηριοδαμαστή και έπειτα τον κόσμο που ήταν γύρω «αν όμως δεν τα καταφέρει, είναι δικαίωμά σου να το σκοτώσεις. Πρώτα, όμως, δώσε μία ευκαιρία στο παιδί. Εσύ είσαι ήδη χαμένος από αυτό το ζώο» είπε με ηρεμία και διαβολικό βλέμμα η γυναίκα.

«Πολύ καλά. Ας προσπαθήσει. Αλλά εγώ δεν φέρω καμία ευθύνη αν τραυματιστεί» ανέφερε ο θηριοδαμαστής και ακαριαία όλα τα βλέμματα καρφώθηκαν στον Τρίσταν.

Ο Τρίσταν βρέθηκε προ εκπλήξεως. Αυτό το αποτέλεσμα δεν το είχε προβλέψει. Σε όλη του τη ζωή, είχε ιππεύσει μία φορά άλογο σε ένα πανηγύρι, για λίγα μόνο λεπτά. Το έβρισκε αδύνατο να δαμάσει έναν άγριο πήγασο.

«Αφήστε το ζώο» πρόσταξε ο θηριοδαμαστής και όλοι οι τσιγγάνοι εξαφανίστηκαν από γύρω του.

Είχε μείνει μονάχα ο Τρίσταν και ο πήγασος του Ήλιου, που στεκόταν πίσω του. Στην ησυχία του πλήθους, για ακόμα μία φορά, η ανάσα του μυθικού πλάσματος ηχούσε δυνατά στα αυτιά του Τρίσταν. Με αργό ρυθμό γύρισε να αντικρίσει το πανέμορφο ζώο. Οι ακτίνες του ήλιου έκαναν το τρίχωμά του να λάμπει και τα καστανά μάτια του ζώου διαμόρφωναν μία γλυκιά αντίθεση.

«Δεν θέλω να σε πειράξω» ψιθύρισε ο Τρίσταν, απλώνοντας το χέρι του προς το τεράστιο κεφάλι του πήγασου και γλείφοντας το πάνω χείλος του. «Πρέπει να με εμπιστευτείς» συνέχισε πλησιάζοντας το χέρι του ακόμη περισσότερο. Ο Τρίσταν έβλεπε το χέρι του να τρέμει καθώς πλησίαζε το κεφάλι του. «Θέλω να σε βοηθήσω» είπε ο Τρίσταν, ανατριχιάζοντας και αισθάνθηκε τη σκληρή επιφάνεια της τρίχας στην παλάμη του. Ο πήγασος, όμως, παρέμεινε ακίνητος, γεγονός το οποίο τρόμαζε και χαροποιούσε τον Τρίσταν. Σταδιακά, κίνησε τα πόδια του και πλησίασε τη δεξιά πλευρά του ζώου. Εκείνο παρέμενε ακίνητο. Το σώμα του παλλόταν από τη βαριά ανάσα του. «Το μόνο που πρέπει να κάνουμε είναι να σε καβαλήσω και μετά θα είσαι ελεύθερος να φύγεις. Στο υπόσχομαι» είπε ο Τρίσταν στον πήγασο, ελπίζοντας πως με κάποιο τρόπο θα καταλάβαινε τα λόγια του. Χαϊδεύοντας το έφτασε στη μέση του. Το μόνο που έμενε, ήταν να σκαρφαλώσει στη ράχη του. Και ο φόβος, βέβαια, ότι ο πήγασος δεν είχε καταλάβει λέξη, με αποτέλεσμα να τον τινάξει, όπως και τους προηγούμενους. Αλλά δεν είχε άλλη επιλογή, έπρεπε να το προσπαθήσει προκειμένου να το σώσει. Ήταν μία απόφαση που είχε πάρει εισβάλλοντας στο πελώριο κελί. Έτσι, κλείνοντας τα μάτια πήρε μία βαθιά ανάσα, έπιασε την καστανή χαίτη και σκαρφάλωσε στην τραχιά ράχη του ψηλού πήγασου. Το πρώτο δευτερόλεπτο, ανέμενε τον πήγασο να σταθεί στα δύο του πόδια και να τον τινάξει. Στο δεύτερο, νόμιζε ότι είχε ήδη πέσει δίχως να το καταλάβει. Στο τρίτο δευτερόλεπτο, άκουσε ζητωκραυγές από το πλήθος, ενώ ένιωθε ακόμη το μυθικό πλάσμα ανάμεσα από τα πόδια του. Ο Τρίσταν άνοιξε δειλά τα μάτια του και είδε ότι βρισκόταν ακόμη πάνω στη ράχη του και όλοι έξω από το κελί χειροκροτούσαν με χαρά. Χαμογέλασε κι εκείνος, ενώ ο θηριοδαμαστής δάγκωσε εκνευρισμένος το μαστίγιο που κρατούσε. Για λίγο ξέχασε το άγχος και τον φόβο κι ένιωσε χαρούμενος με το επίτευγμά του. Η προσπάθειά του να σώσει το ζώο ήταν επιτυχής. Το κατάφερε χωρίς δυνάμεις και ξόρκια. Μόνο με τη θέλησή και το πείσμα του.

Γρήγορα, όμως, ξέχασε αυτές τις ηρωικές σκέψεις, γιατί ο σταθερός πήγασος έγειρε το κεφάλι του μπροστά και χαράζοντας την μία οπή του στο χώμα, ετοιμαζόταν για έφοδο. Αφήνοντας ρουθουνίσματα και χλιμιντρίσματα, άρχισε να κατευθύνεται προς τις πόρτες του κελιού με μεγάλη ταχύτητα. Οι τσιγγάνοι που τον κρατούσαν άφησαν τα σχοινιά και καλύφθηκαν στη λάσπη. Ο κόσμος, που βρισκόταν στην πόρτα, άνοιξε το κελί και χωρίστηκε στα δύο σχηματίζοντας πέρασμα. Ο Τρίσταν είχε κλειδώσει τα χέρια του και το σώμα του πάνω στον πήγασο, που έτρεχε με όλη του τη δύναμη. Με την έξοδό τους από το κελί ο πήγασος άνοιξε τα πελώρια φτερά του και άρχισε να τα τινάζει πάνω κάτω. Ο Τρίσταν κατάλαβε ότι ετοιμαζόταν για απογείωση και όλη η αγωνία, που είχε αποχωρήσει για λίγο, επέστρεψε με διπλάσια βαρύτητα. Ήδη ανησυχούσε που θα ήταν καβάλα στο ψηλό πήγασο, πόσο μάλλον για το πέταγμα, που δεν το είχε ξανακάνει. Με το τρίτο τίναγμα, βρέθηκαν λίγο πάνω από τη γη. Με το πέμπτο, έβλεπε το έδαφος σαν να ήταν στον τρίτο όροφο του ορφανοτροφείου της Αγίας

Καλλιόπης. Στο δέκατο τίναγμα, έβλεπε ολόκληρη τη Σαντόρι. Ο Τρίσταν έκλεισε την πράσινη κάπα του σφιχτά. Αν και ο φόβος για το ύψος ήταν μεγάλος, δεν μπορούσε να αντισταθεί στο πανέμορφο τοπίο που ξεδίπλωνε μπρος στα μάτια του. Ο παγωμένος αέρας έκανε τις τούφες των μαλλιών του να επιτίθενται στο κούτελό του και γι' αυτό σήκωσε λίγο το κεφάλι του, πηγαίνοντας έτσι τα μαλλιά του προς τα πίσω. Κατευθύνονταν πάνω από το δάσος, μέσα κι έξω από τα σύννεφα. Αν και ο φόβος κυρίευε το κορμί του, η πρωτόγνωρη αυτή εμπειρία μάγευε τη σκέψη του. Όλα έμοιαζαν τόσο ειρηνικά εκεί πάνω. Έμοιαζε να βρίσκεται σε άλλο κόσμο, να εξερευνεί νέα εδάφη. Πετούσαν για αρκετή ώρα πάνω από το δάσος και έπειτα από μία όμορφη περιήγηση στον ουράνιο κόσμο, ο χρυσόμορφος πήγασος έχανε ύψος σταδιακά και ομαλά. Όσο κατέβαιναν η ατμόσφαιρα γινόταν πιο θερμή. Προσγειώθηκαν μέσα στο πυκνό λευκό δάσος, σ' ένα ξέφωτο, όπου ο Τρίσταν κατέβηκε απ' το ισχυρό πλάσμα, τρίβοντας το κορμί του στην άγρια τρίχα του. Αντικρίζοντας το, είπε:

«Ελπίζω να προσέχεις, φίλε μου, από 'δω και πέρα» είπε χαϊδεύοντας το παχύ κεφάλι του «δεν εκτιμάνε όλοι την ομορφιά σου».

Τσοβεξάνι

Στη συνέχεια, ο Τρίσταν αποφάσισε να κατευθυνθεί, αντίθετα από τον πήγασο, προς τη Σαντόρι. Με κάθε του βήμα όμως, άκουγε τις οπές του πήγασου να βυθίζονται στο χώμα πίσω του. Γύρισε να κοιτάξει και είδε ότι το μυθικό πλάσμα βρισκόταν ακριβώς πίσω του. Έκανε ένα βήμα μπροστά και ξανακοίταξε πίσω, για να βεβαιωθεί ότι ο πήγασος τον ακολουθούσε. Έτσι κι έγινε.

«Είσαι ελεύθερος τώρα» είπε δυνατά ο Τρίσταν. «Δεν θα σε πειράξει κανείς» συνέχισε, προσπαθώντας να εξηγήσει στο ζώο με χειρονομίες. Εκείνο όμως έμενε στη θέση του ακίνητο κι ανέκφραστο. Έχοντας την εντύπωση ότι ο πήγασος είχε καταλάβει, ο Τρίσταν δοκίμασε να αποχωρήσει για μία ακόμη φορά και κοίταξε μέσα στο δάσος προς το σημείο που σκόπευε να αποχωρήσει. Συνειδητοποίησε, όμως, ότι βρισκόταν πολύ μακριά από το σπίτι του. Έκανε κρύο κι ο αέρας φυσούσε δυνατά, προσφέροντας ένα παγωμένο, αιχμηρό χάδι. Ο ήχος του ταξιδιάρη ανέμου ικανοποιούσε πλήρως την ακοή του Τρίσταν, προκαλώντας του ευχάριστη ανυπομονησία δίχως λόγο. Ένιωθε τη μαγεία της φύσης να τον συνεπαίρνει. Κοιτούσε τριγύρω, προσπαθώντας να χορτάσει το χιονοσκέπαστο τοπίο, πράγμα που δεν μπορούσε να καταφέρει. Σαν λαίμαργο παιδί στεκόταν ανάμεσα στα σοφά, αρχαία δέντρα καρτερώντας ακόμη περισσότερα απ' όσα βρίσκονταν γύρω του. Ήταν στην καρδιά του δάσους, εκεί που πίστευε πως είχαν περιπλανηθεί λίγοι ταξιδιώτες. Χαμένος, όπως ήταν στη σκέψη του, τον συνέφερε απότομα μία κίνηση διαφορετική από το αδέξιο κούνημα των δέντρων. Μία σταθερή κουκουλοφόρα μορφή κινήθηκε προς το ξέφωτο που βρισκόταν ο Τρίσταν. Κάθε βήμα έσερνε τα νεκρά φύλλα του χειμώνα που βρίσκονταν στο χιόνι. Η κοπέλα ξεσκέπασε τη μωβ κουκούλα της μακριάς της ρόμπας, παρουσιάζοντας έτσι το πρόσωπό της. Ο Τρίσταν ένιωσε το δέρμα του να μουδιάζει και τη γη ασταθή κάτω από τα πόδια του. Η κοπέλα τον κοίταξε με το καστανό της βλέμμα. Ένα βλέμμα που φανέρωνε τη σταθερότητα της γης και το όμορφο χρώμα των φθινοπωρινών φύλλων. Εκείνη τη στιγμή, ο άνεμος αποφάσισε να μεταφέρει το μεθυστικό άρωμα των σπαστών μαλλιών της προς το μέρος του. Εισπνέοντας, ο τελευταίος ένιωσε τη σαγηνευτική ευωδία των χειμερινών φύλλων και καρπών, που φυλάκιζαν τα πλούσια, καστανά μαλλιά της. Ένα μείγμα από κάστανο και αμύγδαλο ένιωθε στη γλώσσα του, που είχε προκληθεί από την τέλεια οσμή της. Αγνοώντας πλέον κάθε άλλη μαγεία από τη δική της, ο Τρίσταν χαμογέλασε πλατιά και αμήχανα. Απαντώντας στην ευγενική του κίνηση, η νεαρή κοπέλα απασφάλισε τα γεμάτα χείλη της, που είχαν χρώμα βιολετί και φανέρωσε το γλυκό της χαμόγελο. Ο Τρίσταν ένιωσε μαγεμένος. Όση ώρα κρατούσε το χαμόγελό της ακέραιο, ο ίδιος ένιωθε να βυθίζεται σε μία ανεξέλεγκτη μέθη, που επιθυμούσε να κρατήσει για πάντα. Πίστευε πως ταξίδευε σιγά-σιγά σ' ένα άλλο μέρος. Ο λαιμός του είχε στεγνώσει, αλλά δεν ένιωθε την ανάγκη για νερό. Το γεγονός ότι η καρδιά του χτυπούσε πιο δυνατά από τον ταχύ άνεμο, του έδειχνε πως ήταν ακόμη ζωντανός. Δεν είχε ξαναζήσει τέτοια συναισθήματα. Δεν ήθελε να συνέλθει από αυτό το μούδιασμα του εγκεφάλου του και δεν ήθελε να αφήσει αυτό τον ενθουσιασμό. Ο Τρίσταν δεν ήθελε να ξεφύγει από αυτή τη μοναδική χρονική στιγμή. Μα τα λόγια της κοπέλας, τον ξύπνησαν βίαια.

«Μήπως έχεις χαθεί;» του είπε συνεφέρνοντάς τον.

Ο Τρίσταν πλησίαζε απειλητικά στην πραγματικότητα και άρχισε να νιώθει ανεξήγητο άγχος και πανικό. Το πρόσωπό του θα ήταν σίγουρα κόκκινο από ντροπή. Ήταν τόσο βέβαιος πως έπρεπε να απαντήσει σύντομα στην ερώτηση, όσο κι ότι δεν θα ξεχνούσε ποτέ του αυτό το χαμόγελο.

«Όχι» είπε λουστράροντας το πάνω χείλος του «δεν έχω χαθεί, μία βόλτα κάνω στη Ρόμα» της απάντησε στραβοκαταπίνοντας.

«Στη Ρόμα;» είπε η κοπέλα χασκογελώντας, ενώ τα λόγια της ήταν σταθερά και καθαρά.

Καμία σχέση με τον αναποφάσιστο τόνο στη φωνή του Τρίσταν.

Η πλούσια ομορφιά της κοπέλας πολλαπλασιάστηκε με τη ζαχαρένια μελωδία του γέλιου της. Το άρωμα του χειμώνα πάνω της πλημμύριζε τα πνευμόνια του.

Ο Τρίσταν αγριεύτηκε από την αντίδρασή της, δεν καταλάβαινε τον λόγο, για τον οποίο γελούσε αυτή η άγνωστη ομορφιά. «Γιατί γελάς;» ρώτησε το κορίτσι του λευκού δάσους με απορία.

«Μάλλον έχεις χαθεί, εδώ δεν είναι η χώρα των τσιγγάνων» είπε κοιτώντας τον, μέσα από τις μπουκλωτές κουρτίνες του προσώπου της «εδώ είναι το Δάσος των Ψιθύρων. Η Ρόμα είναι νότια και καλύτερα να γυρίσεις. Νυχτώνει πάνω από τον τόπο σου και αν μείνεις κι άλλο, δεν θα βρίσκεις τον δρόμο του γυρισμού» τον συμβούλεψε.

Ο Τρίσταν την είδε να απομακρύνεται, «μισό λεπτό» φώναξε «δεν μου είπες το όνομά σου...» προσπάθησε να την προλάβει. Αλλά εκείνη εξαφανίστηκε ανάμεσα στους τεράστιους κορμούς του δάσους.

Μονομιάς, ο Τρίσταν γύρισε να κοιτάξει τον ιπτάμενο φίλο του. «Τι εννοούσε;» αναρωτήθηκε. Τι ήταν αυτή η όμορφη κοπέλα και πού ήξερε που βρισκόταν το σπίτι του; Σκέφτηκε ότι ίσως να ήταν μάντισσα. Γνώριζε που ήταν το σπίτι του, χωρίς να γνωρίζει τίποτα για εκείνον. Η πρώτη σκέψη, που φώτισε στο μυαλό του, ήταν πως κάτι κακό θα είχε συμβεί και πως καλό θα ήταν να επιστρέψει το γρηγορότερο δυνατόν. Αν και υπήρχε η πιθανότητα τα λόγια της κοπέλας να είχαν μεταφορική σημασία, ο ίδιος με όσα γίνονταν δεν μπορούσε να το προσπεράσει. Έπρεπε να γυρίσει και γρήγορα μάλιστα.

«Θέλω μία χάρη, φίλε μου» είπε ο Τρίσταν, χαϊδεύοντας τον πήγασο που στεκόταν όλη αυτή την ώρα πλάι του. «Θέλω να με πας σπίτι. Πρέπει να γυρίσω στη Ρόμα». Με τα λόγια αυτά, ο χρυσός πήγασος με την καφετιά χαίτη λύγισε το ένα του πόδι, για να βοηθήσει την ανάβαση του Τρίσταν. «Γρήγορα» είπε στο τέρμα της ανάσας του. Με δύο γερά τινάγματα των φτερών του πήγασου βλέπανε το δάσος από πάνω. Βρίσκονταν πάλι στην παγωμένη ατμόσφαιρα του ουρανού, ανάμεσα από τα γκρίζα συγκοινωνούντα σύννεφα.

Μετά από λίγα λεπτά, προσγειώνονταν έξω από το καραβάνι, όπου είδε τη μητέρα του μαζί με τις θείες του να τρέχουν έξω αλαφιασμένες.

«Τρίσταν, πού ήσουν;» φώναξε η μητέρα του, καθώς οι οπλές του πήγασου ακούμπησαν το έδαφος.

«Ήμασταν με τη Δάφνη στην αγορά και...» προτού όμως προλάβει να αρχίσει την αιτιολογία του, η μητέρα του είχε απλώσει τα χέρια της και το έσυρε κάτω από τον ψηλό πήγασο. Για μερικά δευτερόλεπτα τον είχε κλειδώσει σιωπηλή στην αγκαλιά της.

«Ανησυχήσαμε πάρα πολύ, Τρίσταν» ανάφερε η θεία του, η Λιλιάνα, που στεκόταν δίπλα τους. «Γιατί δεν έστειλες κάποιο μήνυμα;» πρόσθεσε.

Ο Τρίσταν την κοιτούσε μέσα από την αγκαλιά της Εύας Μπάπτιστα, δίχως να καταλαβαίνει τι εννοούσε.

«Δεν φταίω εγώ, αυτός ο πήγασος με πήγε μακριά» απολογήθηκε ο Τρίσταν, δείχνοντας θυμωμένος το μυθικό πλάσμα που ήταν πίσω του. Δεν μπορούσε να δεχτεί ότι θα ακούσει γκρίνιες για μία καλή πράξη που έκανε. «Τον βοήθησα, για να μην σκοτωθεί κι εκείνος δεν λέει να φύγει. Έχει κολλήσει μαζί μου» τόνισε και γύρισε προς τον πήγασο φουντωμένος, επειδή τον είχε βάλει σε μπελάδες. «Να, δείτε» είπε πλησιάζοντας τον πήγασο «Ουστ, ουστ» είπε ο Τρίσταν τινάζοντας τα χέρια του. «Ξου!» πρόσθεσε, σπρώχνοντάς το με την πλάτη. «Βλέπετε;»

Οι γυναίκες γύρω του κοιτούσαν τον πήγασο έκπληκτες, αποχαυνωμένες από την ομορφιά του.

«Δεν ξέρω ποιο είναι το πρόβλημά του. Εντάξει, κι εγώ του ζήτησα να με γυρίσει σπίτι, αλλά ο σκοπός ήταν να φύγει ελεύθερος» συνέχισε απελπισμένος.

«Δεν πρόκειται να σε αφήσει ποτέ, Τρίσταν. Άδικα προσπαθείς» είπε με ευθύ, ενημερωτικό τόνο η θεία Ελένα.

Ακόμα και οι αδερφές της γύρισαν και την κοίταξαν με περιέργεια.

«Αυτός είναι ηλιακός πήγασος. Είναι γόνος μυθικού ζώου, που σημαίνει ότι είναι ανώτερος από τους υπόλοιπους πήγασους που βλέπεις εδώ στη Σαντόρι» είπε και χάιδεψε την καστανή του χαίτη. «Είναι ζώα που χαρακτηρίζονται από τη δύναμη, το κύρος και την περηφάνια τους. Τρίσταν, όταν τον έσωσες, του απέδειξες ότι έχεις ευγενική και θαρραλέα ψυχή, την ψυχή που αναγνωρίζουν ως καβαλάρη τους. Αυτό που σου συνέβη είναι πραγματικά θείο δώρο. Δεν έχουν πολλοί την τιμή να έχουν ένα τέτοιο πιστό και αιώνιο φίλο» είπε χαμογελώντας και κοίταξε τον Τρίσταν «πώς θα τον πεις;».

Ο Τρίσταν ήταν ενθουσιασμένος. Άξαφνα, ξύπνησε το συναίσθημα της ντροπής μέσα του. Τόση ώρα δεν αναγνώριζε τις προθέσεις αυτού του σεβάσμιου πλάσματος και προσπαθούσε να το διώξει, ενώ εκείνο είχε καταλάβει τόσα για εκείνον. Η θεία του είπε πως ήταν μεγάλη τιμή να τον επιλέξει ως καβαλάρη ένας ηλιακός πήγασος κι εκείνος είχε φερθεί ανώριμα εξαιτίας της άγνοιάς του. Παρά ταύτα, όμως, τον είχε διαλέξει «Θα τον ονομάσω σαν ένα από τους προγόνους του» είπε πλησιάζοντάς τον και χαϊδεύοντας τον στο κεφάλι «Φλέγων».

«Αχ, τέλειο!» είπε τσιριχτά η θεία Λιλιάνα «Φλέγων από την φωτιά» συνέχισε, χτυπώντας παλαμάκια.

Ο Τρίσταν κοίταξε τη θεία του και χαμογέλασε. Εκείνη έμοιαζε πιο ενθουσιασμένη από εκείνον.

Αφού είχαν βολέψει τον Φλέγων στον στάβλο, δίπλα στο καραβάνι, με νερό και στάχυ, ο Τρίσταν θυμήθηκε την ακρότητα της συμπεριφοράς της μητέρας του. Ήταν πολύ αγχωμένη, όταν έφτασε στο σπίτι. Συγχρόνως, παρατήρησε ότι και οι τρεις τους ήταν σκεπτικές και σιγηλές. Ανησύχησε.

«Μαμά, έγινε κάτι όσο έλειπα;» είπε ο Τρίσταν με βλέμμα βέβαιο σαν η ερώτηση που έκανε να ήταν ρητορική.

«Δυστυχώς, Τρίσταν» είπε η Εύα, κοιτώντας τις αδερφές της «έγινε και άλλη επίθεση».

«Πότε; Πού;» ρώτησε έκπληκτος ο Τρίσταν.

«Πρέπει να έγινε όσο έλειπες» είπε η Ελένα με σοβαρό και ίσως ψυχρό τόνο «της επιτέθηκε στο σχολείο. Όποιο πλάσμα κρύβεται πίσω από αυτή την ιστορία, τη μάτιασε δίχως να προλάβει να φυλαχτεί».

«Ποια;» φώναξε ο Τρίσταν, αγωνιώντας. Ο τρόπος που μιλούσαν, τον έκανε να πιστεύει ότι πρόκειται για τη Δάφνη. Είχε φύγει και την είχε αφήσει μόνη της. Θυμήθηκε ότι εκείνη ήθελε να περάσουν από το σχολείο, για να πάρει ένα βιβλίο. Κι εφόσον εκείνος εξαφανίστηκε με τον Φλέγων, υπέθεσε πως θα πήγε μόνη της. Κι εκεί θα της επιτέθηκε, που ήταν μόνη και απροστάτευτη. «Η Δάφνη;» πρόσθεσε με αγωνία, ενώ η Λιλιάνα τον κοίταξε σηκώνοντας τα φρύδια της. Προφανώς, για το σενάριο που είχε πλάσει στο μυαλό του.

«Όχι, γιε μου. Όχι» είπε απότομα η μητέρα του «η Δάφνη τη βρήκε, το καημένο το κορίτσι πρέπει να τρόμαξε πολύ».

«Μάτιασε την καθηγήτρια αυταπάτης, την κυρία Τίλδη» είπε η θεία Ελένα που στεκόταν πίσω από τη μητέρα του. «Η καθηγήτρια του σχολείου είναι ζωντανή και βρίσκεται στην εντατική. Ποιος ξέρει τι θα γινόταν αν οι μοίρες δεν είχαν φέρει τη Δάφνη στην Εσκουέλα ντε Σαντόρι εκείνη την ώρα» είπε η Ελένα, κοιτώντας τον ουρανό, στον οποίο τα σύννεφα ταξίδευαν πιο γρήγορα και από μαγική σκούπα. Ο δυνατός αέρας προμήνυε βροχή.

«Πάμε μέσα μην κρυώσουμε» πρότεινε η Λιλιάνα, τυλίγοντας το γαλάζιο σάλι της γύρω από τους ώμους της.

Μπαίνοντας στο σπίτι, ο Τρίσταν έριξε μία ματιά στο διπλανό καραβάνι. Δεν υπήρχαν φώτα αναμμένα, ούτε ίχνος ζωής. Ήταν το μοναδικό καραβάνι που έμοιαζε εγκαταλελειμμένο και ακατοίκητο. Παντελώς παραμελημένο από την ιδιοκτήτη του, τη γειτόνισσα, που τον βοήθησε να σώσει νωρίτερα το μεσημέρι τον Φλέγων. Ο λόγος που το έκανε ήταν άγνωστος στον

Τρίσταν. Η πιο προφανής αιτία για εκείνον ήταν ότι ήθελε να του ρίξει στάχτη στα μάτια για το βράδυ, που την κατασκόπευε. Σύμφωνα με τις σκέψεις του Τρίσταν, εκείνη τον είχε δει τελικά εκείνο το βράδυ και προσπαθούσε να καλύψει τις κακές βλέψεις της με ευμενείς πράξεις. Μία ιδέα έλαμψε στο μυαλό του Τρίσταν. Ίσως να μην ήταν τυχαίο που η παράξενη γειτόνισσα εξαφανίστηκε μετά την επίθεση του κυρίου Χόνκο και εμφανίστηκε ξανά σήμερα που πραγματοποιήθηκε μία δεύτερη επίθεση. Τόσο καιρό που ο Τρίσταν δεν την είχε δει στο απέναντι βουρντάν, δεν είχε πραγματοποιηθεί καμία επίθεση. Είχε να εμφανιστεί μήνες και με την πρώτη ευκαιρία επιτέθηκε κιόλας. Στη συνέχεια, σκέφτηκε ότι αν έμενε σιωπηλός πάνω στο θέμα, κατά κάποιο τρόπο θα γινόταν συνένοχος στο έγκλημα. Έπρεπε να τους πληροφορήσει για τις ύποπτες πράξεις της Τσοβεξάνι.

«Ξέρετε την κυρία που μένει δίπλα μας;» ρώτησε ο Τρίσταν, ενώ έκλεινε την πόρτα πίσω του.

«Την Καταρίνα Μάνου;» είπε η Λιλιάνα πρόσχαρη «φυσικά, γειτόνισσες είμαστε».

«Τσοβεξάνι τη λένε, νομίζω» σχολίασε ο Τρίσταν.

«Τσοβεξάνι είναι οι μάγισσες στα τσιγγάνικα, Τρίσταν» τον ενημέρωσε η Εύα. «Σε καμία περίπτωση η Καταρίνα Μάνου δεν μοιάζει με τσιγγάνα. Δεν την έχεις δει;» του είπε χαμογελαστά η μαμά του Τρίσταν.

«Ν..ναι» απάντησε με δυσκολία, σκεπτόμενος παράλληλα τις εικόνες που είχε στο μυαλό του. Όντως το ντύσιμό της δεν έμοιαζε με των υπόλοιπων γυναικών, κυκλοφορούσε συνέχεια με μία μαύρη ρόμπα. Το σπίτι της ήταν πολύ απλό συγκριτικά με τα άλλα και το μόνο που είχε, ήταν γάτες. Ακόμη, θυμήθηκε πως για να κάνει εκείνο το ξόρκι χρησιμοποίησε ραβδί, ενώ είχε μάθει στο σχολείο πως οι τσιγγάνοι δεν χρησιμοποιούν ραβδιά.

«Έλα» είπε ενθουσιασμένη η Λιλιάνα «πότε γνώρισες την Καταρίνα και δεν μας το είπες;».

«Εμ...» δυσκολεύτηκε ο Τρίσταν καθώς έβλεπε πόσο συμπαθής τους ήταν και πόσο παράξενο θα τους φαινόταν αυτό που είχε δει από το παράθυρό του.

«Είναι άξια και τιμημένη γυναίκα η Τσοβεξάνι» πρόσθεσε η Ελένα.

«Σήμερα στην αγορά» ο Τρίσταν δεν κατάφερε να αναφέρει κάτι. Δεν ήθελε να αναφέρει κάποιο στοιχείο, που θα αποδείκνυε ότι κατηγορούσε αβάσιμα έναν άνθρωπο που εκείνες εκτιμούσαν τόσο. Αποφάσισε πως θα ήταν καλύτερο να έχει και άλλα στοιχεία προτού την κατηγορήσει. «Δεν την είχα ξαναδεί» είπε ψέματα και μη θέλοντας να δώσει συνέχεια «πάω να ξαπλώσω λίγο. Νιώθω κουρασμένος».

«Και το μάθημά σου;» τον ρώτησε η Ελένα εντυπωσιασμένη που το ξέχασε.

«Αύριο, θεία Ελένα» της φώναξε, επειδή ανέβαινε ήδη ανά δύο τα σκαλοπάτια.

Ο Τρίσταν δεν ήθελε να μιλήσει άλλο με την οικογένειά του για τη Τσοβεξάνι. Δεν ήξερε αν θα του δείξουν το παραμικρό δείγμα πίστης για αυτά που πίστευε. Άνοιξε το παράθυρό του και άρχισε να σφυρίζει σιγανά.

«Φλέγων» ψιθύρισε, προσδοκώντας να τον ακούσει ο πήγασος του Ήλιου. Και στα επόμενα δευτερόλεπτα, ο καινούριος του φίλος πέταξε πλάι στο παράθυρό του, χτυπώντας τα τεράστια φτερά του. Ο Τρίσταν είχε μόλις ανακαλύψει έναν τρόπο να φεύγει απ' το σπίτι, χωρίς να τον ανακαλύπτουν. Ήθελε να βεβαιωθεί πως η φίλη του ήταν καλά και συγχρόνως να ξεχαστεί από τον εμφύλιο πόλεμο των σκέψεών του. Ο Φλέγων τον άφησε έξω απ' το παράθυρο του δωματίου της. Χωρίς να χάνει χρόνο, για πρώτη φορά της εξήγησε αυτά που τον απασχολούσαν πραγματικά για το Ζη μέσα του. Τον φόβο που είχε, πως δεν θα μπορούσε να αντεπιτεθεί σε οποιοδήποτε κίνδυνο, για τις συνομιλίες που είχε ακούσει γύρω από τη βασκανία, καθώς και τις υποψίες που είχε για τη Τσοβεξάνι.

Εκείνη φαινόταν μπερδεμένη και φορτισμένη από την ποσότητα πληροφοριών, που τις είχε μεταθέσει ο Τρίσταν σαν χείμαρρος.

«Μην στενοχωριέσαι. Τώρα δεν σκέφτεσαι με καθαρό μυαλό και εγώ δυστυχώς δεν έχω τις απαντήσεις που θες. Αυτό που ξέρω, όμως, είναι κάτι που θα σε κάνει να ξεχάσεις για λίγο όλες αυτές τις αρνητικές σκέψεις» είπε η Δάφνη και σηκώθηκε από το κρεβάτι.

Εκείνη έβαλε έναν δίσκο στο πικάπ, που βρήκε στο ράφι του δωματίου της. Γρατζουνώντας τον δίσκο μέχρι να αποκτήσει επαφή, ο Τρίσταν σηκώθηκε.

«Τη ζωή πρέπει να την εκμεταλλευόμαστε. Με τη λύπη και την απογοήτευση κανείς δεν κατάφερε τίποτα» είπε η Δάφνη και η μελωδία που επέλεξε άρχισε να ακούγεται δυνατά στα αυτιά του.

Ένας ρυθμός αγχωτικός, που στη συνέχεια τον προκαλούσε να πολεμήσει τα αρνητικά συναισθήματα που τον είχαν κυριεύσει. Μία μελωδία που θύμιζε στρατιωτικό άσμα. Το άξαφνο χαμόγελό της, γεμάτο τσιγγάνικη πονηριά και ελπίδα, του έδωσε δύναμη. Το τσακίρικο βλέμμα της προμήνυε αλλαγή.

Ο Τρίσταν την κοιτούσε με συναισθήματα κενά, αλλά βαριά.

«Πάει πολύς, πολύς καιρός από τότε που σε είδα να χαμογελάς»* τραγούδησε παράλληλα με το τραγούδι. Γύρισε το πρόσωπό της στο πλάι, απλώνοντας τα λεπτά της δάχτυλα στην ελεύθερη επιφάνεια γύρω της, έκανε αυτό που ένιωθε. Αποδεικνύοντας στον Τρίσταν την ελευθερία που ζούσε και με τον τρόπο της, τον παρακινούσε να αισθανθεί το ίδιο. Χαϊδεύοντας το ανύπαρκτο περίτεχνα, κίνησε το κορμί της σαν τρεμάμενη φλόγα από κερί, όπως θα έκανε κάθε τσιγγάνα που επιθυμούσε να αποπλανήσει τη σκέψη. Η θεία του τον είχε προειδοποιήσει ότι αυτή ήταν μία από τις τέχνες της φυλής τους. Χορεύοντας, μπορούσαν να περάσουν μηνύματα και να δημιουργήσουν λύσεις σε αδιέξοδα. Ήταν ιεροτελεστία χωρίς θυσίες. Μία συνεχόμενη κίνηση, που ωφελούσε τη ματιά και την ψυχή. Η πλούσια φούστα της ανέμιζε προσφέροντας ένα καθησυχαστικό συναίσθημα στην ατμόσφαιρα. Τα κατάμαυρα μαλλιά της χάριζαν ένταση στην παλμική κίνησή της. Ζούσε σ' έναν παράλληλο κόσμο, όπου ο χρόνος είχε σταματήσει. Χορεύοντας ρυθμικά του έδωσε τα χέρια της.

«Σαν μία βραδιά στη Νάντη»* του τραγούδησε χαμογελώντας.

---

* Οι στίχοι είναι από το τραγούδι Nantes των Beirut.

Ο Τρίσταν ρίσκαρε και ανταπέδωσε, ενώ δεν ήξερε τον τσιγγάνικο χορό.

Χαμογελώντας, η Δάφνη του έδειχνε τα βήματα. Μετακινούνταν στο δωμάτιο σαν πεσμένα φύλλα που ταξίδευαν σε τρεχούμενο νερό. Ακολουθώντας τα βήματα σωστά, χαμογέλασε κι εκείνος. Οι δυο τους με ενωμένες παλάμες στριφογύριζαν στο δωμάτιο παίζοντας με τον ρυθμό. Μαζί πολεμούσαν τη σκόπελο της λογικής. Ο Τρίσταν είχε ξεχάσει τις έννοιες και τα προβλήματα, που τον απασχολούσαν. Η φίλη του κατάφερε να τον αποσπάσει από τον εσωτερικό του πόλεμο. Να δώσει πνοή στην εξαντλημένη ανάσα του.

«Κατάλαβες, Τρίσταν;» του είπε οδηγώντας τον «υπάρχει πάντα ελπίδα. Όταν θες, βρίσκεις λύσεις. Το μόνο που χρειάζεσαι είναι λίγη θέληση».

Το τραγούδι τελείωνε, πράγμα που τον τάραζε γιατί είχε αρχίσει να νιώθει όμορφα κι εξαρτημένος.

«Θα τη βρεις τη λύση» είπε η Δάφνη, κλείνοντας τα αμυγδαλωτά της μάτια με σιγουριά και διακόπτοντας την επαφή.

Επιστρέφοντας από την ξένη, για εκείνον, διάσταση αισθανόταν βέβαιος και σταθερός ψυχικά. Αρκετά δυνατός, ούτως ώστε να κυνηγήσει απαντήσεις. Ήθελε να γίνει όσο καλύτερος μπορούσε για τον εαυτό του, αλλά και για τους ανθρώπους που αγαπούσε. Επικράτησε σιωπή και τον νου του κυρίεψε μία σκέψη. Πάντα υπάρχει φως μέσα στο δύστηνο σκοτάδι. Απλώς, πρέπει κάποιος να σου δείξει τον δρόμο. Να σου δείξει ότι και μόνος σου μπορείς να καταφέρεις πολλά, όπως το να χορέψεις ένα τραγούδι που δεν γνωρίζεις τα βήματα. Να ξεπεράσεις τον φόβο του ανέγνωρου. Και για εκείνον, αυτός ο άνθρωπος ήταν η Δάφνη. Πλέον, ήξερε τι να κάνει. Ήξερε πώς να βρει την έξοδο από το άγνωστο.

Εκείνο το βράδυ, ο Τρίσταν ξάπλωσε στο κρεβάτι του χωρίς να θέλει να κοιμηθεί. Οι αλλαγές στη ζωή του ήταν ασταμάτητες. Ευχάριστες ή δυσάρεστες, ήταν πραγματικότητα και είχε μάθει να τις αποδέχεται. Δεν μπορούσε να μην τις αποδεχτεί, γιατί μία τέτοια αντίδραση θα φανέρωνε απάρνηση του αληθινού του εαυτού. Η έννοια του ήταν πως ακόμη δεν είχε γνωρίσει όλες τις πτυχές της ψυχής του. Είχε ένα μεγάλο κενό. Έλειπε ένα σημαντικό συστατικό που θα ολοκλήρωνε την εικόνα που έβλεπε κάθε πρωί στον καθρέφτη. Η μυστήρια δύναμη των τσιγγάνων, το Ζη, δεν είχε εμφανιστεί από μέσα του και χωρίς αυτό δεν ήξερε πως θα μπορούσε να νιώσει ολοκληρωμένος. Τα ιδιαίτερα μαθήματα με τον κύριο Αριβάλντο συνεχίζονταν στη Ντε Λα Εσκουέλα ντε Σαντόρι δίχως κανένα αποτέλεσμα. Ακόμη δεν είχε παρουσιάσει το παραμικρό δείγμα αυταπάτης. Η μητέρα του, του είχε πει πάντοτε να εμπιστεύεται το ένστικτό του και αυτό έβραζε μέσα του εκείνη την περίοδο, τροφοδοτώντας το αίσθημα της αμφιβολίας. Αν και ήταν ικανοποιημένος από τη γρήγορη απόδοσή του στην επιμόρφωσή του ως τσιγγάνος, πίστευε πως η απάντηση στο ερώτημά του δεν βρισκόταν μέσα του. Χρειαζόταν τα φώτα μίας ανώτερης δύναμης. Ο δρόμος που ακολουθούσε δεν ήταν σωστός και το ένιωθε, όπως και η αβεβαιότητα που τον σκούνταγε ενοχλητικά για την αθωότητα της Τσοβεξάνι. Σηκώθηκε από το κρεβάτι, ελπίζοντας να κοιτάξει από το παράθυρό του και να δει κάτι που είτε θα ενοχοποιούσε είτε θα αθώωνε την υπεράνω υποψίας Καταρίνα Μάνου. Τράβηξε λίγο τη μία κουρτίνα, που κάλυπτε το μικρό παράθυρό του. Ίσα που έβλεπε από μία σχισμή, για να μην φανερωθεί δεύτερη φορά κατασκοπεύοντας.

Το δωμάτιο ήταν σκοτεινό. Κανένα σημείο ζωής δεν υπήρχε μέσα στον χώρο. Η μητέρα φύση οργίαζε γύρω από τα καραβάνια και το προσβεβλημένο από τον καιρό βουρντάν της Τσοβεξάνι έμοιαζε άψυχο. Την ώρα που ο Τρίσταν αποφάσισε να παρατήσει την υποψία του και να επιστρέψει στο κρεβάτι του, είδε μία φλόγα να κινείται στον χώρο. Σταδιακά, οι φλόγες αυξάνονταν στο δωμάτιο της γειτόνισσας. Ήταν η Τσοβεξάνι, η μάγισσα του διπλανού καραβανιού. Άναβε ένα-ένα τα κεριά του δωματίου. Με την αύξηση του φωτός, ο Τρίσταν είδε πως δεν ήταν μόνη στο βουρντάν. Πίσω της στεκόταν η σάπια απομίμησή της. Όταν υπήρχε πλέον αρκετό φως, η Καταρίνα Μάνου αντίκρισε το άγνωστο πλάσμα και έμοιαζε να του μιλάει. Το μόνο που φώτιζε τη μελανή της φιγούρα, ήταν το πορτοκαλί μαντήλι που κρατούσε στα χέρια της και με ευλάβεια παρέδιδε στη Τσοβεξάνι. Ένα μαντήλι σαν αυτό της μητέρας του ή της Δάφνης. Το μαντήλι που φορούσαν οι τσιγγάνοι αυταπάτης.

«Κυρία Τίλδη» σκέφτηκε και ψιθύρισε.

Μονομιάς, η μάγισσα Μάνου έσβησε τα κεριά που άναβαν γύρω τους και η διερεύνηση για τον Τρίσταν σταμάτησε. Δεν μπορούσε να δει τίποτα πια. Πλέον, όμως, ήταν βέβαιος ότι η ανυποψίαστη γειτόνισσα είχε λόγους, για να γίνει υπ' αριθμόν ένα ύποπτη. Ο απόκοσμος υπηρέτης της κρατούσε στα χέρια του το μαντήλι της κυρίας Τίλδης.

Το επόμενο πρωί δεν είχαν σχολείο, ήταν Κυριακή και ο Τρίσταν πλύθηκε, φόρεσε το πουκάμισο του ποιητή, τη βράκα και τις μπότες. Το στοιχείο που έλειπε κάθε μέρα από την αμφίεσή του, ήταν το μαντήλι που θα τον κατένειμε σε μία από τις μαγικές τάξεις των τσιγγάνων. Κατέβηκε στην κουζίνα, όπου η θεία του, η Λιλιάνα, ετοίμαζε πρωινό. Εκείνος κάθισε στο τραπέζι και γλείφοντας το άνω χείλος του ετοιμάστηκε για κάτι μη ειλικρινές.

«Θεία, να σου κάνω μία ερώτηση;» απευθύνθηκε ο Τρίσταν στη Λιλιάνα.

«Φυσικά, αγαπημένε μου ανιψιέ» του απάντησε χαρωπά.

Ο Τρίσταν πήρε μία βαθιά ανάσα κοιτώντας την αστεία μορφή της θείας του. Εκείνη τον κοιτούσε ανοιγοκλείνοντας τα γαλανά της μάτια, ενώ προσπαθούσε να τακτοποιήσει τα αντιανεμικά μαλλιά της.

«Τα προμηνύματα που έχεις τα προκαλείς μόνη σου;» ρώτησε σκεπτόμενος. Έπρεπε να σκεφτεί ποια ροή θα έδινε στη συζήτηση, έτσι ώστε να πάρει την πληροφορία που τον ενδιέφερε.

«Όχι, γλυκέ μου» του απάντησε ανυποψίαστη «είναι το Ζη που υπάρχει μέσα μου. Εκείνο αποφασίζει πότε πρέπει να δω κάτι. Πολλοί θεωρούν αυτό το χάρισμα ανούσιο και άχρηστο, αλλά εγώ πιστεύω πως αν το σέβεσαι και το εμπιστεύεσαι μπορεί να σου προσφέρει αμέτρητα οφέλη, όπως και με τα περισσότερα πράγματα στη ζωή, εφόσον τα εκλάβεις σωστά φυσικά» του χαμογέλασε.

Η θεία Λιλιάνα ήταν πάντοτε αισιόδοξη και αγαθή, πράγμα που ο Τρίσταν δεν συμμεριζόταν μέχρι τότε, αλλά καθημερινά προσπαθούσε να οικειοποιήσει αυτή την αντιμετώπιση. Βλέποντάς την, καταλάβαινε πως αυτή η στάση, της χάριζε ψυχική ηρεμία και προσωπική σιγουριά, πράγματα τα οποία έλειπαν από το δικό του είναι.

«Δηλαδή, το δικό μου μέλλον, θα μπορούσες να το δεις αν ήθελες;» τη ρώτησε.

«Όχι, Τρίσταν» του είπε με ύφος κουταβιού «εμείς οι μάντισσες και οι μάντεις βλέπουμε το μέλλον, στο οποίο είμαστε παρόντες και μέχρι στιγμής δεν έχει τύχει να σε δω σε κανένα από τα οράματά μου. Ίσως το Ζη να μην θέλει να μου δείξει πράγματα που σχετίζονται με εσένα. Όλα γίνονται για κάποιο λόγο στη ζωή, γλυκέ μου. Να το ξέρεις αυτό».

«Και δεν υπάρχει άλλος τρόπος να δούμε τι μας κρύβει το μέλλον;» ρώτησε όλος απορία ο Τρίσταν.

«Μμμ» σκέφτηκε δυνατά η θεία του «περίμενε». Εκείνη σηκώθηκε από το τραπέζι και έπιασε δύο περίτεχνα φλιτζάνια τσαγιού. Έπιασε λίγα αποξηραμένα φύλλα μέσα από ένα γυάλινο δοχείο και τα έριξε μέσα σε κάθε φλιτζάνι. Πήρε το μπρούτζινο τσαγιερό, που έβραζε πάνω από το καυτό μάτι και γέμισε τις κούπες με νερό. Καθήμενη στο τραπέζι, ακούμπησε ένα φλιτζάνι μπροστά από τον Τρίσταν και το άλλο παρέμεινε στα χέρια της. Τα φύλλα ακολουθούσαν κυκλική τροχιά μέσα στο φλιτζάνι, ξεκλειδώνοντας άγνωστα αρώματα για τον Τρίσταν.

«Θα σου δείξω την τέχνη της τασεομαντείας» είπε πίνοντας μία γουλιά από την κούπα της. «Πίνε» του υπέδειξε.

«Τι είναι;» ρώτησε ο Τρίσταν πριν πιει.

«Μην ανησυχείς, Τρίσταν, είναι τσάι από διάφορα βότανα. Κάνει καλό» είπε η θεία Λιλιάνα, πίνοντας ακόμη μία γουλιά.

Όμοια έπραξε κι ο Τρίσταν.

«Όσο πίνεις, θέλω να σκέφτεσαι αυτό που επιθυμεί η ψυχή, το μυαλό και η καρδιά σου. Να σκέφτεσαι αυτά που ζητούν να μάθουν. Δεν πρέπει να σκέφτεσαι τίποτα άλλο» του είπε κι εκείνος έκλεισε τα μάτια του.

«Με το στόμα αφηγούμαστε τις ιστορίες όλων των ανθρώπων, λέμε μυστικά και κρύβουμε αλήθειες. Με αυτό μεταφέρουμε τρόμο, λύπη, χαρά και έμπνευση. Είναι η πόρτα του μυαλού και της ψυχής. Πίνοντας τσάι, χαλαρώνει το πνεύμα, αφήνοντας έτσι, ανοιχτές τις πύλες του μέλλοντος» είπε πίνοντας με πονηριά.

Με όλη του τη θέληση, σκεφτόταν πόσο πολύ ήθελε να μάθει τη δύναμη που κρυβόταν μέσα του και γουλιά-γουλιά έπινε το καυτό τσάι. Δίχως να το καταλάβει, μέσα σε λίγα λεπτά, είχε τελειώσει το ρόφημα. Κοίταξε τη θεία του, που κατάλαβε αμέσως πως είχε τελειώσει.

«Ωραία, τώρα άκουσε προσεκτικά. Ξεκινώντας από το χερούλι του φλιτζανιού, κοιτάμε τα σύμβολα δεξιόστροφα. Από το χείλος προς τον πάτο. Αυτά που βρίσκονται στο χείλος της κούπας είναι το κοντινό μέλλον, ενώ στον πάτο είναι το μακρινό. Για παράδειγμα, εγώ βλέπω ένα μωρό στη μέση του φλιτζανιού και από πάνω μία ανδρική φιγούρα, δίπλα στο γράμμα Λάμδα» είπε κοιτώντας τον αδιάφορη.

Ο Τρίσταν της χαμογέλασε, υποψιασμένος από το μήνυμα της κούπας.

«Τιιι;» τσίριξε η θεία του και πετάχτηκε στα δύο της πόδια, εξετάζοντας το μήνυμα του φλιτζανιού. «Θα γίνω μαμά; Τρίσταν το πιστεύεις;» είπε, χοροπηδώντας στην κουζίνα. Κι ενώ τα ρούχα της πάλλονταν πάνω κάτω από την επίδραση της ατμόσφαιρας, τα φουντωτά μαλλιά της είχαν την αντίσταση της βαρύτητας. Μετά από έναν γύρο, έπαψε να μιμείται το καγκουρό και κοίταξε τον Τρίσταν με βλέμμα αδειανό.

«Τι έγινε;» τη ρώτησε ο Τρίσταν.

«Υπάρχει ένα μικρό προβληματάκι» του απάντησε δαγκώνοντας το χείλος της «δεν ξέρω αυτό το Λάμδα ποιος είναι» είπε, υψώνοντας τα φρύδια και το κάτω χείλος της.

Ο Τρίσταν ανταπέδωσε με το ίδιο βλέμμα.

«Τέλος πάντων, για να δούμε το δικό σου» του είπε, αφήνοντας το φλιτζάνι της στον πάγκο.

Ο Τρίσταν κοίταξε το δικό του φλιτζάνι. Τα φύλλα τσαγιού είχαν σχηματίσει δύο κύκλους που τέμνονταν μεταξύ τους. Ο Τρίσταν δεν μπορούσε να καταλάβει τι σήμαινε και έψαξε να βρει την απάντηση στα μάτια της θείας του. Εκείνη έμοιαζε ξαφνιασμένη, ίσως και λίγο προβληματισμένη.

«Δύο μισά που είναι ένα;» είπε με ερωτηματικό τρόπο σαν να σκεφτόταν αν έπρεπε να του μεταδώσει την ερμηνεία.

Ο Τρίσταν συνέχιζε να μην καταλαβαίνει «Τι σημαίνει, θεία Λιλιάνα;».

«Δεν ξέρω, Τρίσταν. Το μόνο σίγουρο είναι πως ο χρόνος θα το αποκαλύψει, γλυκέ μου» του απάντησε συμπονετικά.

Η προηγούμενη αναφορά της θείας του δήλωνε πως γνώριζε αυτό που έβλεπε και το ένστικτο του Τρίσταν του έλεγε ότι ήθελε να το κρύψει. «Ναι, όμως, πώς ξέρεις το σύμβολο χωρίς...» την ανάκρισή του όμως διέκοψε η φωνή της μητέρας του, που ερχόταν από το σαλόνι του καραβανιού.

«Λιλιάνα, ελάτε γρήγορα».

Αμέσως βρέθηκαν και οι δύο στο σαλόνι. Η μητέρα του και η θεία Ελένα στέκονταν γύρω από μία μεγάλη γυάλινη σφαίρα. Στον πυρήνα της σφαίρας βρισκόταν το είδωλο μίας νεαρής γυναίκας με πολύ κοντά ξανθά μαλλιά και πρησμένα χαρακτηριστικά. Όλοι ήταν σιωπηλοί και άκουγαν τα λόγια της.

«Κυρίες και κύριοι, διακόπτουμε την καθημερινότητά σας, για να σας πληροφορήσουμε για μία έκτακτη είδηση. Ο κύριος που στάθηκε άτυχος προ ολίγων μηνών και υπήρξε θύμα βασκανίας, επαναφέρθηκε έπειτα από τις αδιάκοπες προσπάθειες των ντραμπένγκι» στη θέση της παρουσιάστριας εμφανίστηκε μία φωτογραφία του κυρίου μέσα στο νοσοκομείο. *«Σύμφωνα με την αναφορά που έδωσε*

στους Σάνγκλε, την τοπική αστυνομία, πίσω από την επίθεσή του κρύβεται ένα χομούνκουλους. Η κατάστασή του δεν είναι πλέον κρίσιμη σωματικά, αλλά ψυχικά όλοι συμπονάμε για τον κύριο. Το χομούνκουλους έκλεψε το Ζη του θύματος για άγνωστα ακόμη αίτια», η φωτογραφία του θύματος αντικαταστάθηκε από μία φωτογραφία ανδρών ντυμένων στα μαύρα με μαύρα μαντήλια στο κεφάλι. *«Οι Σάνγκλε παρακαλούν οποιονδήποτε ρομάνι έχει στοιχεία για αυτό το τραγικό γεγονός, να απευθυνθεί αμέσως στις αρχές»*. Η τελευταία φωτογραφία εξαφανίστηκε και φάνηκε πάλι η παρουσιάστρια *«ο Ρομ Μπάρο συμβούλεψε τους πολίτες να είναι άκρως προσεκτικοί μέχρι να βρεθεί ο εγκληματίας και να φοράνε ματόχαντρα όλες τις ώρες. Για ο,τιδήποτε νεότερο παρακαλούμε να μείνετε συντονισμένοι. Ήταν το έκτακτο δελτίο με την Έλεανορ Μελέτη. Καλή σας μέρα»*.

Η γυναίκα εξαφανίστηκε μέσα από τη γυάλινη σφαίρα.

«Χομούνκουλους» τόνισε η Λιλιάνα, κοπανώντας το πόδι της με την παλάμη της «σίγουρα κάποιος δειλός θα κρύβεται πίσω απ' όλα. Έτσι δεν είναι, Ελένα;» είπε και κάθισε στον καναπέ πλάι στη μητέρα του Τρίσταν.

Η Ελένα καθόταν σιωπηλή στην πολυθρόνα. Αφηρημένη και εμφανώς ο νους της ταξίδευε, καθώς συμπίεζε τα χείλη της με τα δύο της δάχτυλα. Εκεί, ο Τρίσταν βρήκε ευκαιρία να λύσει την απορία του.

«Τι είναι το χομούνκουλους;» είπε, επιθυμώντας να επαληθεύσει όσα του είχε πει ο διευθυντής Αριβάλντο.

«Στη σοφίτα αμέσως» είπε η θεία Ελένα, που παράμενε αμέτοχη ως στιγμής.

Όταν πλέον βρίσκονταν και οι τέσσερις Μπάπτιστα στη μικρή σοφίτα, οι τρεις τους οδήγησαν τον Τρίσταν στο αρχαίο χοντρό βιβλίο.

«Όποτε έχεις απορία, Τρίσταν, για μαγικά, διαβολικά πλάσματα, θα ανατρέχεις σε αυτό το βιβλίο» είπε η μητέρα του, που προφανώς είχε ξεχάσει τα μαθήματα που έκανε με τη θεία Ελένα.

«Το ξέρω» είπε ο Τρίσταν στον εαυτό του ουσιαστικά, μιας και δεν έδωσε καμία τους σημασία στο σχόλιό του.

«Μία μέρα θα το δώσεις και εσύ στα δικά σου παιδιά, Τρίσταν» είπε, χαμογελώντας η Λιλιάνα, που προφανώς σκεφτόταν ακόμη το μήνυμα του φλιτζανιού.

«Στο κεφάλαιο αλχημεία πρέπει να είναι» συμβούλεψε την αδερφή της η Εύα.

Η μεγαλύτερη θεία του Τρίσταν σταμάτησε σε μία σελίδα που έγραφε στην κορυφή *Χομούνκουλους* και από κάτω είχε μία ζωγραφιά ενός άντρα, που από το εκτεταμένο χέρι του έβγαινε κάτι που θύμιζε καπνό στην κορυφή και στο κάτω μέρος εξελισσόταν σε ανθρώπινα ζαρωμένα πόδια. Στην απέναντι πλευρά, βρισκόταν μία αναφορά στο μαγικό πλάσμα, το οποίο η θεία Ελένα διάβασε δυνατά.

«Το χομούνκουλους είναι ον πλασμένο από μαγεία σε συνδυασμό με την τέχνη των αλχημιστών. Οι αλχημιστές εξαιτίας του πάθους που έτρεφαν για την έρευνα και την εξέλιξη της αλχημικής επιστήμης, ένιωθαν πως δεν είχαν χρόνο για τις καθημερινές τους υποχρεώσεις. Έτσι, κατέφυγαν στην εφεύρεση του χομούνκουλους. Αυτά υπέκυπταν στις επιθυμίες των δημιουργών τους και εκτελούσαν οποιαδήποτε επιθυμία τους. Ήταν εύκολο να αναγνωρίσει κανείς τον ιδιοκτήτη, αφού προς έλλειψη ευρηματικότητας, το χομούνκουλους έπαιρνε τη μορφή του ιδιοκτήτη. Με τη μόνη διαφορά ότι εξαιτίας της αλχημείας, το χομούνκουλους έμοιαζε απόκοσμο και ταλαιπωρημένο. Σαν κάτι μη ανθρώπινο.

Αρχικά όλα έβαιναν καλώς, μέχρι που παρουσιάστηκε το πρώτο ανεξέλεγκτο χομούνκουλους. Η μαγεία από μόνη της εξελίχθηκε, χαρίζοντάς τους νοημοσύνη και ελεύθερη θέληση. Όταν η μαγεία ενός ανθρώπου δεν ήταν αρκετά δυνατή, το χομούνκουλους έλυνε τα δεσμά που είχε με τον δημιουργό του και οι συνέπειες συνήθως ήταν επίβουλες. Παρουσιάστηκαν κατά καιρούς χομούνκουλους που επιτίθονταν, έκλεβαν και σκότωναν. Τα χειρότερα παρουσιάστηκαν όταν εκείνα που είχαν μεγάλο χρόνο ζωής, ανέπτυξαν μαγικές ικανότητες».

Στην επόμενη σελίδα βρισκόταν η διαδικασία για τη δημιουργία ενός χομούνκουλους και στην τελευταία η καταστροφή του. Ο Τρίσταν χάζευε το βιβλίο, για να ανακαλύψει αν κάποια από τις πληροφορίες του Βιβλίου των Σκιών αποκάλυπτε τη Τσοβεξάνι.

«Τρίσταν, θα πάμε στο νοσοκομείο να δούμε την κυρία Τίλδη» είπε η μητέρα του «συνεννοήθηκα να πας να κάνεις παρέα στη Δάφνη και στον Κάσπαρ, για να μην ανησυχούμε κι εμείς. Θα το χρειάζονται κι εκείνοι ούτως ή άλλως».

«Εντάξει» απάντησε ο Τρίσταν πρόθυμα. Ήθελε να βρίσκεται μαζί τους εκείνη τη δύσκολη ώρα.

«Θα πας με τον Φλέγων. Στον αέρα θα είσαι ασφαλής» συμπλήρωσε η θεία του η Ελένα.

Έτσι, έπειτα από μερικά λεπτά, ο Τρίσταν βρισκόταν στη ράχη του Φλέγων και πετούσαν προς το σπίτι των Νίκολαϊ.

Οι τρεις Μοίρες

Κοιτώντας τα χιονοσκέπαστα βουρντάν από ψηλά, είδε σε μία από τις αυλές ένα αλυσοδεμένο σκυλί να γαβγίζει ανήσυχο, ενώ προσπαθούσε να σπάσει τα δεσμά του. Το σκηνικό αυτό ξύπνησε την περιέργεια μέσα στον Τρίσταν και αποφάσισε να ανακαλύψει ποιο ήταν το θέμα πίσω από αυτή τη σκηνή. Λίγο πριν προσγειωθεί στην αυλή, αντιλήφθηκε ότι το σκυλί που γρύλιζε ήταν του κυρίου Χόνκο. Το ξύλινο σπιτάκι του σκύλου είχε χαραγμένο πάνω από την είσοδο το όνομά του. Το έλεγαν Ζόρμπα και μονομιάς θυμήθηκε ότι ήταν το όνομα του σκύλου του, που έλεγε πως ήταν άρρωστο, όπως κι ότι η Εύα Μπάπτιστα το είχε χαρακτηρίσει ως καλό ζώο, πράγμα που δεν ταίριαζε τόσο με την εικόνα που είχε ο Τρίσταν μπροστά του.

Ο σκύλος είχε καρφώσει το βλέμμα του στο βουρντάν και γρύλιζε, εκτοξεύοντας σάλια με κάθε του γάβγισμα. Κάτι συνέβαινε μέσα εκεί, που ο σκύλος προσπαθούσε να αποτρέψει. Ο Τρίσταν φοβόταν να μπει μέσα, χωρίς να ξέρει τι τον περίμενε. Ήδη είχε παρακούσει τις εντολές της θείας του και βρισκόταν στο έδαφος, που μπορούσε να του επιτεθούν ανά πάσα στιγμή.

Πλησίασε τα παράθυρα του βουρντάν, για να κοιτάξει τον παρατημένο χώρο του σπιτιού. Εξαιτίας της απουσίας του κυρίου Χόνκο, το σπίτι είχε πάρει εγκαταλελειμμένη μορφή. Μόνο το φαγητό και το νερό του σκύλου γέμιζαν εκ διά μαγείας, διαδικασία που προκαλούσε κάποιο ξόρκι, σκέφτηκε.

Ελέγχοντας τα δύο πρώτα παράθυρα, του σαλονιού και της κουζίνας, δηλαδή, δεν εντόπισε καμία ύπαρξη. Μόνο κάτι μύγες πετούσαν πάνω από τα άπλυτα σκεύη του νιπτήρα, στην κουζίνα. Φτάνοντας στο τρίτο παράθυρο, έβλεπε μέσα στο γραφείο του κυρίου Χόνκο. Η πόρτα ήταν ανοιχτή και στο βάθος μπορούσε να δει τα σκαλιά του βουρντάν.

Ενώ ετοιμαζόταν να αλλάξει παράθυρο, είδε ένα ζευγάρι μπότες να κατεβαίνει τα σκαλιά. Προς μεγάλη του έκπληξη, το πρόσωπο που βρισκόταν παράνομα μέσα στο βουρντάν, ήταν ο Κάσπαρ. Ο Τρίσταν κρύφτηκε καλύτερα, ενώ η αδύνατη φιγούρα του Κάσπαρ απομακρυνόταν προς το πίσω μέρος του καραβανιού, έχοντας στα χέρια του ένα δερμάτινο γκρι ποσότι σαν εκείνο που του είχε χαρίσει η θεία του.

Κοιτώντας κλεφτά, από την άκρη του βουρντάν, είδε τον Κάσπαρ να τρέχει σκυφτά, ελπίζοντας να μην τον δει κανείς, πράγμα που δεν είχε καταφέρει.

Καβαλώντας τον Φλέγων, αναρωτιόταν τι έκανε μέσα στο σπίτι του κυρίου Χόνκο ο Κάσπαρ. Αν το ποσότι που κρατούσε, το είχε βρει εκεί μέσα και τι το ήθελε.

Η αθώα πλευρά του χαρακτήρα του, του έλεγε πως ήταν δικό του. Πολλές φορές είχε ακούσει για πράγματα μαθητών, που είχε κρατήσει ο κύριος Χόνκο για τιμωρία, μετά από κάποια σκανταλιά. Όμως, η καχύποπτη φωνούλα μέσα του έλεγε πως ο Κάσπαρ κάτι έκρυβε, πως αυτό που είχε δει σχετιζόταν με το ξόρκι, που τον είχε ακούσει να κάνει το βράδυ του αγώνα στο σπίτι τους. Εκείνο που φοβόταν όμως, ήταν μήπως τα μυστικά σχέδια του Κάσπαρ είχαν να κάνουν με το φαινόμενο της βασκανίας. Δεν γνώριζε τίποτα απ' όσα έκανε ο Κάσπαρ, δεν ήξερε τα προβλήματά του κι ούτε τις προθέσεις του. Ήταν ένα παιδί, που μιλούσε ελάχιστα και κανείς δεν μπορούσε να τον ψυχολογήσει.

Σύντομα, είχε φτάσει στο σπίτι και καθόταν στο κρεβάτι της Δάφνης μαζί με εκείνη. Δεν της ανέφερε τίποτα για το σπίτι του κυρίου Χόνκο και τον Κάσπαρ. Επικεντρώθηκε στη δύσκολη στιγμή που έζησε εκείνη με την κυρία Τίλδη.

«Την είδα στο πάτωμα να τραντάζεται και πρόσεξα ότι το ματόχαντρο ήταν σπασμένο. Τότε κατάλαβα πως ήταν βασκανία» είπε βουρκωμένη «κι άρχισα να την ξεματιάζω, αλλά Τρίσταν...» είπε, πιάνοντας το χέρι του «ήταν απαίσιο, τρομακτικό» είπε η Δάφνη με απέχθεια και φόβο.

«Ήταν όντως χομούνκουλους;» τη ρώτησε ερευνητικά ο Τρίσταν.

«Μάλλον» δίστασε η Δάφνη «δεν το είδα καλά. Ήταν ένα ψηλό γλοιώδες πράγμα».

Εκείνη τη στιγμή, ο Τρίσταν σκέφτηκε πως έπρεπε να μοιραστεί μαζί της όσα είχε δει τη Τσοβεξάνι να κάνει το προηγούμενο βράδυ. Ίσως και να ήξερε κάτι παραπάνω, που να μπορούσε να επαληθεύσει ή να ακυρώσει την υποψία του.

Έτσι, πέρασαν αρκετά λεπτά, όπου ο Τρίσταν της αφηγούταν λεπτομερώς όλα όσα είχε δει στο σπίτι της γειτόνισσάς του.

«Τρίσταν, το έχεις πει αυτό σε κανέναν; Την προηγούμενη φορά που το συζητήσαμε δεν είχε κάποιο αποδεικτικό στοιχείο. Αν το μαντήλι που είδες να κρατάει είναι της κυρίας Τίλδη, τότε...» του είπε η Δάφνη αγωνιωδώς «...μπορεί η Τσοβεξάνι όντως να είναι πίσω απ' όλα αυτά. Μπορεί εκείνη να επιτίθεται στους τσιγγάνους, μπορεί αύριο να επιτεθεί σε εσένα ή στην οικογένειά σου. Τι θα κάνεις τότε;»

Η Δάφνη μιλούσε, ίσως με το πιο σοβαρό ύφος που είχε δει ο Τρίσταν ως τότε. Ένιωθε πως οι υποψίες του είχαν αποκτήσει βάσεις και ότι μπορούσε να αναφερθεί σε αυτές άφοβα.

«Το είπα μόνο στον διευθυντή Αριβάλντο, που μου είπε να είμαι διακριτικός μέχρι να το ερευνήσει» της ανέφερε ο Τρίσταν «και με τα πολλά να μην το συζητήσω παραέξω, γιατί μπορεί να φτάσει στα αυτιά της και να χαθεί η ευκαιρία να τη συλλάβουν».

Με τούτη την απάντηση η Δάφνη καθησυχάστηκε.

«Ναι, όντως, δεν έχει άδικο σε αυτό που σου είπε ο κύριος Αριβάλντο, γιατί αν φτάσει στα αυτιά της, μπορεί εύκολα να ξεφύγει, ενώ τώρα είμαστε σε πλεονεκτική θέση» είπε η Δάφνη και σηκώθηκε να κοιτάξει έξω απ' το παράθυρό της, λες και ετοιμαζόταν για μάχη. «Μην ανησυχείς κι εγώ δεν θα πω τίποτα» είπε παρομοιάζοντας το στόμα της με φερμουάρ. «Πάντως δεν την είχα δει τόσα χρόνια εδώ να έχει πειράξει κάποιον» σχολίασε σκεπτόμενη. «Τελικά, ο μπαμπάς μου έχει δίκιο. Το μεγαλύτερο κακό έρχεται από εκεί που δεν το περιμένεις».

Με τα λόγια αυτά ακούστηκαν δύο χτύποι στην πόρτα και με το «ναι...» της Δάφνης εμφανίστηκε το κεφάλι της μητέρας της από το μικρό άνοιγμα της πόρτας.

«Τρίσταν, μόλις επικοινώνησα με τη μαμά σου και είπαμε, αν ήθελες κι εσύ, να μείνεις εδώ απόψε, γιατί εκείνες θα αργήσουν» είπε χαμογελώντας. Και μονομιάς ο Κάσπαρ μπούκαρε στο δωμάτιο, που μαζί με τη Δάφνη άρχισαν να χοροπηδάνε και να φωνάζουν.

«ΝΑΙΙΙΙ!!!».

Είχαν περάσει τέσσερις μήνες. Οι πάγοι είχαν λιώσει, ενώ τα πρώτα άνθη είχαν κάνει την εμφανισή τους. Όλα τα ερωτήματα του Τρίσταν παρέμεναν αναπάντητα. Σύντομα, μετά την επίθεση του χομούνκουλους, ο Τρίσταν πληροφόρησε την οικογένειά του, για τις υποψίες και τα στοιχεία που έχει κατά της Καταρίνα Μάνου. Η τύχη της όμως αγνοούταν. Όταν την επισκέφθηκαν οι Σάνγκλε στο γειτονικό βουρντάν, είπαν πως το καραβάνι ήταν σε τέλεια κατάσταση. Όλα έμοιαζαν φυσιολογικά, με τη μόνη διαφορά ότι εκείνη έλειπε. Είχε κι αυτή μαγέψει την τροφή των γατιών της, όπως κι ο κύριος Χόνκο. Ένα στοιχείο που έδειξε στους Σάνγκλε, ότι η απουσία της ήταν προγραμματισμένη. Κανείς δεν γνώριζε τα σχέδιά της, αφού η συγκεκριμένη γυναίκα είχε πολλές αντιπάθειες στη Σαντόρι. Ακόμη, δεν δηλώθηκε ως καταζητούμενη από την τσιγγανική αστυνομία, για τον λόγο ότι δεν είχαν βρεθεί ενοχοποιητικά στοιχεία στο σπίτι της. Το μόνο που μπορούσαν να κάνουν, ήταν να αναμένουν την επιστροφή της. Μία κατακλείδα με πολλά ερωτηματικά.

Το θέμα είχε σχεδόν ξεχαστεί από την πλειοψηφία. Ο κύριος Χόνκο είχε επιστρέψει σπίτι του, χωρίς να έχει ανακτήσει το Ζη μέσα του. Οι ντραμπένγκι είπαν πως μετά από πολλές εξετάσεις, δεν βρήκαν ίχνος μαγείας μέσα του. Ίσως να είχε χάσει για πάντα τη δύναμή του. Επίσης, δεν είχε μάθει τίποτα νεότερο για την επίσκεψη του Κάσπαρ στο βουρντάν του κυρίου Χόνκο. Μία μέρα, όταν προσπάθησε να τον ρωτήσει απ'εξω, απ'εξω για ένα γκρι ποσότι, ο Κάσπαρ ισχυρίστηκε πως δεν είχε δει ποτέ στη ζωή του κάτι τέτοιο. Ο Τρίσταν προσπαθούσε να τον παρακολουθεί από τότε. Όμως, κι ο Κάσπαρ ήταν πολύ προσεκτικός μπροστά του και συνέχιζε να κλείνεται για αμέτρητες ώρες στο δωμάτιό του.

Στο τελευταίο μάθημα με τον κύριο Αριβάλντο, ο Τρίσταν ενημερώθηκε ότι θα διακόπτανε για λίγο καιρό, διότι ο διεύθυντής του Ντε Λα Εσκουέλα ντε Σαντόρι είχε βρεθεί σε αδιέξοδο κι έπρεπε να συμβουλευτεί μία φίλη του εκτός της Ρόμα.

Ο Τρίσταν είχε αγανακτήσει με το πρόβλημα της δύναμής του. Είχε κουραστεί από τα μυστικά που κρατούσαν όλοι. Ο Κάσπαρ με το ποσότι και τα ξόρκια, η Δάφνη που έλεγε ψέματα στον εαυτό της ότι ήταν ανίκανη τσιγγάνα αντί να παραδεχτεί τον φόβο της, η θεία Λιλιάνα με το σύμβολο που είχε δει στο φλιτζάνι του. Ο περιορισμός αυτός τον ώθησε στην απόφαση να μεριμνήσει ο ίδιος για τον εαυτό του.

Το μόνο που περίμεναν όλοι με ανυπομονησία, ήταν η γιορτή για την άφιξη της άνοιξης, το Εντερλέζι. Κάποια παραδοσιακά έθιμα πρόσταζαν τον στολισμό του σπιτιού με λουλούδια και το πλύσιμο των χεριών με νερό από τα πηγάδια των ναών. Είχε παρατηρήσει πολλούς τσιγγάνους να χρησιμοποιούν μάγια για τον στολισμό του βουρντάν. Το δικό τους το είχε στολίσει η Λιλιάνα. Χρησιμοποιώντας ένα ξόρκι, τα πολύχρωμα άνθη του εδάφους είχαν αναρριχηθεί στο καραβάνι σαν κισσός. Εκείνες τις μέρες, όλοι έπλεναν τα βουρντάν με νερό κι όσοι ήθελαν πρόσθεταν στο μπάνιο τους άνθη. Ήταν η πιο σημαντική γιορτή του χρόνου και όλοι το συζητούσαν με λαχτάρα.

Καθώς πετούσε πάνω από τη Σαντόρι καβάλα στον Φλέγων, ο Τρίσταν δεν μπορούσε παρά μόνο να ζαλίζει το κεφάλι του με τα γεγονότα. Έπρεπε να βρει τη λύση του προβλήματός του, πράγμα που δεν θα έκανε στο σπίτι των Μπάπτιστα, σκέφτηκε, ανακαλούμενος τις φορές που του έχουν κρύψει πράγματα. Έπρεπε να βοηθήσει τον εαυτό του και γρήγορα.

Πέταξε προς το γκρίζο βουνό, που είχε δει με την άφιξή του στην Μπριτανέα. Ένα βουνό, το οποίο έμοιαζε με γιγάντιο νύχι, που είχε καταφέρει να βγει στην επιφάνεια από τα βάθη του υποκόσμου. Ένα θέαμα ξένο απέναντι στην υπόλοιπη χώρα. Καθώς πλησίαζαν ο Τρίσταν ένιωθε τα πόδια του να μουδιάζουν από τη δύναμη που έβαζε, για να κρατηθεί στη ράχη του πήγασου, διότι η πορεία τους ήταν ανοδική. Από την άλλη, ένιωθε αγωνία γι' αυτό που τον περίμενε.

Είχε αποφασίσει να κάνει εκείνο, που είχε προτείνει στη Δάφνη εκείνη την ημέρα στην αγορά. Αυτό που τον είχε συμβουλέψει να μην κάνει. Θα επισκεπτόταν τις τρεις Μοίρες.

Μπήκε μέσα στην υγρή σπηλιά. Η υγρασία έφτανε ως τα κόκκαλά του κι ο μοναδικός ήχος που ακουγόταν ήταν οι σταγόνες, που άρρυθμα έπεφταν από τους σταλακτίτες. Στο βάθος του σκοτεινού διαδρόμου διέκρινε ένα λαμπερό φως. Σιγά-σιγά και στις μύτες των ποδιών του πλησίασε και κρυφοκοίταξε μέσα στο άνοιγμα. Το φως πήγαζε από ένα τεράστιο χρυσό αργαλειό, τον οποίο λειτουργούσε μία νεαρή κοπέλα που φαινόταν τρισευτυχισμένη. Ντυμένη στα λευκά, καθόταν στον αργαλειό και παίρνοντας νήματα από ένα τεράστιο παλιό σακί, στη συνέχεια τα ύφαινε στον αργαλειό. Ο Τρίσταν παρατήρησε ότι ενώ τα νήματα αρχικά ήταν λευκά, ακουμπώντας τα στον αργαλειό αποκτούσαν χρωματιστό φως. Άλλα νήματα γίνονταν κόκκινα, άλλα μπλε και ούτω καθεξής. Όλα τα χρώματα του κόσμου. Στην άλλη άκρη του χώρου βρισκόταν μία γυναίκα μέσης ηλικίας, η οποία ήταν επίσης ντυμένη στα λευκά και φαινόταν να φροντίζει τα νήματα με διάφορα υλικά. Δεν ήταν, όμως, τόσο χαρούμενη όσο ήταν η πρώτη Μοίρα. Έμοιαζε περισσότερο προβληματισμένη.

«Σε περιμέναμε, Τρίσταν» είπε με γλυκιά φωνή η νεαρή κοπέλα που καθόταν στον αργαλειό.

Ο Τρίσταν αγχώθηκε προς στιγμήν, διότι δεν είχε φανερωθεί ακόμα και δεν είχε κάνει κάτι, για να προδώσει την παρουσία του.

«Είμαστε οι Μοίρες, ξέρουμε τα πάντα για τη ζωή του κάθε ανθρώπου, μικρέ Μπάπτιστα» αποδεικνύοντας έτσι ότι γνώριζαν ήδη την παρουσία του. «Έλα μέσα» είπε η δεύτερη Μοίρα που περιποιούταν το πλέγμα «μην φοβάσαι» πρόσθεσε.

Ο Τρίσταν ένιωσε χαζός, που δεν είχε σκεφτεί ότι εκείνες γνώριζαν ήδη ότι θα τις επισκεπτόταν. Δίχως δεύτερη σκέψη μπήκε στον χώρο τους, νιώθοντας ότι κατά έναν τρόπο, οι κινήσεις που θα ακολουθούσαν, είχαν επαναληφθεί. Μία σκέψη, που το έκανε να νιώθει ασφαλής.

«Εγώ είμαι η Κλωθώ» είπε η νεαρή Μοίρα, που καθόταν χαρούμενη στην αρχή του αργαλειού «εγώ είμαι εκείνη που δίνω ζωή στον κόσμο και αποδίδω την ουσία της ψυχής».

Ο Τρίσταν είχε πλησιάσει το φωτεινό πλέγμα και κοιτούσε αποχαυνωμένος. Τόσα πολλά νήματα μπλεγμένα σε ένα τόσο τέλειο δημιούργημα. Η εικόνα μπροστά του πλησίαζε πολύ σε αυτό που φανταζόταν ως πέπλο ζωής.

«Το σακί δίπλα μου με προμηθεύει πάντα με νέα, τέλεια νήματα» κι έδειξε το αρχαίο δερμάτινο σακί δίπλα της «εκτός από μία φορά, Τρίσταν. Πρώτη φορά σε τόσους αιώνες, τράβηξα ένα ελαττωματικό νήμα» είπε η Κλωθώ.

«Και αυτό έχει χαλάσει ολόκληρο το έργο μας» είπε η δεύτερη Μοίρα που περιποιούταν με μανία τις κλωστές. «Εγώ είμαι η Λάχεσις και διαμορφώνω τις ζωές των ανθρώπων, τον δρόμο τους» είπε, αλείφοντας με ένα λεπτό πινέλο μία ουσία πάνω σε κάποια νήματα. «Δημιουργώ τραύματα, χαρές, πράγματα για να θυμούνται και άλλα που ξεχνάνε. Κάνω ό,τι είναι απαραίτητο, για να ακολουθήσει ο καθένας τη μοίρα του, πράγμα που το δικό σου νήμα, με δυσκολεύει πάντα» είπε με εκνευρισμό η Λάχεσις.

«Δεν καταλαβαίνω» είπε γεμάτος απορία ο Τρίσταν.

«Έλα» του είπε η Λάχεσις δίχως να τον κοιτάει και του έγνεψε, για να πλησιάσει με το φανερά νευρικό της χέρι.

Ο Τρίσταν πλησίασε και κοίταξε αυτό που υποδείκνυε η Λάχεσις. Ενώ όλες οι κλωστές ήταν μοναδικές και ακέραιες, υπήρχαν κι όμως δύο, που ήταν τυλιγμένες μεταξύ τους. Μία λευκή και μία κόκκινη σχημάτιζαν μία χοντρή κλωστή.

«Γιατί συνέβη αυτό;» ρώτησε ο Τρίσταν, κοιτώντας την Κλωθώ.

«Κάθε κλωστή είναι μία ψυχή» είπε η Κλωθώ χαμογελώντας.

«Η δική σου ψυχή είναι ενωμένη με μία άλλη. Μαζί ακολουθείτε κοινή πορεία, την ίδια μοίρα» είπε η Λάχεσις.

Τότε ο Τρίσταν θυμήθηκε αυτό που είχε πει η θεία του, η Λιλιάνα, όταν είχε διαβάσει τα φύλλα τσαγιού «δύο που είναι ένα». Ξαφνικά, ένιωθε ότι πλησίαζε, επιτέλους, σε απαντήσεις.

«ΑΡΚΕΤΑ» ακούστηκε μία γέρικη γυναικεία φωνή, γεμάτη θυμό, που προκάλεσε τον Τρίσταν να αναπηδήσει στη θέση του.

Ήταν η τρίτη Μοίρα. Μία γυναίκα μεγάλης ηλικίας,

ντυμένη επίσης στα λευκά, εμφανίστηκε μέσα από τον πολύχρωμο ιστό που σχημάτιζαν τα νήματα σε ολόκληρη την έκταση της σπηλιάς. Κρατούσε ένα τεράστιο χρυσό ψαλίδι, το οποίο ανοιγόκλεινε επιδεικτικά.

«Εγώ είμαι η Άτροπος» τα μαλλιά της ήταν κατάλευκα και μακριά ως τη μέση «εκείνη που κόβει το νήμα, όταν έχει εκπληρώσει τον σκοπό της» είπε, κοιτώντας τον με το ένα φρύδι σηκωμένο «και για να μην κόψω τη δική σου πρόωρα, πες μας τι θέλεις, γιατί εμείς δεν έχουμε χρόνο για κουβεντούλα» πρόσθεσε ενοχλημένη.

«Θέλω να μάθω όσα δεν είπατε στη μητέρα μου» είπε ο Τρίσταν, κοιτώντας και τις τρεις «αυτά που θα της λέγατε για μένα, όταν γεννήθηκα».

«Αυτά δεν λέγονται δεύτερη φορά, αγόρι μου, δεν σου το 'χουν πει;» είπε η γραία με βραχνή φωνή. «Οι τρεις Μοίρες επισκέπτονται τα βρέφη μία φορά στη ζωή τους κι αυτή είναι στη γέννηση. Εσύ έχεις έρθει εδώ σήμερα, για να μάθεις κάτι άλλο.

Ο Τρίσταν δεν καταλάβαινε «μα δεν της το είπατε ποτέ» ισχυρίστηκε, ελπίζοντας να αναγνώριζαν την αλήθεια στα λόγια του. Να έβλεπαν πόσο απεγνωσμένος ήταν και ότι εξαιτίας της άσχημης κατάστασης, που επικρατούσε πριν από δεκαπέντε χρόνια, εκείνος βρισκόταν στην άγνοια για πολύ καιρό.

«Δεν αμφισβητήσαμε τα λόγια σου, Τρίσταν» είπε η Κλωθώ καθισμένη στη θέση της «τις απαντήσεις που ψάχνεις δεν θα τις ανακαλύψεις σήμερα».

«Σήμερα» συνέχισε η Λάχεσις «θα λάβεις μία νέα πληροφορία, που ήταν άγνωστη ως τώρα. Είναι κάτι που εσύ θα χαρακτήριζες ως πρόβλημα» είπε ύπουλα η Λάχεσις.

Ο Τρίσταν κοίταξε την Άτροπο, γνωρίζοντας πως θα ήταν η επόμενη που θα συνέχιζε.

«Δεν σου αναφέρουμε όσα είχαν ειπωθεί πριν δεκαπέντε χρόνια, επειδή τα είπαμε στον πατέρα σου» απάντησε η Άτροπος.

Ο Τρίσταν στάθηκε παγωμένος. Η αλήθεια ήταν πως δεν περίμενε τέτοιο μήνυμα. Ο ερχομός του στις τρεις Μοίρες ήταν για να τον βοηθήσουν να βρει λύσεις κι όχι να του προσθέσουν ερωτηματικά. Η μητέρα του είχε πει πως ο πατέρας του ήταν νεκρός.

«Μα, ο πατέρας μου είναι νεκρός δεν γίνεται, δεν...» ο Τρίσταν πάλευε με τα πιστεύω του χωρίς νόημα.

«Οι Μοίρες γνωρίζουν τα πάντα, μικρέ, πώς τολμάς να μας αμφισβητείς;» τόνισε η Άτροπος με την πιο ψηλή νότα της βραχνής φωνής της.

«Πρέπει να με βοηθήσετε» παρακάλεσε ο Τρίσταν «νιώθω ότι υπάρχουν τόσα πράγματα, που έπρεπε να γνωρίζω και κανείς δεν μου τα λέει».

«Όλα είναι προκαθορισμένα, Τρίσταν» είπε η Λάχεσις «αν σου δώσουμε τις απαντήσεις που ψάχνεις, μπορεί να καταστρέψουμε την πορεία της μοίρας σου και πολλών ακόμη».

«Δεν μπορούμε να διακινδυνέψουμε την ακολουθία των γεγονότων, δεν πρέπει να αλλάξει η ιστορία. Κάτι τέτοιο ίσως προκαλέσει καταστροφικές συνέπειες» πρόσθεσε η Κλωθώ.

«Φύγε τώρα» πρόσταξε η Άτροπος «δυστυχώς, η μοίρα σου σε περιμένει».

Και οι τρεις επέστρεψαν στις εργασίες τους κι εκείνος τις κοιτούσε για μερικά λεπτά, ελπίζοντας πως θα αλλάξουν γνώμη. Συνειδητοποίησε όμως, ότι οι Μοίρες είναι οι ρυθμιστές όλων των πραγμάτων και πως αν έπρεπε να γνωρίζει κάτι ακόμα, θα του το είχαν πει.

Ενώ περπατούσε με το κεφάλι σκυφτό, άκουσε ελαφρά βηματάκια πίσω του, που προσπαθούσαν να τον προλάβουν και γύρισε να δει. Ήταν η Λάχεσις.

«Τρίσταν, οι απαντήσεις που ψάχνεις, κρύβονται στη φυλή του φωτός» τον συμβούλεψε κοιτώντας δεξιά κι αριστερά, για να βεβαιωθεί ότι δεν την παρακολουθούσε κανείς. Προφανώς, κρυβόταν από τις αδερφές της.

«Φυλή του φωτός; Τι ξέρουν εκείνοι για τη δύναμή μου;» ρώτησε ενώ η Λάχεσις έτρεχε ήδη προς τα πίσω. «Τι σχέση έχουν;» της φώναξε, αλλά δεν απάντησε. Το μόνο που ακουγόταν, ήταν η ηχώ της δικής του φωνής.

Ο πατέρας του ζούσε. Αυτή ήταν η μοναδική σκέψη, που επέπλεε στην απύθμενη λίμνη του νου του. Πάλι η μητέρα του είχε κρατήσει μυστικά. Είχε αποκρύψει σημαντικές πληροφορίες για τη ζωή του. Ο Τρίσταν ένιωθε πως η ψυχή του, πλέον απαρτιζόταν από ένα κράμα θυμού και στενοχώριας. Τι συνέβαινε στη ζωή του, που ήταν τόσο σημαντικό, ώστε κανείς να μην του μιλάει ειλικρινά; Γιατί κανένας δεν μπορούσε να του μεταδώσει ολόκληρη την αλήθεια και έπρεπε εκείνος να ανακαλύπτει κομμάτι-κομμάτι το παζλ της μοίρας του; Αναρωτιόταν αν η εμπιστοσύνη, που έδειχνε στους ανθρώπους που αγαπούσε ήταν δώρο άδωρον.

Κρατούσε σφιχτά την καστανή χαίτη του Φλέγων, ο οποίος τον επέστρεφε στο βουρντάν των Μπάπτιστα. Ένιωθε το κεφάλι του να βράζει, αλλά τώρα πια γνώριζε πως έπρεπε να ανακαλύψει μόνος του την αλήθεια. Θα ξεκινούσε από το μοναδικό στοιχείο που είχε, τη συμβουλή που του έδωσε η Λάχεσις.

Την επόμενη μέρα, μετά το τέλος των μαθημάτων, ο Τρίσταν προσφέρθηκε να γυρίσει τη Δάφνη σπίτι με τον Φλέγων.

«Δεν θα πετάμε πολύ ψηλά, Τρίσταν, το υπόσχεσαι» τόνισε η Δάφνη, γιατί του είχε πει πως φοβάται τα ύψη.

«Ναι, σου είπα. Ο Φλέγων είναι πολύ προσεκτικός. Δεν θα αφήσει να μας συμβεί τίποτα. Σου το υπόσχομαι» είπε ο Τρίσταν, προσπαθώντας να την καθησυχάσει.

Πετώντας πάνω από ένα ξέφωτο, λίγο πριν το σπίτι της, παρατήρησε στο έδαφος τον Κάσπαρ περικυκλωμένο από τον Πακίτο Πάκι και τους φίλους του. Οι δύο τον είχαν ακινητοποιήσει, ενώ ο Πακίτο του έδινε γροθιές στο στομάχι.

«Δάφνη, κοίτα» φώναξε ο Τρίσταν, για να ακουστεί μέσα απ' το δυνατό αέρα.

«Κάσπαρ...» αναφώνησε η Δάφνη ανήσυχη, καθώς ο Τρίσταν οδήγησε τον Φλέγων, για να προσγειωθεί στο διπλανό ξέφωτο.

Ακουμπώντας, ο Φλέγων, τις οπές του στο έδαφος, η Δάφνη πήδηξε από τη ράχη του μυθικού ζώου κι άρχισε να τρέχει προς τον αδερφό της.

Κι ο Τρίσταν την ακολούθησε τρέχοντας, προσπαθώντας να τη σταματήσει.

«Έλα, έχω σχέδιο» του ψιθύρισε, πλησιάζοντας το ξέφωτο, που βρίσκονταν οι άλλοι.

Σταματήσανε πίσω από κάτι θάμνους και έμειναν καλά κρυμμένοι.

«Νόμιζες πως δεν θα καταλάβαινα ότι το έκανες εσύ, Κάσπαρ;» είπε ο Πακίτο, δίνοντας κι άλλη γροθιά στην κοιλιά.

Ο Κάσπαρ γελούσε πονηρά, κάνοντας διάλειμμα, κάθε φορά που μία γροθιά του Πακίτο ανακάτευε τα σωθικά του.

«Δεν καταλαβαίνω τι εννοείς» απάντησε ο Κάσπαρ, προσπαθώντας να ανακτήσει τη φωνή του.

«Γρουσούζεψες το ποσότι μου» είπε ο Πακίτο, δείχνοντας ένα γκρι δερμάτινο ποσότι που είχε στο χέρι του.

Εκείνη τη στιγμή, ο Τρίσταν συνέδεσε τα κουκιά. Όλο αυτό τον καιρό, ο Κάσπαρ εξασκούταν στη γρουσουζιά. Η θεία Ελένα, του είχε μάθει στο πρώτο μάθημα πως τη γρουσουζιά δεν μπορείς να την ανιχνεύσεις και πως είναι ένα ξόρκι με σίγουρη επιτυχία. Το ποσότι από το σπίτι του κύριου Χόνκο ήταν του Πακίτο. Ήταν το προσωπικό αντικείμενο που χρειαζόταν, για να πετύχει η γρουσουζιά. Αλλά, προφανώς, ο Πακίτο δεν ήταν τόσο χαζός. Κατάλαβε με κάποιο τρόπο ότι ο Κάσπαρ ήταν πίσω απ' όλα.

«Τώρα θα δεις» φώναξε ο Πακίτο και γύρισε προς το μέρος, που ήταν κρυμμένοι. Το πρόσωπό του ήταν γεμάτο τεράστια πράσινα σπυριά. «Θα κάνω τη δική σου μούρη, χειρότερη απ' τη δική μου» είπε, δείχνοντας ένα κούτσουρο δίπλα απ' τον θάμνο που βρίσκονταν τα παιδιά, που άρχισε να αιωρείται και σιγά σιγά ανυψωνόταν. «Για πάντα» ολοκλήρωσε.

«Όχι» είπε η Δάφνη απ' το βάθος της φωνής της «Τρίσταν, ανάλαβε τον άλλον».

Ο Τρίσταν την κοίταξε αβέβαιος, γι' αυτό που έπρεπε να κάνει. Κοίταζε μία στιγμή εκείνη και την άλλη τα παιδιά στο ξέφωτο.

Ξαφνικά, γύρω από τον ένα φίλο του Πακίτο, που κρατούσε τον Κάσπαρ, άρχισαν να εμφανίζονται αυτά τα χρωματιστά φωτάκια, που είχε δει τη Δάφνη να πραγματοποιεί στην αίθουσα αυταπάτης.

Άρχισε να τσιρίζει «αχ...αχ...τι είναι αυτά...αχ» και με μία κίνηση άφησε τον Κάσπαρ και προσπαθούσε να τα διώξει. Εκείνα γίνονταν όλο και πιο άγρια απέναντί του.

«ΤΙ ΚΑΝΕΙΣ;» ωρυόταν ο Πακίτο. «Μπολάνι, εσύ το κάνεις αυτό;» απηύθυνε τον λόγο στον άλλο τσιγγάνο, ο οποίος πρέπει να ήταν τσιγγάνος αυταπάτης.

Ξαφνικά, η Δάφνη εξαφανίστηκε απ' το πλάι του Τρίσταν.

«Δάφνη... πού είσαι;» ψιθύρισε ο Τρίσταν. «Πού πήγες;» το μόνο που άκουγε ήταν φύλλα να ποδοπατούνται. Είχε γίνει αόρατη.

Ο Τρίσταν κοιτούσε δεξιά κι αριστερά, προσπαθώντας να βρει τρόπο να βοηθήσει. Στον πανικό του, θυμήθηκε το ποσότι που του είχε χαρίσει η θεία του και το δισκίο. Μονομιάς, το έβγαλε και έτρεξε προς το μέρος τους.

Ο Πακίτο δίχως λόγο, ενώ κρατούσε το ογκώδες σώμα του κορδωτό, καμπούριασε και ξεκίνησε να φωνάζει «Φύγε από πάνω μου, φύγε σου λέω» στριφογυρνώντας.

«Να τον αφήσεις ήσυχο, ακούς;» ακουγόταν η Δάφνη στην πιο ψηλή νότα της φωνής της.

Ήταν αόρατη πάνω στην πλάτη του και του τραβούσε τα μαλλιά, κάνοντάς τον να χάσει την αυτοσυγκέντρωσή του και να πέσει το κούτσουρο που είχε φτάσει κοντά.

«Είναι η Δάφνη, η αδερφή του» είπε ο Μπολάνι, τον οποίο έσπρωξε ο Κάσπαρ τυχαία προς την πλευρά που ερχόταν ο Τρίσταν.

Ο Τρίσταν σκούντηξε τον ώμο του Βάνι Μπολάνι και ενώ γυρνούσε, έκλεισε τα μάτια και φύσηξε μέσα στο δισκίο. Ο χώρος έλαμψε και ο Μπολάνι άρχισε να φωνάζει.

«Ααα... δεν βλέπω τίποτα» κρατώντας τα μάτια του και γυρνώντας σε κύκλους «τυφλώθηκα».

Ο Τρίσταν άνοιξε τα μάτια του και τον είδε να τρέχει προς τα πίσω και, όπως ήταν λογικό, σκόνταψε σε μία πέτρα και έπεσε με τα μούτρα στο έδαφος.

Λίγο πιο δίπλα ήταν ο Κάσπαρ, που είχε κολλήσει τον τρίτο της παρέας σ' ένα δέντρο. Ο Τρίσταν παρατήρησε ότι τα φωτεινά πλασματάκια γύρω του είχαν εξαφανιστεί.

Έψαξε τριγύρω να βρει τη Δάφνη. Σκανάροντας το τοπίο, σταμάτησε στις δύο ανθρώπινες φιγούρες, στο βάθος του ξέφωτου. Ήταν πεσμένη στο έδαφος, λίγα μέτρα παρά πέρα και ο Πακίτο στεκόταν από πάνω της με το κούτσουρο πάλι να αιωρείται δίπλα του. Ο Τρίσταν έβαλε τα δυνατά του και έτρεξε προς το μέρος τους.

«Ένας Νίκολαϊ, χωρίς πρόσωπο μου αρκεί» είπε ο Πακίτο, ενώ η Δάφνη τον κοιτούσε έχοντας χέρια και πόδια στο έδαφος.

Τότε, ο Τρίσταν προσπαθούσε να τρέξει πιο γρήγορα. Να τον προλάβει, προτού τη χτυπήσει με το κούτσουρο. Ήταν πολύ μακριά όμως.

«Μηηη!!!» τσίριξε η Δάφνη και τότε ο Τρίσταν είδε κάτι γνώριμο. Πίσω από τους πράσινους θάμνους ερχόταν σχεδόν πετούμενο ένα ασπρόμαυρο πλασματάκι, που ο Τρίσταν αναγνώρισε ως το γατάκι που είχε δει την πρώτη μέρα μέσα στο βουρντάν των Νίκολαϊ.

Με ένα μεγάλο άλμα, πήδηξε πάνω στο πρόσωπο του Πακίτο και άρχισε να τον γρατζουνάει. Το κούτσουρο βρέθηκε ξανά στο γρασίδι.

Ο Πακίτο φώναζε, καθώς η ασπρόμαυρη γάτα έφτυνε πάνω στο κεφάλι του.

«ΑΡΚΕΤΑ!» είπε ο διευθυντής Αριβάλντο σημαίνοντας τη λήξη των τσακωμών. Έμοιαζε να είχε μόλις γυρίσει από την επίσκεψη, που έκανε εκτός Ρόμα. Είχε μόλις κατέβει από την άμαξα, που ήταν φορτωμένη με πράγματα. Τους κοιτούσε όλους με οργή, ενώ το χρώμα του προσώπου του είχε διατηρήσει το λευκό του χρώμα.

Λίγη ώρα αργότερα, βρίσκονταν όλοι τους στο γραφείο του Ηλία Αριβάλντο. Ο Τρίσταν ήταν σε φυσιολογική κατάσταση. Η Δάφνη ήταν εμφανώς ξεμαλλιασμένη με διάφορα φύλλα στο κεφάλι. Στην αγκαλιά της είχε τον ασπρόμαυρο φίλο της. Του Κάσπαρ, έτρεχε αίμα από τη μύτη, που σκούπιζε με το μανίκι του ανά δευτερόλεπτο. Λίγα μέτρα πιο κει, ήταν ο Μπολάνι με κατακόκκινα και πρησμένα μάτια και χώματα στο πρόσωπο. Ο Πάκι ήταν γεμάτος γρατζουνιές και πράσινα σπυριά, ενώ απ' τον τρίτο έλειπαν μερικές τούφες από τα μαλλιά του και τα ρούχα του ήταν σκισμένα. Πίσω τους βρίσκονταν οι τρεις θείες του Τρίσταν, ο κύριος και η κυρία Νίκολαϊ, οι γονείς των φίλων του Πάκι και όλοι περίμεναν τον Ρέι Μπάρο, τον πατέρα του Πάκι.

Στα επόμενα λεπτά, ένας τσιγγάνος σε μέγεθος ντουλάπας άνοιξε την πόρτα και γυρνώντας στο πλάι εισήλθε στο γραφείο. Επόμενος ήταν ένας κοντός, γεμάτος, μελαχρινός άντρας με μαλλιά μόνο στην περιφέρεια του κεφαλιού και μαύρο πυκνό μουστάκι. Η μύτη του ήταν ίδια με την τεράστια μύτη του Πακίτο Πάκι, ενώ η ενδυμασία του αποτελούνταν από λευκά και χρυσά. Πίσω του ακολούθησαν ακόμη δύο άτομα, που θύμιζαν τεράστια έπιπλα.

«Καλησπέρα, Ρέι Μπάρο και συγγνώμη για την αναστάτωση...» προσπάθησε να μιλήσει ο διευθυντής Αριβάλντο.

«Έλα εδώ, Πακίτο» πρόσταξε, δίχως να αφήσει τον Ηλία Αριβάλντο να ολοκληρώσει. Εξετάζοντας διεξοδικά τον γιο του είπε «θέλω να τιμωρηθεί ο υπεύθυνος. Αμέσως» γκάριξε ο Αντόνιο Πάκι και ξαφνικά τα μάτια του θύμισαν κουμπιά.

«Ρέι Μπάρο, δυστυχώς, δεν μπορούμε να είμαστε σίγουροι για την πραγματική αιτία της εμφάνισης του προσώπου του γιου σας» ξεκίνησε ο κύριος Αριβάλντο.

«Μα, πώς;» αναρωτήθηκε πολύ δυνατά ο Ρέι Μπάρο «αφού είναι εμφανές πως πρόκειται για κατάρα τρίτης κλάσης, αν αφαιρέσουμε τις γρατζουνιές» είπε, κοιτώντας τον γιο του περίεργα «ποιος από αυτούς εδώ έκανε το ξόρκι;» είπε, σκανάροντάς τους έναν έναν.

«Αυτό είναι το θέμα, Ρέι Μπάρο. Κάνεις από τους παρευρισκόμενους δεν έχει τη δύναμη να εκτελέσει τέτοιο ξόρκι ακόμα. Και το μόνο που ακούω εδώ και πολύ ώρα είναι ο ένας να κατηγορεί τον άλλο» είπε ο διευθυντής Αριβάλντο.

«Ο Κάσπαρ το έκανε» φώναξε ο Πακίτο και μονομιάς ξεκίνησε ηχορύπανση από την πλευρά των αδερφών Νίκολαϊ και του Τρίσταν.

«Σιωπή» διέταξε ο Ρέι Μπάρο, κοιτώντας τους με μισό μάτι. Στη συνέχεια, όμως το βλέμμα του καρφώθηκε στο γατί που κρατούσε η Δάφνη.

«Δεν μπορούμε να τιμωρήσουμε κανέναν, Ρέι Μπάρο. Για μένα πρόκειται απλώς για ένα παιδικό καβγά. Είναι της ηλικίας βλέπετε, ξέρετε τσακώνονται συνέχεια για το παραμικρό σε αυτή την ηλικία» ο κύριος Αριβάλντο προσπαθούσε να εξομαλύνει την κατάσταση, αλλά ο Ρέι Μπάρο κοιτούσε επίμονα τον γάτο στην αγκαλιά της Δάφνης.

«Τι είναι αυτό, Ηλία;» είπε με απέχθεια ο Ρέι Μπάρο, δείχνοντας την αγκαλιά της Δάφνης. Ο γάτος γουργούρισε ευχάριστα στην αγκαλιά της.

«Είναι ο γάτος της, μπαμπά» φώναξε ο Πακίτο

«αυτός με γρατζούνισε στο πρόσωπο, είναι το Οικείο της».

«Γνωρίζετε, δεσποινίς, ότι απαγορεύεται να έχει ένας τσιγγάνος γάτα ως Οικείο;» είπε ο Ρέι Μπάρο πλησιάζοντάς τη. «Γνωρίζετε πως τα Οικεία είναι κατάσκοποι των μάγων και μπορούν να κάνουν μεγάλο κακό στη φυλή μας;».

«Όχι» φώναξε η Δάφνη, σφίγγοντας τη γάτα στην αγκαλιά της. «Ο Μπάρσικ δεν είναι κατάσκοπος, είναι φίλος μου».

«Κύριε Αριβάλντο καταλαβαίνετε, φαντάζομαι, ότι αυτή η τσιγγάνα έχει παρανομήσει και εκτός αυτού, το γατί της πετσόκοψε το πρόσωπο του γιου μου» είπε κοκκινίζοντας. «Αυτό το πλάσμα» είπε δείχνοντας τον γάτο «γνωρίζει ότι ο γιος μου είναι ο επόμενος Ρέι Μπάρο και ήθελε να μου τον σκοτώσει. Απ' όσο γνωρίζω, δεν έχω κανέναν λόγο να μην πιστέψω, ότι αυτό το γατί σχετίζεται με όποιον κρύβεται πίσω από τη βασκανία. Πρέπει να τιμωρηθεί και αυτό και το κορίτσι» ολοκληρώνοντας προσπάθησε να προλάβει μία βαθιά ανάσα.

Με αυτά τα λόγια, πετάχτηκε η Μαριάννα Νίκολαϊ, η μητέρα των παιδιών. «Όχι, Ρέι Μπάρο, σας παρακαλώ. Δεν το ήξερε η Δάφνη, ούτε εμείς ξέραμε πως το είχε. Πιστέψτε με, αν το γνωρίζαμε, θα την είχαμε αποτρέψει» είπε με δάκρυα στα μάτια. «Σας παρακαλώ μην την τιμωρήσετε».

«Ναι, Ρέι Μπάρο. Η αλήθεια είναι πως η Δάφνη είναι από τα πιο φρόνιμα παιδιά. Δεν έχει κάνει ποτέ κακό σε κανέναν. Πιστεύω πως μπορούμε να την αφήσουμε μονάχα με μία επίπληξη αυτή τη φορά» είπε ο κύριος Αριβάλντο με τον πιο ευγενικό τόνο που είχε ακούσει ο Τρίσταν μέχρι εκείνη την ημέρα.

Ο Ρέι Μπάρο κοιτούσε τους παρευρισκομένους σκεπτόμενος. Του Τρίσταν χτυπούσε η καρδιά ασταμάτητα. Δεν μπορούσε να καταλάβει γιατί ένας άνθρωπος ήταν τόσο κακός και οι υπόλοιποι τον υπάκουαν. Με την παρουσία του στη συζήτηση αυτή, λύθηκαν πολλές απορίες που είχε ως τότε. Κατάλαβε ότι ο Πακίτο ήταν τόσο κακομαθημένος, γιατί κανείς δεν ήθελε να πάει κόντρα στον Ρέι Μπάρο, επιτρέποντάς του να κάνει ό,τι τον ευχαριστεί, δίχως τιμωρία. Όπως και γιατί η Δάφνη έκρυβε απ' όλους, τη μέρα που τη γνώρισε, τον Μπάρσικ. Ήταν παράνομο για μία τσιγγάνα να έχει για Οικείο μία γάτα.

«Εντάξει, το κορίτσι ας είναι» είπε, κουνώντας απαξιωτικά το παχύ χέρι του, που από τα δαχτυλίδια ασφυκτιούσε. Το Οικείο της όμως να θανατωθεί αμέσως» με τα λόγια αυτά του Ρέι Μπάρο, η Δάφνη άρχισε να κλαίει.

«Όχι, όχι τον Μπάρσικ» είπε, κλειδώνοντάς τον στην αγκαλιά της σφιχτά, ενώ οι δύο φουσκωτοί τύποι, που ήρθαν με τον Ρέι Μπάρο, της τον άρπαξαν μέσα από την αγκαλιά της. Ο Μπάρσικ έφτυνε και γρατζουνούσε τα μπράτσα των τσιγγάνων, προσπαθώντας να επιστρέψει στην αγκαλιά της Δάφνης. Μάταια, όμως. Η Μαριάννα Νίκολαϊ κρατούσε τη Δάφνη στην αγκαλιά της, που έκλαιγε με λυγμούς.

«Πάμε, Πακίτο» είπε ο Ρέι Μπάρο, φεύγοντας από το γραφείο. Ο Πακίτο φεύγοντας γύρισε να κοιτάξει τον Τρίσταν και τον Κάσπαρ που ήλπιζαν να τον χτυπήσουν με το βλέμμα τους, αν ήταν δυνατόν. Στο πρόσωπο του μικρού Πακίτο ήταν ζωγραφισμένο, ανάμεσα στα πράσινα σπυριά και τις γρατζουνιές, ένα μοχθηρό χαμόγελο ικανοποίησης.

Μπαίνοντας στο σπίτι, ο Τρίσταν συνέχιζε να ακούει την κατσάδα από τις θείες του.

«Τρίσταν, δεν έπρεπε να μπλέξεις σε αυτό τον καβγά. Δεν πρέπει να προκαλείς στην κατάσταση που βρίσκεσαι» είπε η θεία του, η Λιλιάνα.

«Τρίσταν, πρέπει να προσέχεις, δεν έχεις ανακαλύψει ακόμα τη δύναμή σου και δεν έχουμε ιδέα τι μπορεί να κάνεις άθελά σου» του είπε η μητέρα του.

«Τρίσταν, μη νομίζεις ότι δεν είδα τα μάτια του άλλου παιδιού, το δισκίο στο έδωσα για μία περίπτωση ανάγκης. Για στιγμές που μπορεί να κινδυνεύεις πραγματικά» είπε η θεία του η Ελένα, κρατώντας το και δείχνοντάς επίμονα. «Αυτή έκρινες ως στιγμή έκτακτης ανάγκης;» πρόσθεσε.

«Όχου» ξεφύσηξε ο Τρίσταν. «Τρίσταν, Τρίσταν, Τρίσταν» είπε ο ίδιος, ανεβαίνοντας τις σκάλες «Τρίσταν αυτό, εκείνο».

«Μα, Τρίσταν...» προσπάθησε η μητέρα του.

«Καταλαβαίνετε πως ήθελαν να κάνουν κακό στους φίλους μου. Εσύ δεν μου έχεις πει πως, όταν βλέπω κάτι κακό, να υποστηρίζω το σωστό. Ε, αυτό έκανα» φώναξε ο Τρίσταν και αποχώρησε για το δωμάτιό του.

Ήταν συναισθηματικά φορτισμένος, δεν μπορούσε να μείνει κλεισμένος στο δωμάτιο αυτό. Άνοιξε το παράθυρο και σφύριξε συνθηματικά στον Φλέγων, ο οποίος εμφανίστηκε έξω απ' το παράθυρό του, χτυπώντας τα υπέροχα φτερά του. Έπρεπε να πάει μία βόλτα να ηρεμήσει.

Μετά από μερικές ώρες επέστρεψε στο βουρντάν.

Μπαίνοντας από το παράθυρο του δωματίου, κατευθύνθηκε προς την πόρτα. Την άνοιξε τόσο σιγά, που αισθανόταν σαν να μετακινούσε πούπουλο. Δεν ακούστηκε το παραμικρό σύρσιμο. Έλεγξε τον διάδρομο, για να βεβαιωθεί ότι δεν ήταν κανείς στον όροφο. Το μόνο που άκουγε, ήταν τους χτύπους της καρδιάς του, να τυμπανίζουν ρυθμικά στο κεφάλι του. Έβγαλε τα παπούτσια του και στις μύτες των ποδιών του, έτρεξε στη σοφίτα. Ανοίγοντας αργά την πόρτα, εισήλθε στο σκοτεινό δωμάτιο. Αμέσως ένιωσε την ψυχή του να μαυρίζει. Προς μεγάλη του έκπληξη, το Βιβλίο των Σκιών έλειπε απ' τη θέση του. Με μεγάλη προσοχή άρχισε να ψάχνει όλη τη σοφίτα. Τα ράφια, τα συρτάρια, τα σεντούκια, όμως δεν ήταν πουθενά. Μη θέλοντας να σκεφτεί την αδικία που είχε ζήσει, αποφάσισε να ψάξει για τη φυλή του φωτός. Αλλά το Βιβλίο των Σκιών έλειπε.

«Στο καλό...» είπε, σκεπτόμενος πως θα το έχει κάποιος άλλος από την οικογένεια. Καθισμένος σ' ένα από τα πολλά χαλιά της σοφίτας, προσπαθούσε να θυμηθεί τι του είχε πει η θεία Ελένα για τη φυλή του φωτός. Το μόνο που θυμόταν ήταν πως του είχε πει για μία φυλή που κατοικούσε σε ένα νησί στη Μπριτανέα. Δεν μπορούσε να θυμηθεί τίποτα άλλο. Ήθελε να ψάξει μέσα στη σοφίτα μήπως βρει κάποιο άλλο στοιχείο, όμως το φως θα τον πρόδιδε και δεν είχε καμία διάθεση να δίνει εξηγήσεις. Αποφάσισε να αποκρύπτει κι εκείνος, πλέον, στοιχεία από τη ζωή του, αφού και οι λοιποί ακολουθούσαν την ίδια τακτική. Επέστρεψε στο κρεβάτι του. Η τελευταία του σκέψη ήταν πως θα ανακαλύψει την αλήθεια.

Το επόμενο πρωί, η Εύα προσπάθησε να του μιλήσει ξεκινώντας με την πρόταση:

«Τρίσταν, ξέρω γιατί έπραξες έτσι χθες και έχεις δίκιο, αλλά πρέπει να καταλάβεις πόσο σημαντικό...» και ο Τρίσταν έκλεισε την πόρτα πίσω του. Βγαίνοντας από το βουρτάν έριξε μία κλεφτή ματιά στο βουρντάν της Τσοβεξάνι, έμοιαζε όπως πάντα εγκαταλελειμμένο. Μονάχα οι γάτες που λιάζονταν απ' έξω έδιναν ζωή. Εκείνη, όμως, η ασημένια, που είχε καρφωθεί στο μυαλό του από την πρώτη μέρα, έλειπε.

Έφτασε στην Εσκουέλα ντε Σαντόρι πάνω στην ώρα για το μάθημά του με τον κύριο Αριβάλντο.

«Πάνω στην ώρα» του είπε ο διευθυντής, όπως έκατσε στην πολυθρόνα. Ο Ηλίας Αριβάλντο σηκώθηκε από την έδρα του και στάθηκε μπροστά από το ντουλάπι, που βρίσκονταν όλα του τα σύνεργα. Αυτό που έκανε εντύπωση στον Τρίσταν, ήταν πως δεν έκανε καμία αναφορά για το χθεσινό συμβάν. Έδειχνε σαν να μην είχε συμβεί ποτέ, σαν να μην τον ενδιέφερε.

«Κύριε Αριβάλντο, γιατί έπρεπε να τιμωρηθεί το Οικείο της Δάφνης, ενώ η Τσοβεξάνι έχει στην κατοχή της αμέτρητες γάτες;» τον ρώτησε ενοχλημένος ο Τρίσταν.

«Νομίζω πως γνωρίζεις ήδη την απάντηση αυτή, Τρίσταν» του είπε, επιστρέφοντας στην έδρα του κρατώντας το λευκό Βιβλίο των Σκιών, που είχε παρατηρήσει ο Τρίσταν στο πρώτο μάθημα. «Οι γάτες είναι πιστοί σύμμαχοι των Τσοβεξάνι, των μάγων» πρόσθεσε «σε ολόκληρο τον πλανήτη από τα πολύ αρχαία χρόνια. Η Τσοβεξάνι τις έχει υπό έλεγχο. Δεν απομακρύνονται από το βουρντάν της».

Η τελευταία του κουβέντα έκανε εντύπωση στον Τρίσταν. Πριν από λίγο, φεύγοντας από το καραβάνι τους ήταν βέβαιος πως έλειπε μία. Εκείνη η ασημένια.

«Της Δάφνης, εκτός του ότι δεν επιτρέπεται μία τσιγγάνα να έχει τέτοιο Οικείο, επιτέθηκε και στον γιο του Ρέι Μπάρο. Είναι πολύ σημαντική θέση αυτή, είναι ο αρχηγός της φυλής μας. Χωρίς τον Ρέι Μπάρο είμαστε σαν πήγασος χωρίς καβαλάρη και μην γελιόμαστε ο Πακίτο είναι πολύ μικρός, για να αναλάβει τέτοια καθήκοντα. Θα κυριαρχούσε χάος» είπε, ανοίγοντας το λευκό Βιβλίο Σκιών.

«Γιατί; Δεν μπορείτε να αναλάβετε εσείς ή κάποιος άλλος τα καθήκοντά του» είπε ο Τρίσταν, κοιτώντας τον να ξεφυλλίζει σιγά-σιγά.

«Όχι, Τρίσταν. Το αξίωμα αυτό μεταφέρεται από γενιά σε γενιά. Είναι οικογενειακό αξίωμα από τα αρχαία χρόνια. Μόνο ένας Πάκι μπορεί να γίνει Ρέι Μπάρο» του είπε, σταματώντας στη μέση περίπου του βιβλίου. «Ούτως ή άλλως τώρα δεν μπορεί να γίνει τίποτα, το Οικείο είναι ήδη νεκρό. Οπότε ας ξεκινήσουμε το μάθημα, γιατί ο χρόνος περνάει. Εκεί που πήγα, ανακάλυψα ότι τόσο καιρό προσπαθούμε να βρούμε ποια από τις τσιγγάνικες δυνάμεις ζει μέσα σου. Είχαμε περιοριστεί στη δύναμη του Ζη, ενώ μιας και παιδί προφήτη, ίσως η δύναμή σου να πηγάζει από αλλού. Έλα, μαζί μου» του είπε και προχώρησαν προς το κέντρο του δωματίου. Ο κύριος Αριβάλντο έσκυψε κι έπιασε την άκρη ενός στρογγυλού περσικού χαλιού, που διακοσμούσε το ξύλινο πάτωμα. Τραβώντας το στην άκρη, ο Τρίσταν είδε ότι είχε ζωγραφίσει με κιμωλία ένα κύκλο στο μέγεθος του χαλιού. Στην περίμετρο του κύκλου υπήρχαν σύμβολα, τα οποία δεν αναγνώριζε, στο εσωτερικό ήταν μία πυραμίδα και στην καρδιά του ένα μεγάλο μάτι. Σε κάθε πλευρά του τριγώνου υπήρχε μία λευκή παλάμη σαν κι αυτή του βιβλίου που κρατούσε. Τα δάχτυλα του αποτυπώματος ίσα που άγγιζαν τη περίμετρο.

«Τι είναι αυτό, διευθυντή Αριβάλντο;» ρώτησε ο Τρίσταν.

Τα μάτια του Ηλία Αριβάλντο έλαμπαν από ικανοποίηση. «Αυτός ο κύκλος είναι απαραίτητος, για να πραγματοποιήσουμε το ξόρκι. Ονομάζεται το τρίτο μάτι. Ο πανδερκής, ο πανδαήμων. Πολύ αρχαίο ξόρκι να γνωρίζεις, μικρέ Μπάπτιστα, γι' αυτό θα μείνει μεταξύ μας» του είπε, υποδεικνύοντάς του να εισέλθει στον κύκλο.

Ο Τρίσταν δειλά πάτησε μέσα στον κύκλο. Η αλήθεια ήταν πως ανησυχούσε, μετά από τα τελευταία γεγονότα με τις τρεις Μοίρες. Δεν ήξερε τι να περιμένει, τι μπορεί να συνέβαινε με αυτό το ξόρκι. Τι μπορεί να ανακάλυπτε ακόμα και για τον εαυτό του.

«Καλώ το τρίτο μάτι,
που όλα τα βλέπει,
όλα τα γνωρίζει»

άρχισε να λέει ο κύριος Αριβάλντο και ο κύκλος στο πάτωμα έλαμψε.

Ο Τρίσταν κοιτούσε από τον διευθυντή στο πάτωμα και αντίστροφα.

«Δείξε μου την ψυχή,
φανέρωσε την πηγή.
Σε προστάζω!»

Ο Τρίσταν ένιωσε να ανατριχιάζει. Τα χέρια του άρχισαν να λάμπουν με το πιο δυνατό φως, που είχε δει στη ζωή του, όπως στους αρχαίους κύκλους του Μουρ. Ο ίδιος δεν μπορούσε να κοιτάξει τις παλάμες του. Γύρισε το βλέμμα του στον κύριο Αριβάλντο. Εκείνος είχε γουρλώσει τα μάτια του και τον κοιτούσε με δέος. Ο μικρός Μπάπτιστα ένιωθε μέσα του μία γαλήνη, μία ζεστασιά που δεν είχε ξαναζήσει. Δευτερόλεπτα αργότερα, τα φώτα από τον κύκλο σβήσανε και μαζί τα χέρια του Τρίσταν.

Ο διευθυντής τον κοιτούσε ανέκφραστος σαν να είχε αφαιρεθεί μέσα σε σκέψεις.

«Τι συνέβη, κύριε Αριβάλντο;» απόρησε ο Τρίσταν, που έκανε μερικά βήματα προς τα πίσω, για να βγει απ' τον κύκλο.

Ο κύριος Αριβάλντο μετακινήθηκε προς το παράθυρο τρίβοντας το μέτωπό του. «Δυστυχώς, δεν γνωρίζω

Τρίσταν» γύρισε να τον κοιτάξει «δεν έχω ξαναδεί τίποτα τέτοιο στη ζωή μου».

Ο Τρίσταν ένιωσε ένα άδειασμα για μία ακόμη φορά στο στομάχι του.

«Θα βρω όμως την απάντηση. Δεν θέλω να ανησυχείς. Τίποτα δεν μου έχει ξεφύγει ως σήμερα και σε διαβεβαιώνω πως δεν θα γίνει τώρα η αρχή» είπε με παγωμένο χαμόγελο.

Ο Τρίσταν κοίταξε πάλι τις παλάμες του, προσπαθώντας να καταλάβει τι ήταν αυτό, που τον έκανε να νιώθει τόσο καλά. Σχεδόν χαμογελούσε.

«Λοιπόν, πέρασε η ώρα Μπάπτιστα. Θα ανανεώσουμε το μάθημά μας για αύριο. Ελπίζω να σου έχω κι απαντήσεις» είπε ο διευθυντής Αριβάλντο και του άνοιξε την πόρτα.

Βγαίνοντας στο προαύλιο του σχολείου ήθελε να μοιραστεί με κάποιον αυτό που έζησε. Ήταν βέβαιος πως δεν ήθελε να γυρίσει σπίτι. Ήθελε να μιλήσει με τη Δάφνη.

Μετά από λίγη ώρα, ο Τρίσταν την εντόπισε σ' ένα παγκάκι μόνη της, στο τέρμα της αυλής.

«Δάφνη» φώναξε ο Τρίσταν, καθώς την πλησίαζε τρέχοντας.

Η Δάφνη τον κοίταξε με τα μάτια βουρκωμένα. «Μου πήραν τον Μπάρσικ Τρίσταν, μου τον πήραν, ενώ το μόνο που ήθελε να κάνει ήταν να με προστατέψει» είπε η Δάφνη και τα δάκρυα δημιουργούσαν ρυάκια στα μάγουλά της. «Μου τον πήραν και δεν θα τον ξαναδώ».

Ο Τρίσταν δεν ήξερε τι να πει, για να την παρηγορήσει. Θεωρούσε πως ήταν πολύ άδικο, αλλά κανείς δεν μπορούσε να το αποτρέψει. Όλοι σέβονταν την κυριότητα του Ρέι Μπάρο, όσο μονόπλευρες κι αν ήταν οι αποφάσεις του. Ήταν μία πλευρά της καινούριας του ζωής, που με δυσκολία αποδεχόταν.

«Μην κλαις, Δάφνη» της είπε, αγκαλιάζοντάς την «η θεία Ελένα λέει πως σε αυτή τη ζωή ότι ενέργεια δίνεις στον έξω κόσμο, επιστρέφει τρεις φορές πιο δυνατή. Αν έχει δίκιο ο Πακίτο θα πληρώσει για όσα έχει κάνει» είπε χαϊδεύοντάς της τα κατάμαυρα μαλλιά.

«Αυτό όμως δεν θα φέρει πίσω τον Μπάρσικ» του απάντησε η Δάφνη, βγαίνοντας από την αγκαλιά του.

Ο Τρίσταν συμφωνούσε με τη Δάφνη. Δεν θα έφερνε τον Μπάρσικ πίσω, δεν θα αναπλήρωνε το κενό μέσα της.

«Πάντως, του έδωσες να καταλάβει στο ξέφωτο χθες» της είπε χαμογελώντας. «Δάφνη» πρόσθεσε με ενθουσιασμό «έγινες και αόρατη».

Εκείνη παρέμεινε σιωπηλή, κοιτώντας το έδαφος.

«Αφού μπορούσες, γιατί δεν το έκανες τόσο καιρό;» τη ρώτησε ο Τρίσταν ενθυμούμενος τα λόγια του διευθυντή Αριβάλντο, που του είχε πει πως φοβόταν.

«Δεν το ήξερα ότι μπορούσα. Χθες κατάλαβα γιατί δεν το έκανα ποτέ» του είπε με σκοτεινό τόνο στη φωνή.

«Τι συμβαίνει, Δάφνη;» την πίεσε ο Τρίσταν.

«Μην το συζητάμε καλύτερα. Πες τι ήθελες, όμως» είπε, σκουπίζοντας τα δάκρυά της.

Ο Τρίσταν δεν ήθελε να την πιέσει να μιλήσει κι άλλο. Έβλεπε πως δεν ήθελε. Έτσι, της εξήγησε όσα συνέβησαν το τελευταίο εικοσιτετράωρο.

«Τρίσταν, αυτό είναι τρομερό. Πάμε» είπε και σηκώθηκε.

«Πού;».

«Στη βιβλιοθήκη, χαζούλη. Να διαβάσουμε για τους Εξορκιστές» του είπε και κατευθύνθηκαν στο εσωτερικό της Εσκουέλα ντε Σαντόρ.

«Εξορκιστές;» αναρωτήθηκε ο Τρίσταν.

«Ναι» τόνισε η Δάφνη με πείσμα «η φυλή του φωτός, είναι οι Εξορκιστές. Δεν το ήξερες;» είπε, τραβώντας τον απ' το χέρι.

Μετά από δύο ώρες περίπου, βρίσκονταν και οι δύο καθισμένοι στο πάτωμα ενός διαδρόμου στη βιβλιοθήκη, πνιγμένοι στα βιβλία. Λίγο νωρίτερα τους είχε συναντήσει κι ο Κάσπαρ, ο οποίος βοηθούσε στην αναζήτηση.

«Ουφ...» αναστέναξε η Δάφνη «δεν νομίζω πως μπορώ να διαβάσω άλλο για τους Εξορκιστές. Είναι ολόκληρη φυλή με ιστορία. Ούτε διαγώνισμα να δίναμε».

Από την άλλη, ο Τρίσταν έβρισκε πολύ ενδιαφέροντα τα όσα είχε διαβάσει. Πρόκειται για μία φυλή, η οποία δημιουργήθηκε από αγγέλους. Πραγματικούς αγγέλους. Σύμφωνα με τα βιβλία που διάβαζε, πριν από πολλούς αιώνες, όταν όλα τα υπερφυσικά πλάσματα κατοικούσαν στη γη, το ανθρώπινο είδος λιγόστευε απειλητικά. Αιτία αυτού ήταν η συνεχή απειλή των γήινων από τους δαίμονες. Οι τελευταίοι διασκέδαζαν με το να εμπλέκονται στις ζωές των ανθρώπων, να τους επιφέρουν προβλήματα, πόνο και βία. Όταν οι γήινες φυλές είχαν σχεδόν εξαλειφθεί, οι άγγελοι ένιωσαν την ανάγκη να βρουν μία λύση, όπου θα διασφάλιζαν τη διαβίωση του είδους. Κατέληξαν, λοιπόν, σε μία συμφωνία. Να εγκαταλείψουν τα γήινα εδάφη. Οι πρώτοι δεν ήταν βέβαιοι πως τα πλάσματα του κακού θα τηρούσαν τη συμφωνία τους. Έτσι, λόγω της μεγάλης αγάπης που είχαν για τις ανθρώπινες φυλές, αποχωρώντας άφησαν πίσω ένα μεγάλο δώρο. Ένα όπλο. Κάτι που με τη βοήθειά του, θα είχαν τη δυνατότητα να στείλουν πίσω στην κόλαση τις δυνάμεις του κακού. Αναζήτησαν τις πιο αγνές ψυχές του κόσμου και τους ευλόγησαν με αγγελικές δυνάμεις. Τους χάρισαν τη δύναμη να εξορκίζουν δαίμονες μονάχα με ένα άγγιγμα. Φυσικά, οι δαίμονες δεν έμειναν πράοι, επειδή οι άνθρωποι δεν έχουν την πειθαρχία και τη σοφία των αγγέλων. Οι δυνάμεις του κακού επιχείρησαν να εκμεταλλευτούν αυτή τη δύναμη και να πάρουν τους Εξορκιστές με το μέρος τους. Αυτό έγινε με επιτυχία, αφού σε σύντομο χρονικό διάστημα πολλοί Εξορκιστές αλλαξοπίστησαν και υπηρετούσαν τις δυνάμεις του κακού. Αυτό που παρατηρήθηκε όμως, ήταν πως όλοι όσοι συμμάχησαν με τον Άρχων Έργκαντος ήταν άντρες. Έτσι, όλες οι φυλές του κόσμου συμφώνησαν πως όποτε γεννιέται ένα αγόρι Εξορκιστής, θα του αφαιρούν τις δυνάμεις στη γέννα και θα το στέλνουν να ζήσει στον φυσιολογικό κόσμο. Τότε επικράτησαν εξεγέρσεις και έντονες διαμάχες μεταξύ των φυλών. Πολλοί ήταν εκείνοι που δεν ήθελαν να αποχωριστούν τα παιδιά τους και συνάμα γνώριζαν πως ένας τσιγγάνος ή μάγος δεν θα μπορούσε να ζήσει στον κόσμο αυτό. Ο κίνδυνος που τους είχε βρει, έχοντας οι δαίμονες ένα τέτοιο όπλο στα χέρια τους, ήταν μεγάλος. Οι ευλογημένοι αυτοί άνθρωποι μπορούσαν να εξορκίσουν οποιαδήποτε ψυχή απ' οποιοδήποτε σώμα. Τότε κατάλαβαν πως δεν είχαν άλλη επιλογή. Έτσι, όσες οικογένειες γεννούσαν γιο Εξορκιστή αφαιρούσαν τις δυνάμεις του και αποχωρούσαν από τον μαγικό κόσμο. Η ζημιά όμως είχε ήδη γίνει. Ο Άρχων Έργκαντος έσπασε τα όρια της αγγελικής δύναμης. Πλέον, οι Εξορκιστές μπορούσαν να εξορκίσουν οποιαδήποτε ψυχή από το ανθρώπινο σώμα, είτε καλή είτε κακή.

Γι' αυτό τον λόγο, οι φυλές τους εξόρισαν σε ένα νησί κοντά στην Μπριτανέα, έτσι ώστε να μην επιφέρουν, θελημένα ή μη, τον κίνδυνο στους ανθρώπους των υπόλοιπων φυλών.

Διαβάζοντας τα παραπάνω, ο Τρίσταν κατάλαβε γιατί υπήρχαν τσιγγάνοι και μάγοι στον φυσιολογικό κόσμο. Προφανώς, είχαν αποκτήσει μικρό Εξορκιστή και αναγκάστηκαν να φύγουν. Ήταν παράξενο που οι άγγελοι προσπάθησαν να βοηθήσουν τους γήινους και κάνοντάς το, επήλθε σημαντικό τίμημα.

«Δεν μπορώ να καταλάβω πως μπορεί αυτή η φυλή από γυναίκες να με βοηθήσει σε κάτι;» είπε ο Τρίσταν τρίβοντας τα καταγάλανα μάτια του, που είχαν κουραστεί από το διάβασμα.

«Εγώ» είπε η Δάφνη «διαβάζω για την Αρχιέρεια των Εξορκιστών, τη Νατάλια Μένη και δεν βρίσκω τίποτα που να έχει σχέση με εσένα» είπε κλείνοντας το βιβλίο με μία κίνηση. «Δεν αναφέρει τίποτα για τσιγγάνους χωρίς δυνάμεις, ούτε για τις Μοίρες και τίποτα που να μας λέει κάτι για τον πατέρα σου, όλο γυναίκες είναι. Ουφ, πρέπει να ψάξουμε κι άλλο νομίζω».

«Τρίσταν» είπε ο Κάσπαρ, κοιτώντας τον ερευνητικά «είπες ότι οι τρεις Μοίρες δεν μίλησαν ποτέ στην μητέρα σου, έτσι;».

«Ναι» απάντησε ο Τρίσταν ύποπτα από το ύφος του.

«Άρα, ο μόνος άνθρωπος που γνωρίζει για το μέλλον σου είναι ο πατέρας σου, που δεν ξέρουμε πού βρίσκεται» πρόσθεσε ο Κάσπαρ, εξετάζοντας το βιβλίο που κρατούσε.

«Ναι» είπε ο Τρίσταν.

«Όταν ο διευθυντής Αριβάλντο σου έκανε εκείνο το ξόρκι, έλαμψαν τα χέρια σου;» τον ρώτησε δειλά.

«Ναι, Κάσπαρ» είπε ο Τρίσταν, κουρασμένος από τις ερωτήσεις πάνω στα θέματα που είχαν αναλύσει νωρίτερα. «Γιατί με ξαναρωτάς; Τα έχουμε πει εκατό φορές. Τιιι; Επιτέλους» τόνισε ο Τρίσταν, επιθυμώντας να καταλήξει ο Κάσπαρ.

«Τρίσταν» είπε ο Κάσπαρ, ενώ το βλέμμα του ήταν πλέον ανήσυχο «νομίζω πως είσαι ευλογημένος. Μάλλον είσαι Εξορκιστής».

Ακολούθησαν μερικά λεπτά σιγής. Έψαχναν πόση ώρα, για να ανακαλύψουν πώς οι Εξορκιστές θα τον βοηθούσαν να βρει τον πατέρα του ή να του δώσουν κάποιο στοιχείο, ενώ όλη αυτή την ώρα η συμβουλή της Λάχεσις ήταν για να βρει απαντήσεις σχετικά με τον εαυτό του. Η υπόθεση του Κάσπαρ είχε βάση. Τόσο καιρό δεν μπορούσε να αναπτύξει καμία τσιγγάνικη δύναμη και το ξόρκι του τρίτου ματιού είχε φανερώσει απέραντο φως. Φως αγγέλων.

Κρύος ιδρώτας τον έλουσε με τη συνέχεια των σκέψεών του, γιατί θυμήθηκε όσα είχε διαβάσει για τους Εξορκιστές νωρίτερα. Τώρα που είχε βρει τη δύναμή του, θα του την αφαιρούσαν και θα τον έστελναν μακριά από αυτό τον κόσμο που τόσο είχε αγαπήσει. Μακριά από την οικογένειά του, τους φίλους του και τον Φλέγων. Ξαφνικά, ένιωσε ότι βρισκόταν σε αδιέξοδο.

«Και τώρα, τι κάνουμε;» ρώτησε ο Τρίσταν, κοιτώντας τους φίλους του. Ο Κάσπαρ καθόταν σιωπηλός κοιτώντας το βιβλίο που είχε στα χέρια του, αποφεύγοντας να τον κοιτάξει.

«Δεν το λέμε σε κανέναν» είπε η Δάφνη με πίστη στη φωνή της.

«Τι λες, Δάφνη; Αυτό είναι παράνομο» είπε ο Κασπάρ, ανασηκώνοντας το βλέμμα του προς την αδερφή του.

«Και τι προτείνεις εσύ, Κάσπαρ; Να το πούμε; Να του πάρουν τις δυνάμεις; Σε αυτή την κρίσιμη περίοδο; Τώρα που κάποιος χρησιμοποιεί το κακό μάτι;» είπε η Δάφνη, υψώνοντας τον τόνο της φωνής της. «Πώς θα προστατευτεί ο Τρίσταν, μου λες; Και μετά;» πρόσθεσε.

«Μετά τι;» είπε ο Κάσπαρ, σχεδόν τρομαγμένος από την αντίδραση της αδερφής του.

«Μετά θα τον διώξουν από την Μπριτανέα και δεν θα τον ξαναδούμε» είπε η Δάφνη, χαμηλώνοντας τον τόνο της φωνής της.

Ο Τρίσταν δεν συμμετείχε στη διαφωνία τους. Δεν καταλάβαινε γιατί η μοίρα, του έπαιζε τέτοιο άσχημο παιχνίδι. Γιατί του έδειξε το μεγαλείο που τόσο ποθούσε και μετά του το στερούσε; Έπειτα, άρχισε να νιώθει φόβο για τη δύναμη μέσα του. Τα βιβλία χαρακτήριζαν τους Εξορκιστές ως επικίνδυνους, ενώ τα αγόρια ήταν το πιο πιθανό να γίνουν δούλοι του κακού, πράγμα που δεν θα επέτρεπε στον εαυτό του.

«Ίσως να έχει δίκιο ο Κάσπαρ» είπε ο Τρίσταν στη Δάφνη δίχως να τους κοιτάει.

«Τι είναι αυτά που λες, Τρίσταν; Συγκεντρώσου» είπε αποθεωτικά η Δάφνη.

«Κι αν μία μέρα γίνω κακός και υπηρετώ τον Άρχων Έργκαντος; Αν κάνω κακό σε καλούς ανθρώπους, σε εσάς, στις οικογένειές μας;» ρώτησε ο Τρίσταν «τότε τι θα λες;» πρόσθεσε.

«Δεν το πιστεύω» είπε η Δάφνη, ενώ ο Κάσπαρ ρόλαρε τα μάτια του «όχι δεν το πιστεύω» συμπλήρωσε γουρλώνοντας τα μάτια της στον αδερφό της. «Η μαμά λέει πως ο άνθρωπος δεν αλλάζει. Αφού δεν μπορείς να κάνεις τώρα κακό σε κάποιον, δεν θα μπορείς ούτε σε τριάντα χρόνια. Επίσης, λέει πως όλα στη ζωή γίνονται για κάποιο λόγο, αφού δεν σου πήραν τις δυνάμεις στη γέννα, ίσως έπρεπε να τις κρατήσεις για κάποιο λόγο που εμείς δεν γνωρίζουμε ακόμα».

«Δεν ξέρω» είπε ο Τρίσταν μπερδεμένος.

«Εγώ σε ξέρω, Τρίσταν. Ξέρω ότι δεν θα έκανες κακό σε κανέναν. Πίστεψέ με» είπε η Δάφνη, πατώντας στις μύτες των ποδιών της.

Ο Τρίσταν εκτιμούσε την πίστη που έδειχνε η φίλη του σε εκείνον. Και πόσο μάλλον στη Δάφνη, που πάντα υπηρετούσε τον νόμο πιστά. Σκέφτηκε πως για να του έλεγε να το κρατήσει μυστικό, θα έπρεπε να το πιστεύει βαθιά μέσα της.

«Εγώ λέω να τον αφήσουμε να το σκεφτεί λίγο μόνος του, Δάφνη, και να μην τον επηρεάζουμε» είπε ο Κάσπαρ, ενώ σηκώθηκε από το σκαμπό. «Σκέψου τι θες να κάνεις, Τρίσταν, και το συζητάμε αύριο, γιατί τώρα είναι και αργά».

Η Δάφνη έγνεψε το κεφάλι σύμφωνη.

«Εμείς είμαστε μαζί σου, ό,τι κι να αποφασίσεις» του είπε η Δάφνη.

Στον δρόμο του γυρισμού, ο Τρίσταν ένιωσε φορτωμένος για μία ακόμη φορά από σκέψεις και μυστικά. Γνώριζε πως έπρεπε να λάβει σοβαρές αποφάσεις, ενώ ένιωθε μικρός ακόμη. Ήταν μία απόφαση όμως που θα του άλλαζε τη ζωή για πάντα.

Την επόμενη μέρα ήταν το Εντερλέζι. Η γιορτή της άνοιξης, που όλοι περίμεναν εδώ και καιρό. Όλοι είχαν φορέσει τα καλά τους. Φούστες με κεντημένα κρύσταλλα, πουκάμισα με δαντέλα και χρυσά κοσμήματα. Τα σπίτια ήταν στολισμένα με πολύχρωμα άνθη και μαζί με τους τσιγγάνους γιόρταζαν και τα πουλιά. Η φύση ήταν στο μεγαλείο της.

Όλοι οι τσιγγάνοι είχαν μαζευτεί στις όχθες της καταγάλανης λίμνης, στην επιφάνεια της οποίας έπλεαν λουλούδια και κεριά αναμμένα. Μπροστά από την αποβάθρα, είχαν στήσει μία σκηνή, όπου η μπάντα κούρδιζε της κιθάρες της, ρύθμιζε τα ακορντεόν και καθάριζαν τις τρομπέτες. Στη μία άκρη, είχαν μαζευτεί αρκετοί ντόπιοι, που σούβλιζαν αρνιά, όπως συνήθιζαν εκείνη τη μέρα, και στην άλλη, μερικές γυναίκες συντόνιζαν το στήσιμο των τραπεζιών.

Όλοι συνέβαλαν στην προετοιμασία της γιορτής. Ο Κάσπαρ και η Δάφνη στόλιζαν τραπέζια κι έτσι έτρεξε να τους βοηθήσει. Λίγες ώρες αργότερα, όλα ήταν έτοιμα και οι μουσικοί ήταν στις θέσεις τους.

Ακούστηκε μία μελωδία που ξεκίνησε με τρυφερότητα. Τα δάχτυλα των μουσικών, πείραζαν με ευχαρίστηση τις χορδές. Ακολούθησε με την απαλή φωνή του αοιδού, που μελοποιούσε την ουσία της εποχής. Έδινε ψυχή στην απέραντη σιωπή της τελευταίας μέρας.

«Αφήστε τις εποχές να ξεκινήσουν»* τραγούδησε.

---

* Ο στίχος είναι από το τραγούδι Elephant Gun των Beirut.

Τα χέρια των τσιγγάνων βρήκαν ταίρι. Χωρισμένοι σε ζευγάρια, μοίραζαν την απόσταση μεταξύ τους αναποφάσιστα. Με την κατεύθυνση της μουσικής είτε πλησίαζαν είτε απέφευγαν τον χορευτικό τους σύντροφο.

Κάποιοι τσιγγάνοι, χρησιμοποιώντας μάγια, ελευθέρωσαν λευκά άνθη στην ατμόσφαιρα. Ο Τρίσταν τα είχε γνωρίσει ως κλέφτες. Η ατμόσφαιρα ήταν μαγευτική. Μία νύχτα δροσερή, γεμάτη έντονες μυρωδιές και ανοιξιάτικα αρώματα.

Η Δάφνη του άρπαξε το χέρι και ανέβηκαν στη σκηνή. Ακολούθησαν τα βήματα των παρευρισκομένων. Η χαρά πλημμύριζε μικρούς και μεγάλους. Ήταν η δύναμη του χορού. Η αγάπη για ζωή, καθώς και το ευχάριστο γεγονός που όλοι περίμεναν με προσμονή.

Η τρομπέτα εξέθεσε την αρχή της άνοιξης και όλοι τόνωσαν την κίνησή τους. Χτυπούσαν παλαμάκια και δήλωναν την παρουσία τους, χτυπώντας τη φτέρνα τους στο ξύλινο δάπεδο. Συγχρονισμένα πηγαινοέρχονταν κυκλικά και κόρταραν με τους κλέφτες.

Η ορχήστρα επιτηρούσε τους ερωτευμένους απ' το χορό. Η φωνή της μελωδίας δεν έκρυβε την καρτερία της. Όλοι συνέχιζαν να καλούν την άνοιξη ευτυχισμένοι και σαν να είχαν διανύσει Γολγοθά ταξίδευαν στην ευχάριστη προσμονή.

Αυτού του είδους η ευθυμία διήρκεσε σχεδόν όλη μέρα. Ήταν γιορτή, μία γιορτή που κανείς δεν μπορούσε να διακόψει. Ούτε η βασκανία δεν μπορούσε να γκρεμίσει το τείχος της ενοποιημένης ευτυχίας.

Έφαγαν αρνί, ήπιαν κρασιά, γέλασαν και χόρεψαν μέχρι τέλους. Η μέρα ήταν γεμάτη απολαύσεις. Η ευθυμία ήταν τόσο μεγάλη, που ο Τρίσταν συμφιλιώθηκε με τους δικούς του χωρίς άλλη συζήτηση.

Η χαλαρότητα της βραδιάς, προφανώς κίνησε τη Δάφνη να παραδεχτεί στον Τρίσταν τη φοβία που έκρυβε μέσα της. Κάθονταν σε κάτι βράχια, στην όχθη της λίμνης. Απομακρυσμένοι από τον κόσμο και τη φασαρία.

«Δεν είναι ότι δεν μπορώ να χρησιμοποιήσω τις δυνάμεις μου» είπε βρέχοντας το πόδια της στο κρύο νερό της λίμνης. «Απλά φοβάμαι» του δήλωσε.

«Αφού είναι κάτι τόσο όμορφο. Από τότε που ήρθα στη Ρόμα, το μόνο που ακούω για το Ζη απ' όλους, είναι πως είναι ένα δώρο» χαρακτήρισε ο Τρίσταν.

«Ναι, ένα δώρο που πρέπει να σεβόμαστε» συμπλήρωσε η Δάφνη, κοιτώντας τον με τα αμυγδαλωτά της μάτια.

Ο Τρίσταν περίμενε δίπλα της, για να της δείξει πως θα περιμένει να ακούσει το πρόβλημά της, όσο χρόνο κι αν χρειαζόταν.

«Δεν σου έχω αναφέρει ποτέ τον θείο μου. Τον Μπερνάντο Νίκολαϊ» είπε η Δάφνη.

«Δεν ήξερα ότι έχεις θείο» είπε ο Τρίσταν, που το άκουγε για πρώτη φορά.

«Ο θείος μου ήταν από τους μεγαλύτερους τσιγγάνους αυταπάτης. Οι περισσότεροι τσιγγάνοι υποκλίνονταν στις ικανότητές του» είπε σεμνά η Δάφνη.

«Αυτό είναι πολύ τιμητικό» σχολίασε ο Τρίσταν, ενώ αναρωτιόταν για την κατάληξη της ιστορίας.

«Ναι, είναι» άρχισε η Δάφνη «μόνο που στον εμφύλιο πόλεμο των εθνών, η δύναμή του τον κατέστρεψε. Του είχαν αναθέσει να δημιουργήσει μία αυταπάτη στο καταφύγιο των ανήλικων παιδιών. Η ποσότητα δύναμης Ζη που χρειαζόταν, για να πραγματοποιηθεί μία αυταπάτη τόσο μεγάλη, που θα μπορούσε να κρύψει εκατό παιδικές ψυχές, ήταν δυσβάσταχτη. Με αποτέλεσμα να χάσει το μυαλό του. Τη λογική του» είπε η Δάφνη με πόνο στη φωνή.

«Τι έπαθε ο θείος σου» ρώτησε ο Τρίσταν έντρομος.

«Έσπασε το φράγμα της λογικής στο μυαλό του. Όλοι οι τσιγγάνοι αυταπάτης έχουμε κάτι σαν τείχος στο μυαλό μας, για να μπορούμε να αναγνωρίσουμε την ψεύτικη εικόνα που δημιουργούμε, από την αληθινή. Όταν η ψεύτικη είναι τεράστια και αυξάνεται συνεχώς, κάποια στιγμή το τείχος διαλύεται» είπε τρίβοντας τα χέρια της μεταξύ τους. «Ο θείος μου δεν αναγνωρίζει πια το αληθινό απ' την αυταπάτη. Τώρα πια, νοσηλεύεται σε ψυχολογική κλινική. Έχει χάσει τα λογικά του».

Ο Τρίσταν ήταν έκπληκτος. Δεν γνώριζε ότι το Ζη είχε όρια.

«Γι' αυτό φοβάμαι να χρησιμοποιώ τις δυνάμεις μου» είπε αγχωμένη «δεν θέλω να τρελαθώ και να με κλείσουν σε κλινική. Να χαθώ στην αυταπάτη» είπε η Δάφνη.

«Νομίζω πως αν μένεις στα φυσιολογικά πλαίσια αυταπάτης, θα είσαι ασφαλής. Όσον αφορά στον θείο σου, υποθέτω πως αυτό που του ζητήθηκε ήταν ακατόρθωτο και γι' αυτό είχε άσχημο αποτέλεσμα. Και μη ξεχνάς πως δεν είστε το ίδιο. Εγώ δεν ξέρω άλλο τσιγγάνο, που να υπακούει τόσο πολύ τα όρια και να σέβεται τη δύναμή του, όσο εσύ» είπε σκουντώντας την με τον ώμο του. «Είμαι σίγουρος πως ξέρεις τα όρια της δύναμής σου και δεν έχεις τίποτα να φοβάσαι. Γιατί μη ξεχνάς, ότι υπάρχουν τόσοι τσιγγάνοι αυταπάτης που είναι καλά στο κεφάλι» τη συμβούλεψε.

«Έχεις δίκιο. Απλά πρέπει να το παλέψω» συμφώνησε η Δάφνη.

Το απόγευμα της ίδιας μέρας, ανέβηκε στη σκηνή η θεία Ελένα, που έκλεψε τα βλέμματα όλων. Ενώ η μητέρα του Τρίσταν είχε σκύψει το κεφάλι, εκείνος προσπαθούσε να καταλάβει αν όντως ήξερε να χορεύει τον ισπανικό, που ζήτησε, ή αν έψαχνε να σκοτώσει έντομα στο πάτωμα. Πιθανώς, είχε πιει μερικά ποτηράκια παραπάνω. Όπως και να 'χε όμως, με το τέλος του τραγουδιού, ακολούθησε χειροκρότημα.

Εκείνους που λάτρεψαν όμως όλοι, ήταν η Δάφνη και ο Κάσπαρ. Ως γνήσιοι τσιγγάνοι, είχαν εκ γενετής το γονίδιο της μελωδίας μέσα τους. Ως αποχαιρετιστήριο άσμα, τραγούδησαν ένα τσιγγάνικο νανούρισμα, που δημιούργησε μεγάλες συγκινήσεις και τρυφερά συναισθήματα στους παρευρισκομένους.

Λίγη ώρα αργότερα, τακτοποιούσε τον Φλέγων μέσα στον στάβλο πίσω από το βουρντάν. Τότε, άκουσε ένα θόρυβο μέσα στους θάμνους, που έκανε τον Φλέγων να δείξει την ανησυχία του χλιμιντρίζοντας. Ο Τρίσταν κατευθύνθηκε έξω από τον στάβλο, για να βεβαιωθεί ότι δεν υπήρχε κανείς. Κοίταξε τριγύρω μέσα στην ήσυχη νύχτα, αλλά δεν διέκρινε κάτι επίφοβο. Συνέχισε λίγο παραπέρα με ελαφρύ βηματισμό, επιχειρώντας να κατευνάσει τις ανησυχίες του. Το μόνο που άκουγε, ήταν ένας ενοχλητικός κούκος μες το σκοτάδι. Ξαφνικά, την έρευνά του διέκοψε ένα σύρσιμο φύλλων από την αντίθετη κατεύθυνση. Αναπόφευκτα, αισθάνθηκε ένα ρίγος μέσα στην ψυχρή νύχτα, ένιωθε πως δεν ήταν μόνος του. Γύρισε να συνεχίσει την πορεία του προς τον Φλέγων. Ακαριαία, άκουσε ένα δυνατό τράνταγμα από τα φυτά πίσω του και ταυτόχρονα τον Φλέγων να ξεφωνίζει στα δύο του πόδια. Ίσα που πρόλαβε να γυρίσει και ένιωσε τη σκληρή επιφάνεια της γης με τις αιχμηρές πέτρες, στην πλάτη του. Βρισκόταν ανάσκελα, με ένα κτήνος πάνω του και προσπαθούσε σαν παλαβός, κοπανώντας χέρια και πόδια, να ξεφύγει. Δεν μπορούσε όμως. Ό,τι κι αν ήταν αυτό, τον είχε δεσμεύσει στο έδαφος. Επικεντρώνοντας το βλέμμα του στον εχθρό, είδε πως πάνω του βρισκόταν ένα χομούνκουλους. Το ίδιο που έβλεπε τόσα βράδια στο απέναντι παράθυρο. Το χομούνκουλους που καλούσε η Τσοβεξάνι είχε επιστρέψει, για να του επιτεθεί. Προσπαθούσε να βγάλει το δισκίο, που του είχε χαρίσει η θεία του και δεν τα κατάφερνε. Δεν το έβρισκε μέσα στο ποσότι. Θυμήθηκε ότι του το είχε πάρει μετά το συμβάν με τον Πακίτο Πάκι και πιθανότατα θα μετάνιωνε οικτρά, που δεν το είχε φυλάξει για εκείνη την ώρα. Το χομούνκουλους θα του έκλεβε το Ζη, όπως είχε κάνει στον κύριο Χόνκο και στην κυρία Τίλδη. Αυτή ήταν η στιγμή μεγάλης ανάγκης, που έλεγε η θεία του.

Τα, σαν πίσσα, μαύρα μάτια του άσχημου πλάσματος, άρχισαν να φέγγουν και σταδιακά γίνονταν πράσινα σαν να φόρτωναν με δύναμη. Ο Τρίσταν κουνούσε το κεφάλι του δεξιά κι αριστερά. Ακουμπώντας έτσι, το πρόσωπό του στα υγρά λασπωμένα μαλλιά του χομούνκουλους στην προσπάθειά του να ξεφύγει και να μην κλέψει το φως από μέσα του.

Έβαλε τις παλάμες του στο σκελετωμένο στήθος του χομούνκουλους και στο λασπωμένο πρόσωπό του. Επιχείρησε να το ξεκολλήσει από πάνω του. Πλέον, είχε σχηματιστεί μία πράσινη αχτίδα από τα μάτια του χομούνκουλους στα δικά του. Το μόνο που μπορούσε να δει ο Τρίσταν, ήταν το πράσινο φως που ένιωθε να του καίει τα μάτια. Το χομούνκουλους ψιθύριζε κάποια λόγια, που ο Τρίσταν δεν καταλάβαινε, πιθανώς κάποιο ξόρκι σκέφτηκε. Ένιωθε τη σωματική και ψυχολογική πίεση του πλάσματος. Φοβόταν, ήξερε πως εάν δεν αντιδρούσε, σίγουρα θα τον μάτιαζε.

Δεν μπορούσε να πιστέψει πως ήταν αβοήθητος. Έπρεπε να βγει από αυτή την κατάσταση. Έπρεπε να προστατευθεί. Να σώσει την ψυχή του. Το μέλλον του.

Ένιωθε τα χέρια του να τσιμπάνε και το στήθος του να βράζει. Ένιωθε κάτι ανεξέλεγκτο να γεννιέται μέσα του.

«Όοοοοχχιιιι» φώναξε με όλη του τη δύναμη, με όλη του τη θέληση και ξαφνικά τα χέρια του έλαμψαν με το ισχυρό λευκό φως. Ήταν σαν το φως, που είχε δει νωρίτερα με το ξόρκι του διευθυντή Αριβάλντο. Ένιωσε την ίδια γαλήνη και ζεστασιά.

Το χομούνκουλους άφησε μία κραυγή δυσαρέσκειας, τα μάτια του ήταν πλέον λευκά και ολόκληρο το πλάσμα έμοιαζε να καίγεται. Μονομιάς, το χομούνκουλους σηκώθηκε από τον Τρίσταν φωνάζοντας με πόνο.

Ο Τρίσταν, στο έδαφος ακόμα, μπουσουλούσε προς το βουρντάν με την πλάτη. Τα μάτια του ήταν καρφωμένα στο χομούνκουλους, που έτριβε τα μάτια του. Ο Τρίσταν πλησίαζε στην πίσω πόρτα του βουρντάν.

Το χομούνκουλους τον κοίταξε εξαγριωμένο. Ο Τρίσταν υπέθεσε πως υπερνίκησε την επίδραση της δύναμής του κι άρχισε να επιταχύνει. Φτάνοντας τα σκαλοπάτια, το χομούνκουλους συγχρόνως βρέθηκε στον αέρα, πάνω από τον Τρίσταν.

Ο Τρίσταν κάλυψε τα μάτια του φωνάζοντας και περιμένοντας να τον ακουμπήσει το χημικό σώμα του χομούνκουλους. Πέρασαν τρία δευτερόλεπτα και δεν ένιωσε τίποτα. Καθόταν στα σκαλιά, καλύπτοντας το πρόσωπό του και περίμενε την επίθεση του χομούνκουλους.

«Τρίσταν, είσαι καλά;» είπε η θεία του η Ελένα, που είχε μόλις ανοίξει την πόρτα του βουρντάν.

Ο Τρίσταν σηκώθηκε και την αγκάλιασε, σπρώχνοντάς τη μέσα.

«Το χομούνκουλους» της είπε οδηγώντας την προς τη κουζίνα. «Μου επιτέθηκε θεία, το είδα» είπε λαχανιασμένος.

Με τα λόγια αυτά, πετάχτηκε και η μητέρα του από το σαλόνι το καραβανιού.

«Τι;» ξεφώνησε έντρομη αγκαλιάζοντάς τον και ψάχνοντας να δει αν ήταν αρτιμελής.

«Μαμά, είμαι καλά. Πρέπει να το πιάσουν τώρα. Η Τσοβεξάνι είναι πίσω απ' όλα, την έχω δει να το καλεί πολλές φορές. Για να είναι εδώ το χομούνκουλους, πρέπει να είναι κι εκείνη» προσπαθούσε να τις κινητοποιήσει.

«Αλήθεια, σας λέω. Το είδα εγώ με τα μάτια μου, είμαι σίγουρος. Αυτή είναι. Αυτή χρησιμοποιεί το κακό μάτι. Η Τσοβεξάνι» ισχυρίστηκε ο Τρίσταν.

«Μισό λεπτό, Τρίσταν. Το χομούνκουλους πού είναι; Πώς σε άφησε;» ρώτησε η θεία Ελένα, πιάνοντάς τον από τα μπράτσα.

«Εμ» ακούστηκε από το στόμα του Τρίσταν, μη ξέροντας να απαντήσει. «Εμ, το τραυμάτισα» είπε γλείφοντας το άνω χείλος του «και αφού ξέφυγα, σερνόμουν προς το σπίτι. Μετά το είδα να πηδάει στον αέρα και να έρχεται κατά πάνω μου».

«Και μετά;» τον πίεσε η μητέρα του.

«Μετά δεν ήταν πουθενά. Άνοιξε την πόρτα η θεία Ελένα» είπε γνωρίζοντας πως η ιστορία του είχε κενά.

«Μα, δεν γίνεται αυτό, Τρίσταν, τα χομούνκουλους δεν σταματάνε μέχρι να εκπληρώσουν τον στόχο του αφέντη τους. Μόνο ο θάνατος τα σταματάει» είπε η θεία Ελένα.

«Εκτός αν βρουν άλλο στόχο, Ελένα» είπε η Εύα με τρόμο στο βλέμμα της.

«Η Λιλιάνα» είπε σχεδόν άφωνα, η Ελένα.

Αμέσως ακούστηκε μία δυνατή συνεχόμενη κραυγή από τον πάνω όροφο του βουρντάν.

«Όχι» είπε με τρεμάμενο τόνο η Εύα και οι τρεις

τρέξανε πάνω, όσο πιο γρήγορα μπορούσαν για τη διάσωση της Λιλιάνας.

Ανοίγοντας η Ελένα την πόρτα, είδαν τα μακριά μαύρα μαλλιά του χομούνκουλους, να εξαφανίζονται από το παράθυρο. Η Λιλιάνα τρανταζόταν στο πάτωμα. Το χομούνκουλους την είχε ματιάσει.

«Λιλιάνα» είπε η Εύα και σύρθηκε δίπλα στην αδερφή της.

Η Ελένα άρχισε να κουνάει τα χέρια της κυκλικά.

«Κίνδυνος ανάμεσά μας,

σειρήνα βοήθειά μας» φώναξε η Ελένα και σήκωσε το χέρι της προς τα πάνω, ολοκληρώνοντας το ξόρκι.

Στην προέκταση του χεριού της, εμφανίστηκε μία μικρή κόκκινη σφαίρα και κατευθύνθηκε γρήγορα μερικά μέτρα πάνω από τη στέγη του βουρντάν. Αμέσως, ακούστηκε ένας δυνατός ήχος. Πιο δυνατός από κάθε άλλον, που είχε ακούσει ως τότε ο Τρίσταν. Ήταν σαν ένα μονότονο, αλλά πολύ δυνατό σφύριγμα.

Η Ελένα κοίταξε έξω από το παράθυρο, για να δει το χομούνκουλους.

«Είχες δίκιο, Τρίσταν, πάει στο βουρντάν της Τσοβεξάνι» είπε η θεία του και έβαλε το κεφάλι της μέσα.

«Η Λιλιάνα ζει, αλλά είναι σε λιπόθυμη κατάσταση» είπε η μαμά του Τρίσταν και άρχισε να την ξεματιάζει.

«Μείνετε μαζί της, έρχομαι» είπε η θεία του κι έφυγε από το δωμάτιο. Ο Τρίσταν ήταν βέβαιος πως πήγαινε στην Τσοβεξάνι κι έτρεξε πίσω της.

Βγαίνοντας από το βουρντάν, είδε όλες τις γάτες της Τσοβεξάνι όρθιες, να νιαουρίζουν και να φτύνουν ανήσυχες. Αμέσως μετά, την προσοχή του τράβηξε η Τσοβεξάνι που άνοιξε την εξώπορτα.

«Τι συμβαίνει, Ελένα» της είπε, ενώ την κοιτούσε γεμάτη απορία. Η θεία του κινούταν προς το μέρος της με μεγάλες δρασκελιές.

«Έπρεπε να το ξέρω. Εσύ κρυβόσουν πίσω από τη βασκανία» της φώναξε εξαγριωμένη, εισβάλλοντας στον κήπο της.

Οι γάτες πιθανότατα, ένιωσαν την απειλή και μία-μία επιτίθονταν στη θεία του, η οποία με μία κίνηση του χεριού της, τις έστελνε μακριά.

«Τι είναι αυτά που λες, Ελένα;» είπε η Τσοβεξάνι κατεβαίνοντας τα σκαλιά του βουρντάν.

«Πώς τόλμησες να αγγίξεις τη Λιλιάνα, μετά απ' όσα έκανε για σένα;» είπε η θεία του και με μία κίνηση του χεριού της σήκωσε την Τσοβεξάνι στον αέρα σαν να την είχε κρεμάσει από τον λαιμό. Η Τσοβεξάνι χτυπούσε τα πόδια της μπρος πίσω στον αέρα. Έφερε τα χέρια της μπροστά δείχνοντας την Ελένα με τις παλάμες της. Αμέσως, σαν πυροσβεστικός κρουνός εκτοξεύθηκε από τα χέρια της πάγος. Η Ελένα σήκωσε το άλλο της χέρι και χρησιμοποιώντας την τηλεκινητική της δύναμη, απέκρουε τον πάγο.

«Πώς μπόρεσες να μας κοροϊδέψεις; Δεν ξέρεις με ποια τα έβαλες άσχετη Τσοβεξάνι» είπε η Ελένα, ενώ κομμάτια πάγου εκτοξεύονταν προς όλες τις κατευθύνσεις. «Θα το πληρώσεις, Καταρίνα» πρόσθεσε η θεία του Τρίσταν.

Η Καταρίνα έμοιαζε να πνίγεται, ενώ η ένταση του πάγου να μειώνεται σταδιακά.

Απ' το πουθενά εμφανίστηκε ένας μαυροντυμένος τσιγγάνος, ο οποίος έτρεξε προς τη θεία του Τρίσταν και τυλίγοντας τα χέρια του γύρω της, την έριξε κάτω. Ακαριαία, η Τσοβεξάνι έπεσε στο έδαφος και η ροή του πάγου εξαφανίστηκε.

«Η Τσοβεξάνι καλεί το χομούνκουλους εκεί» φώναξε η μητέρα του Τρίσταν έξω από το βουρντάν τους, που έδειχνε σε πολλούς μαυροντυμένους την τοποθεσία τους.

«Κάνε στην άκρη, μικρέ, να περάσουν οι Σάνγκλε» είπε ο μαυροντυμένος τσιγγάνος που περιόριζε την θεία του στο έδαφος, η οποία φώναζε ασταμάτητα: «ΑΦΗΣΤΕ ΜΕ».

Ο Τρίσταν τότε θυμήθηκε ότι οι Σάνγκλε ήταν η τοπική αστυνομία. Δύο από αυτούς έπιασαν την Τσοβεξάνι και της έδεσαν τα χέρια πίσω από την πλάτη με πυρωμένη αλυσίδα. Ο Τρίσταν την κοιτούσε κάθε λεπτό.

«Πες μας, τι ετοιμάζεις; Γιατί δημιουργείς χομούνκουλους;» της λέγανε οι Σάνγκλε «ποιο είναι το σχέδιό σου, Τσοβεξάνι. Γιατί κλέβεις τα Ζη των τσιγγάνων;».

Άκουγε ο Τρίσταν, καθώς την οδηγούσαν σε ένα βουρντάν φυσιολογικού μεγέθους. Η Τσοβεξάνι έμενε σιωπηλή και ανέκφραστη. Η ψυχραιμία της τρόμαζε τον Τρίσταν. Ίσως, αυτή να ήταν αντιπροσωπευτικό παράδειγμα πραγματικού κακού. Αν και όλα είχαν πια τελειώσει, ήταν ακόμη συνταραγμένος. Έξω από το βουρντάν, οι ντραμπένγκι μετέφεραν τη θεία Λιλιάνα σε ένα λευκό βουρντάν. Ο Τρίσταν έτρεξε προς το μέρος της, αλλά την πορεία του σταμάτησε η μητέρα του.

«Δεν μπορείς να κάνεις κάτι, Τρίσταν, θα την προσέξουν αυτοί. Μας χρειάζεται περισσότερο η Ελένα τώρα» είπε η Εύα, κρατώντας το χέρι του.

Βλέποντας τη μικρότερη θεία του, να τοποθετείται εντός του λευκού βουρντάν, ο Τρίσταν δεν μπορούσε να νιώσει τίποτα άλλο παρά τύψεις. Δεν σταμάτησε το χομούνκουλους, δεν το εξόντωσε και γι' αυτό βρισκόταν σε κίνδυνο η θεία του.

«ΚΑΨΤΕ ΤΗΝ, ΚΑΨΤΕ ΤΗΝ» φώναζαν κάποιοι τσιγγάνοι που είχαν μαζευτεί τριγύρω. Χλεύαζαν τη Τσοβεξάνι, που εκείνη την ώρα επιβιβαζόταν στο κελί των Σάνγκλε.

Ο Τρίσταν και η μητέρα του συνάντησαν τη θεία Ελένα, που εκείνη την ώρα έδινε αναφορά για όσα είχαν γίνει σε έναν Σάνγκλε. Μετά από εκείνη ανακρίνανε τον Τρίσταν. Τους είπε τα πάντα, τους μίλησε για τις φορές που είδε τη Τσοβεξάνι να καλεί το χομούνκουλους, για την ημέρα που άκουσε την Μαρόνα Τίλδη να υποψιάζεται κάποιον μάγο, την ημέρα που έλειπε το Οικείο της και την επίθεση που δέχτηκε από το χομούνκουλους το ίδιο βράδυ. Όλα εκτός απ' την πραγματικότητα για τον εαυτό του. Όλα εκτός απ' το ότι ήταν Εξορκιστής και ότι η δύναμή του το είχε αποδείξει. Εκείνοι τον διαβεβαίωσαν ότι όλα θα πήγαιναν καλά, πως ο κίνδυνος είχε πλέον περάσει. Η Τσοβεξάνι δεν μπορούσε να κάνει κακό σε κανέναν πια, ήταν όλοι τους ασφαλείς.

Αποκάλυψη

Την επόμενη μέρα, επισκέφτηκαν τη θεία του στο νοσοκομείο. Δεν είχε συνέλθει ακόμα από την επίθεση του χομούνκουλους. Ο Τρίσταν την κοιτούσε, που ήταν ξαπλωμένη στο κρεβάτι. Έμοιαζε να κοιμάται, αλλά στην πραγματικότητα ήταν αναίσθητη. Ο ίδιος δεν μπορούσε να διώξει τη σκέψη από το μυαλό του, ότι αν το είχε χειριστεί διαφορετικά, ίσως εκείνη να μην βρισκόταν σε αυτό το κρεβάτι. Σκεφτόταν ότι έπρεπε ο ίδιος να βρίσκεται στη θέση της. Ενώ είχε δυνάμεις πλέον, κατάφερε να σώσει μονάχα τον εαυτό του, με αποτέλεσμα να κινδυνεύει η θεία του.

Η Τσοβεξάνι διατηρούσε τη σιωπή της. Αν και είχε παραδεχτεί πως ήταν ένοχη για την επίκληση του χομούνκουλους, δεν παραδεχόταν πως ήταν πίσω από τη βασκανία ούτε ότι είχε στην κατοχή της τα Ζη των τσιγγάνων.

«Καλημέρα» είπε ένας μαυροντυμένος τσιγγάνος, μπαίνοντας στον θάλαμο και κρατώντας ένα μπουκέτο λευκά τριαντάφυλλα.

Το βλέμμα του ήταν κατάμαυρο και τα πυκνά γένια του, επίσης. Περπάτησε μερικά βήματα προς τους μαζεμένους Μπάπτιστα. Ήταν ογκώδης εξαιτίας της εντατικής γυμναστικής που υποβάλλονταν οι Σάνγκλε και γι' αυτό ο Τρίσταν έκανε μερικά βήματα προς τα πίσω, ώστε να δημιουργήσει χώρο.

«Καλημέρα» απάντησαν οι αδερφές της Λιλιάνας συγχρόνως, ενώ ο μαυροντυμένος τσιγγάνος ακούμπησε τα λουλούδια στο κομοδίνο δίπλα από τη Λιλιάνα.

«Με συγχωρείτε, Σάνγκλε» είπε η Ελένα, κοιτώντας τον τσιγγάνο από την κορυφή ως τα νύχια «γνωρίζετε από κάπου τη Λιλιάνα;».

Ο Σάνγκλε κοίταξε τη Λιλιάνα, σηκώνοντας τα φρύδια του και παίρνοντας ύφος κουταβιού.

«Όχι, δεν είχα την τύχη» είπε, δίχως να πάρει το βλέμμα του από πάνω της.

«Τότε, γιατί της φέρνετε λουλούδια;» ρώτησε η Εύα με ανήσυχο, ανακριτικό τόνο.

«Με συγχωρείτε» είπε ο τσιγγάνος, τρίβοντας το μέτωπό του με δύο δάχτυλα «καταλαβαίνω την ανησυχία σας. Απλά από την πρώτη στιγμή που την είδα, χθες το βράδυ, δεν μπορώ να ησυχάσω. Είναι η πιο όμορφη τσιγγάνα όλου του κόσμου. Δεν...» προσπάθησε να συνεχίσει το παραλήρημα.

«Μα, ποιος είστε, επιτέλους;» είπε η Ελένα, κουνώντας το χέρια της πάνω κάτω αστραπιαία, εκνευρισμένη.

Ο Σάνγκλε ταρακουνήθηκε από τα λόγια της θείας του Τρίσταν και βγήκε από τη νιρβάνα που βρισκόταν.

«Έχετε δίκιο» είπε, αποκολλώντας το βλέμμα του από την αναίσθητη Λιλιάνα και επικεντρώνοντας το στους υπόλοιπους στον θάλαμο.

«Ονομάζομαι Λίοπολντ Σουράνι» είπε, επεκτείνοντας το χέρι για χειραψία και προσθέτοντας ένα πλατύ χαμόγελο «Σάνγκλε πρώτου βαθμού».

Αμέσως, σαν να τον χτύπησε κεραυνός, ο Τρίσταν θυμήθηκε την ημέρα που διάβαζαν με τη Λιλιάνα τα φύλλα τσαγιού.

Η Ελένα τον κοιτούσε ύποπτα, χωρίς να είναι σίγουρη για τη στάση που έπρεπε να κρατήσει.

«Ωχ, είναι το λάμδα της» ξέφυγε απ' το στόμα του Τρίσταν. Ήταν ενθουσιασμένος. Αυτός ήταν το "Λ" που είχε δει στο φλιτζάνι, ο έρωτάς της.

Όλοι τον κοίταξαν με σουφρωμένα φρύδια, γεμάτοι άγνοια, προκαλώντας τον να σαστίσει.

«Εμ» αναφώνησε, λουστράροντας το πάνω χείλος του «είναι...» είπε, σύροντας τη λέξη «τον περίμενε η Λιλιάνα» πρόσθεσε μέσα από τα δόντια «στο τσάι» τους ψιθύρισε, κλείνοντας το ένα του μάτι.

Με τα τελευταία του λόγια, μητέρα και θεία γούρλωσαν τα μάτια και γύρισαν στον Λίοπολντ, του οποίου έσφιξαν το χέρι με απέραντη δύναμη, ενώ εκείνος χαμογελούσε αμήχανα.

«Θα σας πείραζε να την επισκέπτομαι;» ρώτησε ο Λίοπολντ με σεβασμό.

«Θα ήταν μεγάλη μας χαρά, Σάνγκλε» τον διαβεβαίωσε η Εύα, πεταρίζοντας τα βλέφαρά της.

Φεύγοντας από το δωμάτιο της θείας του, πέρασε κατά λάθος από το δωμάτιο που βρισκόταν η κυρία Τίλδη. Παρόλο που γνώριζε πως ήταν αναίσθητη, του φάνηκε πως την άκουσε να μιλάει. Γι' αυτό κοντοστάθηκε, με σκοπό να την ακούσει να επαναλαμβάνει.

«Δεν ήταν...» μουρμούρισε χαμηλόφωνα η αναίσθητη Μαρόνα Τίλδη.

Βλέποντας ο Τρίσταν, ότι δεν υπήρχε κανείς στο δωμάτιό της, την πλησίασε.

«Δε..ή..αν οκουλ..ς» ο Τρίσταν προσπαθούσε να καταλάβει με δυκολία.

«Δε το πιστεύω» είπε χαρωπά μία νοσοκόμα, μπαίνοντας στην κλίνη.

Ο Τρίσταν γύρισε να την κοιτάξει τρομαγμένος, αφού δεν περίμενε κάποιον να μπει.

«Πώς είσαι σήμερα, Μαρόνα;» είπε η ντραμπένγκι εύθυμα.

Ο Τρίσταν κοίταξε την αναίσθητη κυρία Τίλδη που έμενε ακίνητη. Μόνο η ανάσα της μετατόπιζε το στήθος της.

«Δεν είναι αναίσθητη;» ρώτησε ο Τρίσταν.

«Φυσικά και είναι, δεν τη βλέπεις;» σχολίασε η ντραμπένγκι, στρώνοντας λίγο τα σεντόνια της.

«Τότε, γιατί της μιλάτε;» συνέχισε ο Τρίσταν.

Η νοσοκόμα χαμογέλασε ευγενικά «επειδή δεν μιλάει, δεν σημαίνει ότι δεν ακούει κιόλας. Μερικές φορές είναι καλό να τους μιλάς, δεν νιώθουν τόσο μόνοι. Ειδικά αυτή εδώ» πρόσθεσε.

«Γιατί το λέτε αυτό;» ρώτησε ο Τρίσταν.

«Δύστυχη Μαρόνα. Την επισκέφθηκε αρκετός κόσμος την πρώτη μέρα, λιγότερος τη δεύτερη και μέρα με τη μέρα γίνονταν πιο λίγοι. Εσύ είσαι ο πρώτος της επισκέπτης εδώ και μήνες» είπε, ανοίγοντας τις κουρτίνες, για να φωτιστεί το δωμάτιο.

Ο Τρίσταν ένιωσε πολύ άσχημα, διότι δεν βρισκόταν εκεί, για να την επισκεφθεί, αλλά γιατί την άκουσε να μιλάει.

«Η οικογένειά της, πού είναι;» ρώτησε ο Τρίσταν.

«Δυστυχώς, η Μαρόνα είχε πολλή άσχημη μοίρα. Πριν από δεκαπέντε χρόνια. Δεν θα το θυμάσαι εσύ. Στον εμφύλιο πόλεμο. Ξέρεις, εξαιτίας αυτού του προφήτη, του Βάκη» ξεκίνησε η ντραμπένγκι.

Ο Τρίσταν γνώριζε πολύ καλά.

«Πίστευαν πως τα δίδυμα κορίτσια της ήταν παιδιά του Βάκη. Ε, και τι να λέμε τώρα. Τα καημένα ήταν από τα πρώτα που σκότωσαν. Αυτά και τον άντρα της που προσπάθησε να τα προστατέψει. Κάπως έτσι, η Μαρόνα έμεινε μόνη στη ζωή, να ζει με τον πόνο και τις αναμνήσεις και η έρμη δεν έχει κανέναν άλλο στη ζωή, δεν έχει οικογένεια. Γι' αυτό χάρηκα που σε είδα» του είπε, προσθέτοντας ένα χαμόγελο στην τελευταία πρόταση.

Ξαφνικά, η κυρία Τίλδη δεν του ήταν τόσο αντιπαθής. Γνωρίζοντας την ιστορία της, σκέφτηκε πως κάλλιστα θα μπορούσε να βρισκόταν στη θέση της κι η μητέρα του, εάν είχαν γίνει διαφορετικά τα πράγματα.

«Νομίζω πως όταν μπήκα κάτι έλεγε» ανάφερε ο Τρίσταν.

«Α, μη δίνεις σημασία, αγόρι μου» είπε, προχωρώντας προς την έξοδο η ντραμπένγκι, εφόσον είχε τελειώσει τις εργασίες της. «Όταν είναι αναίσθητοι οι άνθρωποι, ονειρεύονται συνέχεια. Μπορεί να ψιθυρίζει το ο,τιδήποτε, αλλά δεν σημαίνει κάτι» είπε, χαμογελώντας κι έφυγε.

Ο Τρίσταν ξανακοίταξε τη Μαρόνα Τίλδη. Την πλησίασε και την κοιτούσε επίμονα, ελπίζοντας να ξαναμιλήσει.

«Δεν ήταν χομούνκουλους...» ψιθύρισε καθαρά η αναίσθητη Μαρόνα Τίλδη.

Την επόμενη μέρα ο Τρίσταν ήταν καλεσμένος στο σπίτι των Νίκολαϊ. Όλοι ήταν πολύ χαρούμενοι, που ήταν ασφαλείς κι ο πατέρας των φίλων του έκανε τα αδύνατα δυνατά, για να τον πείσει πως ήταν ήρωας πλέον στα μάτια του κι ας μην εξόντωσε το χομούνκουλους.

«Ήταν ηρωική πράξη, Τρίσταν, είναι ιστορία για να αφηγηθείς αργότερα στα παιδιά σου» είπε ο κύριος Νίκολαϊ, ενώ όλοι έτρωγαν μεσημεριανό. «Μπορεί να μην εξόντωσες το χομούνκουλους, αλλά αποκάλυψες τις διαβολικές πράξεις της μάγισσας. Μπράβο» είπε με ενθουσιασμό, υψώνοντας το ποτήρι του «ας πιούμε όλοι στην υγειά του Τρίσταν».

Όλοι έπραξαν ανάλογα και είπαν με μία φωνή:

«ΣΤΗΝ ΥΓΕΙΑ ΤΟΥ ΤΡΙΣΤΑΝ».

Ο Τρίσταν χαμογελούσε αμήχανα. Κανείς δεν γνώριζε πως είχε απωθήσει το χομούνκουλους και πως αν είχε πάρει τη δική του δύναμη, η θεία του θα ήταν ασφαλής. Ο ίδιος δεν ένιωθε τόσο περήφανος. Αν και η ντραμπένγκι την προηγούμενη μέρα του είχε πει να μην δίνει σημασία στα λόγια της αναίσθητης κυρίας Τίλδη, ο ίδιος δεν μπορούσε να ησυχάσει. Συνέχεια αναλογιζόταν μήπως κρυβόταν κάποια αλήθεια μέσα στον βαθύ της ύπνο.

«Ησυχία όλοι, έβαλε έκτακτο δελτίο» είπε η Μαριάννα Νίκολαϊ και όλοι σώπασαν.

Η τεράστια γυάλα φώτισε και εμφανίστηκε η ξανθιά παρουσιάστρια ειδήσεων.

«*Κυρίες και κύριοι,*

Διακόπτουμε το πρόγραμμά μας, για να σας μεταδώσουμε μία έκτακτη είδηση. Η Τσοβεξάνι αποκάλυψε την αιτία, που επικαλούταν τόσους μήνες το χομούνκουλους. Πάμε να δούμε την είδηση» είπε η Έλεανορ και εμφανίστηκε ένα παράθυρο, που έδειχνε τη Τσοβεξάνι αλυσοδεμένη σε μία καρέκλα εντός δικαστηρίου. Σηκώνοντας το βλέμμα της, φαινόταν ταλαιπωρημένη και κλαμένη. Ακούστηκε μία αντρική φωνή να τη ρωτάει επίμονα: «*Γιατί επικαλέστηκες ένα χομούνκουλους, Καταρίνα Μάνου; Για ποιο λόγο; Πες ενώπιον του υψηλού δικαστηρίου*». Η Τσοβεξάνι κουνούσε το πρόσωπό της δεξιά κι αριστερά αρνούμενη. «*Θα καταδικαστείς σε ισόβια φυλάκιση, δεν θα ξαναδείς πότε το φως του ήλιου*» άρχισε η αντρική φωνή να την απειλεί και να την εκφοβίζει, ενώ η έκφραση της μάγισσας έμοιαζε να παγώνει όλο και περισσότερο λεπτό με λεπτό.

Ο Τρίσταν ήλπιζε βαθιά μέσα του να το παραδεχτεί, έτσι ώστε να τιμωρηθεί και να πληρώσει για όλα τα κακουργήματα που έκανε κατά των τσιγγάνων. Να τιμωρηθεί για την επίθεση στη θεία του και σε εκείνον. Ήθελε να νιώσει δικαίωση, να αποδείξει στον εαυτό του ότι οι υποψίες του κι ο κίνδυνος που βρισκόταν τώρα η θεία του δεν έγιναν άδικα.

«*ΓΙΑΤΙ ΕΝΙΩΘΑ ΜΟΝΑΞΙΑ!*» φώναξε η μάγισσα, ξεσπώντας σε λυγμούς. «*Δεν ξέρετε πως είναι να σε έχουν εξορίσει από τη φυλή σου και να μην έχεις καμία επικοινωνία. Πόσο μόνη νιώθω τόσα χρόνια!*», είπε, προσπαθώντας να βρει τη φωνή της. «*Δεν γνωρίζετε πως είναι να είσαι ανεπιθύμητη. Να σου συμπεριφέρονται ρατσιστικά. Δεν άντεχα άλλο τα βλέμματα όλων σας. Γιατί μην νομίζετε ότι δεν σας έβλεπα στις γωνίες, στα σοκάκια και στα μαγαζιά. Ένιωθα την απέχθειά σας. Όμως, τα ανεχόμουν. Εγώ δεν θα έκανα ποτέ κάτι τέτοιο. Μόνο κάποιος διπρόσωπος, όσο ένας τσιγγάνος θα μπορούσε να πράξει έτσι. Εγώ σας λέω είμαι αθώα*» είπε, αφήνοντας το κεφάλι της να γείρει κλαίγοντας.

Το παράθυρο εξαφανίστηκε κι έμεινε μόνο η εικόνα της δημοσιογράφου.

«*Αυτά ήταν κυρίες και κύριοι, τα τελευταία γεγονότα της ημέρας. Για ο,τιδήποτε νεότερο, θα διακόψουμε το πρόγραμμά μας. Είμαι η Έλεανορ Μελέτη. Καλό σας μεσημέρι*» και με αυτά τα λόγια η γυάλα έσβησε.

«Γιατί την εξόρισαν;» ρώτησε ο Κάσπαρ και λύθηκε η σιωπή του τραπεζιού.

Ο Τρίσταν ήταν σίγουρος πως απ' όλων τα μυαλά περνούσε η ίδια σκέψη. Αν η Τσοβεξάνι ήταν αθώα ή αν της άξιζε βραβείο υποκριτικής. Κι εκείνος είχε έναν λόγο παραπάνω. Τη μαρτυρία της κυρίας Τίλδη. Αβέβαιη μεν, αλλά το προαίσθημα μέσα του, του έλεγε να την εμπιστευθεί. Αλλά αν δεν ήταν το χομούνκουλους της Καταρίνας Μάνου, τότε τι ήταν; Αναρωτήθηκε.

«Γιατί στον πόλεμο των εθνών κατηγορήθηκε από τις αρχές των μάγων ότι ήταν κατάσκοπος των τσιγγάνων και μας μετέδιδε πληροφορίες, που προφανώς ισχύει, αφού της επιτρέψανε να μείνει στη Ρόμα» είπε ο κύριος Νίκολαϊ αδιάφορα. Περισσότερο έδειχνε να τον ενδιαφέρει το κομμάτι κρέας, που αδυνατούσε να κόψει.

«Πιστεύετε πως μπορεί να είναι αθώα;» ρώτησε η μητέρα Νίκολαϊ.

«Τι λες, μαμά;» τσίριξε η Δάφνη, γουρλώνοντας τα μάτια. «Αφού ο Τρίσταν και η οικογένειά του έχουν τόσα αποδεικτικά στοιχεία, είναι δυνατόν; Συγκεντρώσου» και αυτά ήταν τα τελευταία λόγια που ακούστηκαν στο τραπέζι.

Μέχρι να τελειώσουν το φαγητό, ο Τρίσταν δεν μπορούσε παρά μόνο να εύχεται να βρεθούν στο δωμάτιο της Δάφνης, για να αποκτήσει τη δυνατότητα να τους πει όλη την αλήθεια για τη νύχτα που πέρασε.

Λίγο αργότερα η ευχή του πραγματοποιήθηκε. Βρισκόταν στο δωμάτιο της φίλης του, με εκείνη και τον Κάσπαρ. Τους είπε τα πάντα για εκείνη τη νύχτα. Τον θόρυβο που άκουσε, πώς του επιτέθηκε το χομούνκουλους και πώς το τραυμάτισε με τη δύναμη του Εξορκιστή. Φυσικά, δεν παρέλειψε και τη στενοχώρια του για το κακό που βρήκε τη Λιλιάνα.

«Πωωω» είπε ο Κάσπαρ, αφήνοντας το σαγόνι του να πέσει.

«Τι;» ρώτησε ο Τρίσταν, προσπαθώντας να καταλάβει για ποιο απ' όλα, που άκουσε, παρουσίασε αυτό τον θαυμασμό.

«Πρέπει να είναι πολύ δυνατή μάγισσα η Καταρίνα. Από τις πιο δυνατές που υπάρχουν» σχολίασε ενθουσιασμένος ο Κάσπαρ.

Ο Τρίσταν τους κοιτούσε, δίχως να καταλαβαίνει την αιτία πίσω από τα λόγια του.

«Το λέει, γιατί» του εξήγησε η Δάφνη «επειδή τα χομούνκουλους, γενικά, δεν μιλάνε και αυτό μιλούσε. Άρα η δύναμή της πρέπει να είναι απίστευτα εξελιγμένη» είπε με θαυμασμό στο βλέμμα.

Ακόμη, μοιράστηκε μαζί τους την απόφαση που είχε πάρει, όσον αφορά στη δύναμή του και την ταυτότητά του ως Εξορκιστή.

«Παραλίγο να μου το πάρει. Λίγο ακόμα και το χομούνκουλους θα είχε κλέψει τη δύναμή μου» είπε ο Τρίσταν καθισμένος στο πάτωμα, απέναντι από τους φίλους του.

«Πώς ένιωσες;» τον ρώτησε η Δάφνη, ενώ τα φρύδια της σχημάτιζαν μία κορυφή.

«Ένιωθα να παγώνω σαν να τρέφεται από την ψυχή μου» είπε, κάνοντας μία παύση σκεπτόμενος. «Τότε, κατάλαβα ότι η δύναμή μου είναι κομμάτι της ψυχής μου. Αυτό κι άλλα μαζί διαμορφώνουν εμένα σαν άνθρωπο. Αποφάσισα πως έτσι, όπως αγάπησα όλες τις πτυχές του εαυτού μου, έτσι πρέπει να αγαπήσω κι αυτή. Όποιο κι αν είναι το τίμημα».

«Ναι, Τρίσταν, ναι» τόνισε η Δάφνη.

Ο Κάσπαρ τον κοίταξε με βλέμμα κατανόησης. «Τρίσταν, το σκεφτόμουν χθες όλη μέρα. Λέω για αυτό, που σου είπα στη βιβλιοθήκη. Δεν ξέρω αν η δύναμη μέσα σου είναι καλή ή κακή. Αλλά, όπως και να 'χει, εκείνη σε έσωσε από το χομούνκουλους. Αυτή η δύναμη σου δόθηκε για κάποιο λόγο κι εμείς ως φίλοι σου είμαστε υποχρεωμένοι να σε βοηθήσουμε σε κάθε σου απόφαση» είπε, σχηματίζοντας ένα χαμόγελο στο τέλος.

«Ευχαριστώ, Κάσπαρ. Πραγματικά» είπε ο Τρίσταν χαρούμενος που και ο Κάσπαρ αποφάσισε να τον στηρίξει «να ξέρετε πως θα κάνω τα πάντα για να μην κινδυνέψει κανείς. Θα μάθω να το ελέγχω...κάπως» πρόσθεσε και συγχρόνως κατάλαβε πως έπρεπε να βρει τον τρόπο να το ελέγχει κιόλας.

Πέρασε μία εβδομάδα και σαν να μην είχε συμβεί τίποτα, όλοι επέστρεψαν στο κανονικό τους πρόγραμμα. Με τη μόνη διαφορά, ότι ο Τρίσταν επισκεπτόταν τη θεία του καθημερινά. Εκεί έβλεπε πολύ συχνά και τον Λίοπολντ, επιβεβαιώνοντας έτσι το μήνυμα του τσαγιού. Όπως λοιπόν απαιτούσε το πρόγραμμα, έτσι κι ο Τρίσταν καβάλησε τον Φλέγων και πέταξε στη ντε Λα Εσκουέλα ντε Σαντόρι.

Σαν να μην είχε περάσει μέρα, βρισκόταν πάλι στο γραφείο του κυρίου Αριβάλντο.

«Τρίσταν, θέλω να σε συγχαρώ, αν δεν ήσουν εσύ» είπε ο διευθυντής, τακτοποιώντας κάποια βιβλία του σε ράφια «μπορεί να είχαν κινδυνέψει, τι να σου πω, κι εγώ δεν ξέρω πόσοι τσιγγάνοι».

Ο Τρίσταν δεν ήθελε να ακούει άλλο συγχαρητήρια, δεν μπορούσε, τουλάχιστον για όσο ήταν η θεία του στο νοσοκομείο.

«Είσαι ήρωας» του είπε με στόμφο, τρίβοντας τα μάτια του. «Να ξέρεις πως δεν μπορούν όλοι οι τσιγγάνοι να τα βάλουν με ένα χομούνκουλους» συνέχισε ο διευθυντής, ενώ ο Τρίσταν καθόταν στη δερμάτινη πολυθρόνα κι ευχόταν να σταματήσει το εγκώμιο που έπλεκε.

«Ωπ, αυτό το παράθυρο γιατί είναι ανοιχτό;» είπε πονηρά και κλείνοντάς το, γύρισε να κοιτάξει τον Τρίσταν. «Δεν ξεχνάω ποτέ τα παράθυρα ανοιχτά» σχολίασε νευρικά.

Ο Τρίσταν σούφρωσε τους ώμους του. Ανησυχούσε για το μάθημα που θα ακολουθούσε. Τώρα πια δεν θα πήγαινε στο γραφείο του κύριου Αριβάλντο με την ίδια όρεξη. Πριν από μερικές μέρες, έμπαινε και ανυπομονούσε να ανακαλύψει τη δύναμη που έκρυβε μέσα του. Τώρα πια, έτρεμε στην ιδέα να ανακαλύψει ότι ήταν Εξορκιστής.

«Εντάξει, δεν έκανα και τίποτα» ο Τρίσταν προσπαθούσε να ελαφρύνει το κλίμα. «Θέλετε να αναβάλουμε το μάθημα για άλλη μέρα;» πρότεινε, αλλά ο διευθυντής δεν του έδωσε καμία σημασία.

«Ένα πράγμα δεν κατάλαβα όμως, Τρίσταν» είπε, γουρλώνοντας τα μάτια του, αφήνοντας τον Τρίσταν να παρατηρήσει κάτι, που δεν είχε δει τόση ώρα. Τα μάτια του διευθυντή Αριβάλντο ήταν κατακόκκινα σαν ματωμένα «δεν μου είπες, πώς τραυμάτισες το χομούνκουλους, αφού δεν γνωρίζουμε τη δύναμή σου» η φωνή του έμοιαζε να αγριεύει «ή μήπως τη βρήκες;» πρόσθεσε.

«Εμ...» αναφώνησε ο Τρίσταν.

Εκείνη τη στιγμή, ο Τρίσταν κοκκάλωσε. Δεν ήξερε τι να πει, καθώς και το βλέμμα του Ηλία Αριβάλντο τον τρόμαζε ακόμη περισσότερο.

Κάτι περίεργο συνέβη όμως και τον έβγαλε απ’ τη δύσκολη θέση. Πίσω από την κουρτίνα εμφανίστηκε η ασημένια γάτα της Τσοβεξάνι, η οποία με τρεις δρασκελιές όρμησε λυσσασμένη στο κεφάλι του διευθυντή.

Ο Τρίσταν σηκώθηκε από την πολυθρόνα και στύλωσε τα πόδια του.

Η ασημένια γάτα είχε γαντζωθεί στο μαντήλι που φορούσε στο κεφάλι ο Ηλίας Αριβάλντο. Εκείνος φώναζε αγριεμένος και προσπαθούσε να τη βγάλει απ' το κεφάλι του. Η γάτα έφτυνε και γρατζουνούσε κι αφού είχαν ρίξει κάτω μία στοίβα βιβλίων, κάτι κεριά κι ένα φωτιστικό.

«Άντε πια παλιόγατα» είπε ο διευθυντής και με τα δύο του χέρια, την εκσφενδόνισε στην άκρη του δωματίου. Μόνο που μαζί με την ασημένια γάτα, πέταξε και το μαντήλι που φορούσε πάντα στο κεφάλι.

Για πρώτη φορά, ο Τρίσταν είδε ότι τα μαλλιά του διευθυντή Αριβάλντο ήταν πολύ μακριά και κατάμαυρα. Εκείνος γύρισε απότομα προς τον Τρίσταν με κατακόκκινα μάτια και τα μαλλιά να του καλύπτουν το πρόσωπο.

«Πού πήγε;» τον ρώτησε έξαλλος.

Με την τελευταία εικόνα, ο Τρίσταν ένιωσε να βυθίζεται το στομάχι του. Ο ήσυχος διευθυντής, της Εσκουέλα ντε Σαντόρ έμοιαζε με χομούνκουλους. Τον κεραυνοβόλησε η σκέψη πως ίσως τελικά η Τσοβεξάνι να ήταν αθώα. Ενδεχομένως τα μουρμουρητά της κυρίας Τίλδη να ήταν πραγματικά και να ήταν όλα μία καλοστημένη παγίδα από τον κύριο Αριβάλντο.

«Πού είναι;» γκάριζε, πατώντας πάνω στο στρογγυλό χαλί.

Ο Τρίσταν πλέον αμίλητος κι ανήσυχος παρατήρησε

πως ο κύριος Αριβάλντο στεκόταν πάνω από το σύμβολο, που είχαν χρησιμοποιήσει, για να ανακαλύψουν την ταυτότητα του Τρίσταν. Πάνω από το τρίτο μάτι. Ο Τρίσταν θυμόταν τα λόγια του ξορκιού.

«Καλώ το τρίτο μάτι,
που όλα τα βλέπει,
όλα τα γνωρίζει»

άρχισε να ψιθυρίζει ο Τρίσταν, ενώ ο κύκλος κάτω απ' το χαλί έλαμψε.

«Δείξε μου την ψυχή,
φανέρωσε την πηγή.
Σε προστάζω!»

Ο Τρίσταν περίμενε να δει το αποτέλεσμα του τρίτου ματιού. Να ανακαλύψει τον πραγματικό εαυτό του Ηλία Αριβάλντο. Την πραγματική ψυχή του.

Η ανάσα του διευθυντή έμοιαζε να βαθαίνει και σταμάτησε να κινείται. Έπειτα από μερικές βαθιές ανάσες, ο Τρίσταν άκουσε τα κόκκαλα του Αριβάλντο να σπάνε και τα άκρα του να μακραίνουν. Το δέρμα και τα μαλλιά του έπαιρναν νωπή και σκούρα μορφή, όπως του χομούνκουλους.

Ήταν πραγματικότητα. Δεν ήταν το χομούνκουλους της μάγισσας, ήταν ο κύριος Αριβάλντο. Ο άνθρωπος, που είχε εμπιστευτεί από την αρχή, ήταν υπεύθυνος για το κακό, που είχε βρει τη Ρόμα, τους ανθρώπους του σχολείου, εκείνον και τη θεία του.

«Τελικά, είσαι πιο έξυπνος απ' ό,τι περίμενα, μικρέ Μπάπτιστα» είπε ο διευθυντής, όχι με τη φωνή του, αλλά με μία φωνή μπάσα και γέρικη.

«Δεν υπήρχε ποτέ χομούνκουλους. Εσείς τα κάνατε όλα» διαδήλωσε έντρομος ο Τρίσταν.

«Εννοείται, ανόητε» βρόντηξε ο τερατόμορφος κύριος Αριβάλντο. «Δεν έχει τη δική μου δύναμη, ένα τιποτένιο χομούνκουλους. Τη δύναμη, για να χρησιμοποιήσει το κακό μάτι μέχρι τέλους» βράχνιασε το τέρας.

«Τι είστε;» τον ρώτησε ο Τρίσταν, ενώ ένιωθε τις παλάμες του να ιδρώνουν.

Το τέρας, που πριν λίγο, ήταν ο κύριος Αριβάλντο, έμενε ακίνητο.

«Είμαι ένας τσιγγάνος, που δεν φοβήθηκε να εξασκήσει τις δυνάμεις του σκότους, Τρίσταν. Είμαι ο εξελιγμένος εαυτός μου. Θρέφω ένα δαιμόνιο μέσα μου, που με κάνει πιο δυνατό» είπε ενώ το σώμα του μεγεθυνόταν.

«Όταν ήρθες στη Ρόμα, πίστευα πως έχω να περιμένω πολλά από εσένα, αλλά αυτό που ανακάλυψα μετά ξεπερνούσε κάθε προσδοκία» είπε ο Ηλίας Αριβάλντο, γυρνώντας προς το μέρος του. Το πρόσωπο του διευθυντή είχε μακρύνει, επειδή το δέρμα του κρεμόταν κάτω απ' το σαγόνι του. Το χρώμα του ήταν μαύρο σαν την πίσσα και τα άκρα αφύσικα μεγάλα και μυτερά. Τα μαλλιά του ήταν λες και είχαν πασαλειφτεί με γράσο. «Στην αρχή νόμιζα πως, σαν παιδί της προφητείας, θα είχες αστείρευτη ενέργεια μέσα σου. Ενέργεια που θα χρησιμοποιούσα, για να αυξήσω τις δυνάμεις μου» κατευθυνόταν προς το μέρος του με αργά βήματα.

«Γι' αυτό κλέβεις τα Ζη των τσιγγάνων; Για να γίνεις πιο δυνατός» τον ρώτησε ο Τρίσταν πλημμυρισμένος από συναισθήματα θυμού και φόβου.

«Χαχαχα» γέλασε ο Αριβάλντο δυνατά. «Πόσα δεν γνωρίζεις, μικρέ τσιγγάνε» είπε, ενώ τα λιγδιασμένα του μαλλιά ταλαντεύονταν μπροστά στα μάτια του. «Με το τρίπτυχο των τσιγγάνων διασφαλίζω ένα από τα κομμάτια για την απασφάλιση της σφραγίδας».

Τότε, ο Τρίσταν κατάλαβε ένα στοιχείο που κανείς δεν είχε συλλάβει. Ο κάθε τσιγγάνος που είχε προσβληθεί απ' το κακό μάτι, είχε και από μία δύναμη του τρίπτυχου.

«Ο Χόνκο ήταν ο πιο εύκολος στόχος, δεν δυσκολεύτηκα καθόλου. Ένας τσιγγάνος μοναχικός, που κανείς δεν θα πρόσεχε ότι κάτι δεν πάει καλά. Έτσι πήρα την τηλεκίνηση» είπε, καθώς έφτανε κοντά στον Τρίσταν, ο οποίος έκανε βήματα προς τα πίσω. «Η Μαρόνα, αυταπάτη δηλαδή, είχε αρχίσει να χώνει τη μύτη της παντού και είχε δει πράγματα που δεν έπρεπε».

«Ο μάγος...» σχολίασε ο Τρίσταν, ακουμπώντας τον τοίχο με την πλάτη του.

«Μάγισσα για την ακρίβεια, που δεν έπρεπε να έχει δει. Μετά κατάλαβα πως δυο επιθέσεις στο σχολείο ήταν ύποπτες και δεν θα αργούσε η στιγμή που οι Σάνγκλε θα άρχιζαν τις ερωτήσεις». Πλέον, είχε φτάσει μπροστά από τον Τρίσταν «τότε ήρθες εσύ και μου εκμυστηρεύτηκες τις υποψίες σου για την Τσοβεξάνι κι εγώ έπρεπε να καλύψω τα νώτα μου. Μου παρουσίασες απλόχερα ένα θύμα να κατηγορήσω. Οπότε πήγα στον Ρέι Μπάρο και του είπα πως ένα χομούνκουλους κρυβόταν πίσω από τη βασκανία. Κι εκείνος, σαν προβατάκι έδωσε αμέσως την πληροφορία σε ολόκληρη τη Ρόμα». Ο Τρίσταν ένιωθε την ανάσα του Αριβάλντο στο πρόσωπό του, μύριζε τον βάλτο στο δέρμα του διευθυντή, που σχεδόν τον ακουμπούσε. «Το μόνο που μου έλειπε, ήταν η προμηνύα και μετά η πληροφορία ότι η θεία σου ήταν η μόνη που λάμβανε προμηνύματα για μένα. Ήξερα πως έπρεπε να είναι εκείνη η επόμενη. Αλλά εμφανίστηκες εσύ μπροστά μου και τότε επιβεβαιώθηκε εκείνο που υποψιάστηκα με το ξόρκι του τρίτου ματιού. Είσαι Εξορκιστής, Τρίσταν, και πλάσματα σοφά σαν κι εμένα γνωρίζουμε πως δεν πρέπει να τα βάζουμε με Εξορκιστές» του είπε, χαϊδεύοντας μία τούφα απ' τα μελί μαλλιά του.

Ο Τρίσταν τράβηξε το πρόσωπό του στην άκρη, για να μην τον ακουμπάει. Ήταν σιχαμένος από τη διαβολικότητά του.

«Τρίσταν, δεν θέλω τη δύναμή σου. Θέλω να έρθεις μαζί μου. Μπορούμε να καταφέρουμε πολλά μαζί. Εγώ ιερέας της Νίβεους Μάνους κι εσύ ο μόνος αρσενικός Εξορκιστής. Πίστεψέ με, θα κάνουμε μεγαλεία. Θα ανοίξουμε μαζί την πύλη του υποκόσμου» είπε, υψώνοντας σταδιακά τη φωνή του. «Θα ελευθερώσουμε τον πατέρα μας. Τον πατέρα όλων των δαιμόνων. Τον Άρχων Έργκαντος» είπε ντελιριασμένος.

Ο Τρίσταν ένιωθε προδομένος από τον εαυτό του. Συνέβαλε στο κακό που έκανε τόσο καιρό ο Ηλίας Αριβάλντο. Πίστευε πως κατά έναν τρόπο, τους έκανε κακό και τώρα, που του ζητούσε να ακολουθήσει τον δρόμο του σκότους, πράγμα που είχε υποσχεθεί στον εαυτό του και στους φίλους του να μην κάνει.

«Όχι» είπε κατηγορηματικά ο Τρίσταν κοιτώντας τον στα μάτια, τα οποία έκλεισε με αργές κινήσεις ο Αριβάλντο, απογοητευμένος.

«Αχ, Τρίσταν, Τρίσταν, Τρίσταν» είπε σαν να τον μαλώνει. «Δεν ξέρεις πόσο με απογοητεύεις» είπε ο Αριβάλντο με σκυμμένο το κεφάλι και ακαριαία το μάτι γύρω απ' τον λαιμό του Τρίσταν έσπασε.

«Όχι, δεν θα κάνω κακό σε κανέναν. Θα χρησιμοποιήσω τη δύναμή μου μόνο για καλό» φώναξε απ' τα βάθος της ψυχής του, καθώς ένιωθε το αίμα του να βράζει από πίστη για όσα έλεγε.

«Τότε, δεν μου αφήνεις άλλη επιλογή» είπε ο Ηλίας Αριβάλντο και υψώνοντας το βλέμμα του, τα μάτια του φώτισαν και εξέπεμψαν πράσινο φως στα μάτια του Τρίσταν.

Για μία ακόμη φορά, ο Τρίσταν, ένιωθε πως ο Αριβάλντο εκκένωνε την ψυχή του. Ρουφούσε την ουσία της ζωής του. Τα μάτια του έκαιγαν.

Πιο σίγουρος αυτή τη φορά. Έχοντας πίστη στον εαυτό του και σκοπό στη ζωή του, έβαλε τα χέρια του στο σκελετωμένο στήθος του Αριβάλντο. Ήταν αποφασισμένος να αντεπιτεθεί.

«Αρκετάαα!» φώναξε ο Τρίσταν και αμέσως ένιωσε το δέρμα του να τσιμπάει. Το αίμα του κυλούσε ζεστό στις φλέβες του. Κατάλευκη λάμψη γεννήθηκε στα χέρια του.

Ο Αριβάλντο προσπαθούσε να υπερνικήσει την ισχύ του Τρίσταν, αυξάνοντας τον ρυθμό του πράσινου φωτός που παρήγαγε απ' τα μάτια του.

Δεν τα κατάφερνε όμως. Άρχισε να υποχωρεί στο άγγιγμα του Τρίσταν. Έπεσε στα γόνατα. Η βασκανία που ασκούσε πάνω του μειωνόταν σταδιακά. Ο Τρίσταν ελευθέρωνε τη δύναμη από μέσα του. Άφηνε το φως να βλάψει τον κύριο Αριβάλντο με το δαιμόνιο που είχε μέσα του, μέχρι που το φως εξαφανίστηκε από τα μάτια του. Ο Τρίσταν στεκόταν από πάνω του. Τα χέρια του έλαμπαν σαν χιλιάδες αστέρια. Ήταν σταθερός.

«Δεν θα κάνεις ξανά κακό σε κανέναν» πρόσταξε ο Τρίσταν, ενώ ιδρώτας έτρεχε σε όλο του το σώμα.

Με τον ήχο μίας απόκοσμης κραυγής από τον δαιμονισμένο Αριβάλντο, το φως των χεριών άρχισε να φαίνεται στο στόμα, τη μύτη και τα μάτια του διευθυντή. Έμοιαζε να εξοντώνει το κακό από τα σωθικά του.

Αμέσως μετά, ο θόρυβος σταμάτησε κι ο Αριβάλντο σωριάστηκε στο πάτωμα. Ο Τρίσταν είχε νικήσει. Είχε εξορκίσει το κακό. Το φως έπαψε να φέγγει στις παλάμες του.

Ο Τρίσταν στεκόταν από πάνω του, προσπαθώντας να συνέλθει από την ένταση της στιγμής.

Στη συνέχεια, άκουσε το τζάμι του παραθύρου να σπάει από κάτι που φαινόταν σαν φωτιά. Ένα αγόρι στην ηλικία του περίπου, πήδηξε μέσα απ' το παράθυρο και προσγειώθηκε στο ξύλινο δάπεδο του γραφείου. Γύρω του αργόπεφτε κόκκινη σκόνη. Φορούσε μπορντό ρόμπα και έμοιαζε ταλαιπωρημένος. Τα κάστανά του μαλλιά έκρυβαν το πρόσωπό του, αλλά ο Τρίσταν μπορούσε να διακρίνει τα καταγάλανα μάτια του, που είχαν σχήμα μισοφέγγαρου.

«Ποιος είσαι;» του είπε ο Τρίσταν ξαφνιασμένος.

Το αγόρι δεν μίλησε. Έτρεξε στο ξύλινο ντουλάπι του κύριου Αριβάλντο, άρπαξε τρία μενταγιόν και το λευκό Βιβλίο των Σκιών. Ρίχνοντας μία τελευταία ματιά στον Τρίσταν, βγήκε πάλι τρέχοντας απ' το παράθυρο, ενώ τον ακολουθούσε η ασημένια γάτα της Τσοβεξάνι. Ο Τρίσταν έτρεξε στο σπασμένο τζάμι, απ' όπου έφυγε το άγνωστο παιδί.

Τον είδε να φεύγει καβάλα πάνω σε ένα κατάμαυρο άλογο και πίσω του καθόταν η ασημένια γάτα.

Εκείνη τη στιγμή άνοιξε η πόρτα του γραφείου διάπλατα.

«Αγόρι μου, είσαι καλά;» είπε κατατρομαγμένη η μητέρα του Τρίσταν, τρέχοντας προς το μέρος του. Πίσω της η θεία Ελένα.

«Μα, πώς...» ξεκίνησε ο Τρίσταν να ρωτήσει. Πώς γνώριζαν ότι είχε πρόβλημα; σκέφτηκε.

«Συνήλθε η Μαρόνα και μας τα είπε όλα. Τη μέρα που ανακάλυψε ότι ο Αριβάλντο ήταν πίσω απ' όλα, τη μάτιασε και δεν πρόλαβε να πει σε κανέναν τίποτα» είπε η Ελένα κοιτώντας και πιάνοντας τον λαιμό του Αριβάλντο, για να ελέγξει την πίεσή του «έχει σφυγμό».

Η Εύα Μπάπτιστα στριφογυρνούσε γύρω απ' τον Τρίσταν, για να βεβαιωθεί πως είναι καλά.

«Μαμά, σταμάτα, δεν έχω τίποτα» προσπάθησε ο Τρίσταν να την καθησυχάσει.

«Τι έγινε εδώ;» ρώτησε η Ελένα κοιτώντας τον Τρίσταν, με σουφρωμένα φρύδια και χείλη.

Ο Τρίσταν κόλλησε για ένα λεπτό και έγλειψε το

άνω χείλος του. Δεν ήξερε πως να δικαιολογήσει αυτό που έκανε, χωρίς να τους πει ότι είναι Εξορκιστής. Κοίταξε στο πάτωμα, επιχειρώντας να σκεφτεί μία καλή δικαιολογία και τότε είδε τα σπασμένα γυαλιά.

«Εμφανίστηκε ένας μάγος από το πουθενά και κάτι έκανε, ένα ξόρκι νομίζω. Δεν είμαι σίγουρος και έγινε ξανά κανονικός ο κύριος Αριβάλντο» είπε ο Τρίσταν ελπίζοντας να τον πιστέψουν.

«Χμμ» καθάρισε η Ελένα τον λαιμό της.

«Μάλλον έκανε κάποιο ξόρκι, για να εξοντώσει το κακό που είχε γεννηθεί μέσα του» είπε η Εύα και στάθηκε πάνω από τον κύριο Αριβάλντο, που ήταν λιπόθυμος στο πάτωμα.

Στο επόμενο λεπτό ακούστηκαν πολλοί βηματισμοί στον διάδρομο.

«Οι Σάνγκλε» ανάφερε η Ελένα, κοιτώντας την πόρτα του γραφείου.

Είχε περάσει μία εβδομάδα σχεδόν από το συμβάν κι ο Τρίσταν καθόταν στον κήπο των Νίκολαϊ παρέα με τον Κάσπαρ και τη Δάφνη. Όλοι μαζί χτένιζαν τον Φλέγων. Είχε πλέον ασπαστεί την τακτική της οικογένειάς του. Κρατούσε μυστικά. Δεν είχε ρωτήσει τίποτα για τον πατέρα του και δεν είχε πει τίποτα για την ταυτότητά του ως Εξορκιστής. Δύο θέματα που δεν έλεγαν να βυθιστούν στις αναμνήσεις του. Σκέψεις που δεν θα άφηναν σε ηρεμία.

Την ίδια μέρα με το περιστατικό στο γραφείο του κυρίου Αριβάλντο, μάθανε πως η Τσοβεξάνι δραπέτευσε από τα χέρια των Σάνγκλε με τη βοήθεια ενός μάγου με κόκκινη ρόμπα. Ο Τρίσταν υπέθεσε πως ήταν το ίδιο παιδί, που είχε δει στο γραφείο του διευθυντή. Κανείς όμως δεν είχε άλλα στοιχεία. Ο Αριβάλντο είχε χάσει πλέον τη δύναμη της βασκανίας και είχε υποβιβαστεί σε φυσιολογικό τσιγγάνο, χωρίς επιρροές δαιμόνων. Είχε καταδικαστεί σε ισόβια φυλάκιση με άπειρες κατηγορίες, που ο Τρίσταν ζαλίστηκε όταν τις άκουσε. Ευτυχώς για τον Τρίσταν, που δεν θυμόταν τίποτα για τον εξορκισμό. Οι ντραμπένγκι είπαν πως τον είχε εξουσιάσει τόσο πολύ το δαιμόνιο μέσα του, που βγαίνοντας απ' το σώμα του, αφαίρεσε και μεγάλο μέρος της μνήμης του. Γι' αυτό και οι Σάνγκλε δεν κατάφεραν να αποσπάσουν καμιά πληροφορία για τον μάγο και για καλή του τύχη, ούτε για τον Τρίσταν. Κάτι όμως του έλεγε μέσα του, πως δεν θα ήταν η τελευταία φορά που τον έβλεπε.

«Δάφνη, κοίτα» είπε ενθουσιασμένος ο Κάσπαρ δείχνοντας κάτι να κινείται στους θάμνους. Κοιτώντας λίγο καλύτερα, είδαν ένα μικρόσωμο μαύρο γάτο με λευκή μουσούδα να πηγαίνει προς το μέρος τους κουτσαίνοντας.

«Μπάρσικ!» τσίριξε η Δάφνη «δεν το πιστεύω» άφησε τα λόγια πίσω της κι έτρεξε στον, μέχρι πρότινος, χαμένο φίλο της. Τον έσφιξε στην αγκαλιά της κλαίγοντας από χαρά «τους ξέφυγες παμπόνηρε, τα κατάφερες» είπε χαϊδεύοντάς τον γεμάτη χαρά.

Ο Μπάρσικ νιαούριζε στην αγκαλιά της ευτυχισμένος.

«Κάτσε λίγο, Δάφνη. Πώς τους ξέφυγε όμως;» ρώτησε ο Κάσπαρ, κοιτώντας μία τον Τρίσταν και μετά τη Δάφνη.

Και οι δύο τον κοιτούσαν με την ελπίδα να συνεχίσει την σκέψη του.

«Πώς ξεφεύγει ένας γάτος από τα χέρια τριών γοριλλών του Ρέι Μπάρο;» ρώτησε γεμάτος ανασφάλεια ο Κάσπαρ.

«Νιαααρχ» έφτυσε ο Μπάρσικ, επειδή τον πόνεσε κατά λάθος η Δάφνη με τις αγκαλιές της.

«Αχ, έχει χτυπήσει το πατουσάκι του» είπε η Δάφνη, ψαχουλεύοντας τη λευκή του πατούσα. «Πάμε μέσα και θα τα φτιάξουμε όλα εμείς, τώρα που γύρισες» τον διαβεβαίωσε η Δάφνη όλο χαρά.

Εκείνη και ο αδερφός της κατευθύνθηκαν προς το κόκκινο βουρντάν.

Όσο περνούσε ο καιρός, ο Τρίσταν συνειδητοποιούσε πως ανακάλυπτε περισσότερα μυστικά και άλυτα προβλήματα. Ήταν ένας φαύλος κύκλος. Ένας χορός μυστικών, που άλλαζε συνέχεια ταίρι. Μέχρι να πετύχει το σωστό. Ο αέρας απομάκρυνε τα μαλλιά του Τρίσταν απ' το κούτελό του παρακινώντας τον να κοιτάξει στον ορίζοντα. Πλησίαζε ένα πελώριο μαύρο σύννεφο. Πιθανότατα ερχόταν καταιγίδα

«Τρίσταν, έρχεσαι;» φώναξε ο Κάσπαρ.

Συνεχίζεται...